Here and Now

지금 이 공간에
임하시는 주님

정원지음

영성의 숲

서문

주님은 살아 계십니다. 그분은 우리 가까이 계시며 우리와 친밀한 교제를 나누기를 원하십니다.
그러나 실제적으로 주님을 가까이 느끼며 친밀한 교통을 나누는 이들은 그리 많지 않은 것 같습니다. 많은 이들이 주님을 사랑한다고 생각하면서도 어떤 실제적인 거리감을 가지고 있습니다.
그 이유는 무엇일까요? 이 책은 그 이유에 대하여 설명하고 있습니다.
무엇이 우리가 가까우신 주님을 경험하는 것을 방해하는가, 그리고 어떻게 그것을 극복하여 주님과의 친밀한 교제와 은총을 누리고 경험할 수 있는가에 대하여 나누고 있습니다.
주님은 정말 가까운 곳에 계십니다. 그분은 너무나 실제적인 분이며 우리가 살아가고 있는 이 현실의 공간에서 맛보고 경험할 수 있는 분입니다.
우리가 그 주님의 임재를 직접 경험하게 될 때에 진정 우리의 삶은 바뀌게 될 것입니다.
그리고 이 세상에서 온 우주에서 주님의 임재만큼 달콤하고 아름답고 사랑스러운 것은 아무 것도 없다고 고백하게 될 것입니다.
부디 당신이 이 책을 통하여 놀라운 여행을 하게 되기를 기대합니다.
주님이 당신에게 은총을 베풀어주시기를!

2002. 10. 정원

목 · 차 ·

서문
1부 하나님의 임재의 능력

1. 주님을 소개하는 사역자 · 8
2. 유능한 사역자의 조건 · 15
3. 그 능력의 비결 · 20
4. 하늘을 여는 사역 · 25
5. 가까이 계시는 하나님 · 32
6. 죄에서 해방시키는 주님의 임재 · 37
7. 두 가지의 양식 · 44
8. 영원한 만족 · 50

2부 임재의 원리

1. 임재의 경험을 사모함 · 58
2. 가까운 복음 · 63
3. 주님의 임재에 대한 세 가지 요점 · 69
4. 성경의 중심 · 78
5. 주님의 임재를 방해하는 것들 1) · 87
6. 주님의 임재를 방해하는 것들 2) · 102
7. 주님의 임재를 방해하는 것들 3) · 109
8. 주님의 임재를 방해하는 것들 4) · 118

H·e·r·e a·n·d N·o·w

9. 예배의 중심 · 122
10. 교회의 중심 · 135
11. 자연스러운 임재 · 141
12. 무기력의 원리 · 146
13. 가까이 계신 주님께 기도함 · 154
14. 실제적인 조언들 · 158
15. 임재의 현상과 열매들 · 174
16. 지속되는 임재 · 183
17. 사역자의 준비 · 189

3부 더 깊은 임재를 위하여

1. 의지를 굴복시킴 · 195
2. 임재를 소멸하는 분노 · 203
3. 사랑과의 조화 · 212
4. 마음의 평화를 유지함 · 218
5. 내면의 영을 보호함 · 224
6. 주님의 마음과 조화됨 · 236
7. 중심의 애정 · 242
8. 주님의 목전 · 251

4부 공간과 주님의 임재

1. 공간에 대한 하나님의 약속 · 260
2. 거룩한 공간 · 264
3. 공간에 대한 욕망 · 267
4. 공간과 영적인 분위기 · 271
5. 공간을 지배하는 영들 · 276
6. 공간에 녹음되는 언행 · 281
7. 공간의 이름과 목적 · 286
8. 공간에 대한 투쟁 · 290
9. 공간을 지성소로 만드는 예배 · 296
10. 지성소 만들기 · 303
11. 거룩한 공간을 만들기 위한 조언들 · 309
12. 가정의 지성소 만들기 · 324
13. 대형집회에 대하여 · 331

결언

1부

하나님의 임재의 능력

1. 주님을 소개하는 사역자

올해 초 경기도에 소재한 S기도원에서 영성 집회가 있었습니다. 영성 사역으로 유명하신 목사님이 주 강사이셨는데 내게도 한 시간을 맡아달라는 요청이 왔습니다.
외부 집회를 좋아하지 않는 편이고 특히 대형 집회는 더욱 불편한 면이 있어서 가야 할지 말아야 할지 망설이다가 결국 가게 되었습니다.
나에게 맡겨진 시간은 셋째 날 새벽시간이었습니다.
나는 나를 위하여 중보하고 기도하는 모임의 멤버 10여명과 같이 기도원으로 갔습니다.

나의 집회가 있기 전날, 집회에 참석을 했는데 영의 흐름이 그리 원활하지 않고 무겁게 느껴졌습니다. 조금 답답한 느낌이 들어서 나는 그날 밤 주님 앞에 무릎을 꿇고 어떠한 메시지를 전해야 하느냐고 물으며 조용히 기다렸습니다. 그리고 이에 대한 주님의 메시지는 거의 즉각적으로 아주 선명하게 느껴졌습니다.

'나는 집회의 주인이다. 나는 내가 운행하기를 원한다. 사역자들은 나에 대하여 설명하기를 좋아한다.
그러나 내가 직접 그들을 만지고 내가 그들에게 임하도록 나에게 시간을 주지 않는다.
사역자는 나에 대하여 잠시 소개만 하면 된다. 그리고 나서 뒤로 물러가야 한다. 내가 기다리고 있는데 그들이 계속 주도권을 가지고 있어서는 안 된다. 내가 직접 움직이게 하라. 내가 그들에게 직접 임하도록 나에게 맡겨라. 나를 기다려라..'

그러한 메시지에 대하여 나는 익숙해 있었습니다. 그러나 이날의 감동은 더욱 더 강하고 분명했습니다. 나는 주님의 안타까워하시는 마음을 선명하게 느꼈습니다.

그렇습니다. 예배의 주인은 바로 주님이십니다. 사역자는 모든 성도들을 바로 그 주님께로 인도하는 역할을 하는 것입니다.

사역자의 위치는 그런 의미에서 일종의 중매쟁이와 같습니다. 중매하는 이는 신부가 아무리 아름다워도 자기가 결혼을 하는 것이 아니라 그녀를 신랑에게로 소개하고 인도하는 것입니다.

그와 같이 사역자는 모든 성도들과 자신이 가까워지는 것이 아니라 그들을 주님의 깊으신 임재에로 이끌어 주님과의 아름다운 교제에 들어가게 하며 연합하도록 돕는 것입니다. 그리고 예배는 바로 그 주님과의 연합이 이루어지는 실제의 현장입니다.

하지만 적지 않은 경우에 사역자들은 예배의 주도권을 자신이 가지고 있으며 주님은 멀찍이 떨어진 곳에서 물끄러미 지켜보시기만 할 뿐입니다. 주님은 언제 사역자가 자신에 대한 소개를 마치고 자신에게 무대를 넘겨줄지 이제나 저제나 기다리고 있는 것입니다.

시간이 되어 나는 강단에 올라갔습니다. 사람들은 대강 1500명 정도 모인 것 같았습니다. 나에게 주어진 시간은 충분하지 않았습니다.

나는 시간을 쪼개어 간절한 찬양과 경배를 주님께 올려드렸습니다. 아무리 시간이 부족해도 찬양이 없이 설교만 하고 싶지는 않았습니다. 예배의 중심이 주님의 임재하심이라면 찬양이 그 중심이 되는 것은 당연한 일입니다.

사람들은 열정적인 찬양과 기도에 몰입이 되어 갔습니다. 차츰 기쁨의 홍수가 몰려오고 있었습니다.

나는 주님의 임재에 대하여, 주님의 실재하심, 주님의 마음, 그 분의 고독에 대하여 이야기하였습니다. 그분이 얼마나 우리와의 교제를 그리워하시며 우리를 안아주시기 원하시는지 이야기를 전했습니다. 메시지를 얼마 전하지 못했지만 이미 시간이 다 되었습니다. 이제 나는 모든 사람들이 그 자리에서 일어나도록 인도했습니다.
이제는 주님께서 말씀하신 대로 임하시고 역사하시며 사람들을 사로잡으실 시간이었습니다.

그들에게 조용히 주님의 임재를 기다리라고 했을 때 나는 강렬한 바람이 윙윙거리며 그들 사이로 지나가는 것을 느꼈습니다. 그 바람의 움직임을 따라 사람들은 몸이 굳어지기도 하고 전율과 진동 속에 들어가기도 하며 통곡을 하기도 했습니다.
약 절반 정도의 사람들은 그 자리에서 쓰러져 누웠습니다. 그들은 주님의 강렬한 임재 속에서 그분의 만지심을 경험하며 사로잡혀 있었습니다.
하지만 이미 시간은 많이 지났고 나는 강대상에서 내려와야 했습니다.
10분, 아니 5분만 더 여유가 있었어도 놀라운 일들이 더 많이 일어났겠지요. 하지만 나는 보조 강사일 뿐입니다. 여기서 더 나아가면 곤란하다는 것을 나는 잘 알고 있었습니다.

모든 이들에게 그 자리에서 조용히 기도를 하도록 시킨 후 나는 기도를 받으려고 줄을 서는 이들을 피해서 숙소로 왔습니다. 잠깐씩 기도해준 이들은 다들 그 자리에 겹쳐서 쓰러졌고 나는 간신히 그 인파를 헤치고 나왔습니다.
바깥으로 나오면서 그 자리에서 쓰러져있는 이들.. 주님의 임재로 인하여 울고 있는 이들을 흘낏 쳐다보았습니다. 그들을 보면서 나의 가슴도 벅차고 설레었습니다.
주님의 임하심... 그것은 진정 놀라운 일입니다. 사역자가 많은 시간을 가르치고 전하고 인도하는 것보다 주님이 임하셔서 잠깐만 사람들을 만지시기만 하면 비교가 되지 않는 놀라운 열매들.. 깨달음, 변화, 기쁨, 감격, 헌신 등의 놀랍고 풍성한 열매들이 나타날 수 있는 것입니다.

나는 숙소로 돌아왔습니다. 같이 동행했던 기도모임 식구들도 같이 모여서 상기된 모습으로 집회에 임하신 주님의 임재와 은혜에 대하여 나누며 시간이 부족했던 것을 아쉬워했습니다.

이것은 나에게 몹시 인상적인 경험이었습니다. 집회의 중심은 오직 주님이시며 인도자는 단순히 주님에 대하여 이야기하는 것이 아니라 그 자리에 계신 주님을 소개해야 한다는 것, 그리고 그 주님이 직접 말씀하시고 임하시도록 자리를 비켜주어야 한다는 것, 그리고 그렇게 직접 적용할 때 많은 풍성함이 나타날 수 있다는 것.. 그것은 잊지 말고 적용을 해야 할 중요한 요점이었습니다.

나는 주님에 대하여 많은 이야기를 하는 사역자가 되고 싶지 않습니다. 주님에 대하여 잠시 소개를 한 후에 그분에게 마이크를 넘겨주는 사역자가 되고 싶습니다.

모든 사역자들이 그렇게 할 때 성도들은 집회가 얼마나 놀라운 것이 되는지, 주님의 실제가 얼마나 놀라운 것인지 경험하게 될 것입니다. 그리고 그것은 부흥의 시작이며 자유와 기쁨과 해방과 영광의 시작이 될 것입니다. 여기에 함께 동참했던 분들의 소감을 같이 나누어 보았습니다.

아쉬운 S기도원 집회 - J권사 -

그 짧은 시간이 너무 안타깝고.. 그 곳에도 역시 사모하는 영혼들이 많더군요. 그 갈급하고 무력한 영혼들을 조금 더 도와 줄 수 있다면 얼마나 좋았을까요?

그 짧은 메시지에 그토록 반응하는 사람들.. 저도 충격 때문에 정신이 없었는데 지금 다시 생각 하니 너무 가슴이 아프네요.
휩쓸고 지나간 성령의 바람 소리.. 넘어지고, 신음하고..
제 앞의 분은 넘어진 상태로 몸에 경련을 일으키고..

기도 받으려고 쫓아 나왔다가 받지 못한 분들.. 성령님이 일하실 수 있도록 마음껏 풀어줬으면 좋았을 텐데요.
주님을 알지만 주님에 목말라 있는 많은 이들.. 주님을 사모하지만 무기력한 많은 영혼들.. 좀 더 만져지고 부어질 수 있었어야 하는데 그냥 너무 안타깝기만 하네요.
처음에는 분위기가 좀 둔하고 무거웠었는데 잠시 뒤를 돌아보니 그 진지하고 압도당한 표정들이 감동이었어요.
주님의 은혜에 감사드립니다.

S기도원에서의 이야기들   - P집사 -

주님은 일하고 계셨습니다. 목사님이 마무리를 하시며 일어나서 주님의 임재를 구하라고 하시는데 저는 손을 들며 주님.. 하는 순간 회오리바람과 같은 성령의 강력한 힘에 빨려들어 가는 것을 느꼈습니다.
순식간에 나의 몸은 종잇장이 회오리바람에 날아가는 것 같았고 순간 몇 바퀴를 돌고 쓰러졌습니다. 강력한 성령님의 운행하심이었습니다. 폭풍과 같은..
많은 분들이 쓰러져 있었고 울며 기도하시는 분, 희락의 영이 임하여 웃으시는 분들, 또한 간절히 주님을 부르는 분들..
여러 모양으로 주님과 함께 하시는 아름다운 모습들을 볼 수 있었습니다.
집회를 통하여 일하신 주님을 찬양하며 모든 것을 통하여 오직 주님만 영광 받으소서.

S기도원을 생각하면 아직도 가슴 저린 감격이.. -P전도사-

S기도원을 생각하면 아직도 가슴 저린 감격이 밀려옵니다. 그리고 이런 고백이 제 안에서 나옵니다.
"주님, 도대체 제가 무엇이관데, 그 귀한 집회에 가서 그 귀한 메시지들을 듣는 특권을 주시나이까?
제가 무엇이관데, 그 귀한 분들, 주님을 뜨겁게 사랑하는 귀한 분들을 만날 수 있는 특권을 허락하셨나이까?'

"예배란 그 자리에 임재하시는 주님을 만나는 것이고, 그러기에 사역자의 할 일이란 주님에 대해서 가르치는 것이 아니라, 주님에 대해서 설명만 장황하게 늘어놓는 것이 아니라 그 자리에 임재하신 주님을 선포하는 것이며, 그 자리에 오셔서 당신의 자녀들을 축복하기 원하시고, 직접 터치하기 원하시고, 안아주기 원하시는 주님을 알려주고 선포하는 것이다.
그래서 예배에 참석한 자들이 직접 주님을 만나고 체험하고 주님의 영광을 맛보게 하는 것이다..
주님은 아주 가까이 계시기에 누릴 수 있고, 주님은 내 안에 계시기에 맛볼 수 있고, 주님은 손만 내밀기만 하면 만날 수 있는 곳에 계시기에 경험할 수 있다..
'그런데, 왜 나를 대언하는 자가 없느냐? 내가 저들을 안아주고 축복하고 싶은데 그들에게 내 영광을 맛보아 알게 하고 싶은데 왜 사역자들은 내게 그런 기회를 주지 않느냐? 나는 그들을 만나기 원하는데..'
사역자들이 주님께 기회를 드리지 않아 흐느끼고 계시는 주님.."

이와 같은 목사님의 메시지는 저 자신을 송두리째 흔들어 놓았고, 저의 고정관념을 송두리째 깨뜨려 놓았습니다.
주님.. 용서하여 주십시오. 당신의 영광을 드러내지 않은, 당신이 직접 일하시도록 기회를 드리지 못한 저와 다른 사역자들의 죄를 용서하여 주옵소서..

이제 목회자로서 출발선상에 있지만 정말 주님을 방해하는 목회자만은 되지 않아야겠다고 생각했습니다.

" '나는 너를 사랑하노라. 너는 내게 있어 너무나 소중한 존재이다. 나는 너 때문에 너무나 행복하다.' 하고 말씀하시는 주님.. 나 때문에 행복해서 우시는 주님, 그러나 우리가 그분을 소외시킬 때 고독해 하시는 주님, 그러기에 우리의 사랑고백에 너무나 기뻐하시는 주님.."

이라고 목사님이 선포하시는 것을 들으면서 큰 감동을 받았습니다.

폭풍이 쓸고 간 현장과 같은 새벽 집회시간의 모습.. 주님의 임재를 체험하고 기뻐하는 사람들.. 정말 감격적인 순간들이 아닐 수 없었습니다.

저는 제 자신에게 말했습니다.

"아, 이것이구나. 바로 이거야.."

저도 오직 주님의 통로가 되고 싶습니다.

놀라우신 주님의 은혜와 사랑에 감사를 드립니다.

2. 유능한 사역자의 조건

"모세야.. 모세야.."
하나님의 음성이 들려왔습니다.
놀란 모세가 대답했습니다.
"예.. 하나님.. 제가 여기 있습니다."
다시 하나님께서 말씀하셨습니다.
"이리로 가까이 하지 마라. 너의 선 곳은 거룩한 땅이니 네 발에서 신을 벗어라."
모세는 하나님의 임재 앞에서 엎드러졌습니다.
그는 꿈을 꾸는 것 같았습니다. 그는 놀라운 공간에 있었습니다. 놀라운 산에 있었습니다. 그것은 평범한 장소가 아니었습니다.

모세는 지금까지 많은 공간에 있었습니다. 가장 영화로운 왕궁에도 있었고 가장 비참한 황무지와 같은 광야에도 있었습니다. 그러나 이 공간은 완전히 다른 공간이었습니다.
그 곳은 차원이 다른 곳이었습니다. 이 세상이었지만, 또한 이 세상에 속하지 않은 공간이었습니다. 그리고 거기에는 이 세상을 지으신 하나님의 영광스러운 현존이 있었습니다.
모세는 놀랐습니다. 그리고 압도되었습니다. 그리고 거기에서부터 그의 인생은 새롭게 시작되고 있었습니다.

모세는 너무도 지쳐있었습니다. 그의 나이 80세.. 이제 그는 너무 늙었고 피곤했습니다. 그는 그의 인생이 끝이 났다고 생각했습니다. 그는 자기의 인생이 실패한 인생이라고 생각했습니다. 그는 이제 더 이상 아무런 꿈도

가지고 있지 않았습니다. 그도 예전에 꿈을 가지고 있던 시절이 있었습니다. 그러나 그것은 아주 오래 전의 일입니다.
늙고 지치고 피곤한 모세.. 이제 그가 유일하게 기다리는 것은 죽음 밖에 없었습니다. 그러나 돌연히 찾아온 하나님의 영광과 임재... 거기서 새로운 드라마는 시작되었던 것입니다.

지금으로 말하자면 모세는 사역자라고 할 수 있습니다. 지금은 모든 희망을 상실했지만 한 때는 그도 사역의 꿈을 가지고 있었습니다.
그는 불타는 열망을 가지고 있었습니다. 그는 고통당하고 있는 동족을 자유롭게 해방시키고 싶었습니다.
그는 최고의 교육을 받았습니다. 그는 최고의 지성인이었습니다. 그리고 강한 용사였습니다. 그는 실제로 전쟁에 나가서 많은 승리를 거두기도 했습니다.
그는 경건한 어머니로부터 신앙에 대한 깊은 영향을 받고 교육을 받았습니다. 그는 자기의 지성과 신앙과 열정과 그 모든 경험을 통해서 자신의 동족을 구원하는 도구가 될 수 있을 것이라고 믿었습니다.
그러나 그것은 그의 오산이었습니다. 바로는 너무나 강했고 애굽의 힘에 비하면 그는 작은 벌레와 같이 미약한 존재에 불과했습니다.

그는 도망쳤습니다. 그는 자신의 꿈이 얼마나 허망한 것인가에 대해서 깨닫게 되었습니다. 그는 세상적으로 보았을 때 유능한 사람이었습니다. 그러나 그에게 부여된 힘은 바로가, 애굽이 그에게 준 것이었으며 그가 스스로 가지고 있는 독립된 능력은 아니었습니다. 따라서 그가 바로와 애굽을 대적하려 할 때에 그는 감히 그들과 싸움이 되지 않았던 것입니다.
바로를 이기려면, 애굽을 이기려면 바로와 애굽에서 기인한 것이 아닌, 다른 능력의 근원이 있어야 했습니다.
그러나 그는 이 세상에서 애굽보다, 바로보다 더 강한 힘을 발견할 수 없었습니다. 그는 좌절했습니다. 그리고 다시는 그 꿈을 붙들지 않았습니다. 타국에서 방황하면서 그는 자신의 자라난 고향을 생각하기도 했습니다.
그러나 그것은 부질없는 일이었습니다.
그는 가장 화려한 위치에서 가장 비참한 처지에 떨어졌고 그렇게 그 생활에 적응을 하면서 한 평생을 보냈습니다.
그리고 이제 그의 육체의 힘은 거의 쇠잔하고 있었습니다. 그런데 갑자기 하나님의 영광스러운 임재가 그에게 나타나신 것입니다.

그렇습니다. 그는 사역자였습니다. 그는 훌륭한 교육을 받았고 비전에 불타고 있었고 젊고 강하고 유능했습니다.
그는 유능한 사역자였습니다.
그러나 단 한 가지의 문제는 그가 하나님의 실제적인 임재에 대하여 알지 못했다는 것입니다. 그는 구체적으로 하나님의 영광을 체험한 적이 없었습니다. 그리고 그것은 사역자로서 가장 치명적인 약점이었던 것입니다.
이제 모세가 그의 인생의 막바지에 이르렀을 때 그리고 모든 것을 포기하고 있었을 때 갑자기 폭풍처럼 하나님의 영광과 임재가 그에게 임하였습니다.
하나님의 거룩한 영광과 그 능력의 구름이 그에게 덮이기 시작했습니다. 모세의 심령은 뜨거워지고 그 불에 사로잡히고 있었습니다.
그리고 모든 것은 바뀌기 시작했습니다. 그리하여 그가 예전에 품었지만 이제 다 잊고 내려놓았던 꿈이 새롭게 일어나게 되었고 비로소 하나님의 영광스러운 사역자로서 쓰이게 되었습니다.
하나님의 실제적인 임재.. 그와 대면하여 말씀을 나누고 접촉한 것.. 그것은 무능과 실패로 나락에 빠져있던 모세를 놀라운 사역자로, 하나님의 대변자로 만들었던 것입니다.
그는 이제 바로를 이길 수 있게 되었습니다.
드디어 바로를, 애굽을 극복할 힘을 알게 된 것입니다.

그 힘은 세상에서 기인되는 것이 아니었습니다. 세상에서 가장 강한 애굽과 바로.. 그들은 세상의 능력으로 굴복시킬 수 있는 존재들이 아니었습니다. 그들은 하늘의 능력, 이 세상을 초월한 하나님에게서 나오는 능력으로만 극복될 수 있는 존재들이었고 이제 모세는 그 힘을 경험하게 된 것입니다.

이제 모세는 다시 애굽으로 돌아가게 되었습니다. 그리고 하나님의 능력으로 성공적인 사역을 하게 되었습니다. 그는 육체적으로는 아주 연약해지고 아무런 다른 무기도 없었지만 이제 하늘에서 오는 새로운 무기를 가지고 그가 평생을 두려워하던 애굽을 향해서 걸어가게 되었습니다.

바로 그것입니다. 유능한 사역자의 길.. 그것은 어떠한 교육에 있지 않습니다. 지식에 있지 않습니다.
물질에 있지 않으며 사회적 경험에 있지 않으며 그 동기의 순수함에 있지 않으며 오직 하나님의 임재의 경험, 그 분량에 있는 것입니다.
모세의 하나님 체험.. 그것은 그의 인생의 새 출발이었으며 동시에 사역의 새로운 시작이었습니다.
그리하여 그는 역사에서 두 번 찾기 어려운 놀라운 하나님의 사람으로 변모되었던 것입니다.
모세에게 그 경험은 일생동안 잊을 수 없는 전환점이 되는 경험이었습니다.

모세의 일생에서 엄청난 충격과 절망을 경험하던 때가 있었습니다. 그것은 이른바 금송아지 사건으로써 그것은 이스라엘과 모세에게 모두 잊을 수 없는 고통스러운 사건이었습니다. 그 때 모세는 하나님 앞에 나아가 그의 영광을 보여 달라고 탄원하였습니다.

모세가 이르되 원하건대 주의 영광을 내게 보이소서 여호와께서 이르시되 내가 내 모든 선한 것을 네 앞으로 지나가게 하고 여호와의 이름을 네 앞에 선포하리라 나는 은혜 베풀 자에게 은혜를 베풀고 긍휼히 여길 자에게 긍휼을 베푸느니라 (출33:18,19)

왜 모세는 그러한 위기 속에서 갑자기 하나님의 임재와 영광을 보여 달라고 구했을까요?
그는 알았기 때문입니다. 그의 인생에서 가장 절망적이고 고통스러운 위기의 순간에 나타나신 하나님의 임재와 영광.. 그것만이 그에게 유일한 힘과 기쁨과 위로가 되었기 때문입니다.
그처럼 하나님의 임재를 경험한 사람은 모든 지치고 힘든 일에 부딪칠 때, 자기의 한계가 올 때, 인생의 절벽을 경험하게 될 때 오직 그 하나님의 임재를 간절히 간절히 구하게 되는 것입니다.

모세의 이야기를 통한 하나님의 임재에 대한 교훈.. 그것은 이러한 것입니다. 모든 조건에서 능력에서 아무리 탁월한 사역자라고 하더라도 그가 하나님의 임재를 알고 있지 못하다면 그는 실제로 유능한 사람은 아니라는 것입니다.
또한 모든 조건에서 능력에서 아무리 무능한 사역자라고 하더라도 그가 하나님의 임재를 알고 있다면 그는 실제적으로 아주 유능한 사람이라는 것입니다.
사역자의 진정한 유능 여부를 결정지어 주는 한 가지 조건... 그것은 오직 하나님의 임재의 경험 여부인 것입니다.
그러므로 누구든지 진정한 하나님의 사역자가 되고 싶다면 그는 모세와 같이 하나님의 임재에 깊이 사로잡혀야 하는 것입니다.
하나님의 임재 경험.. 그것은 사역자의 가장 중요한 조건입니다.

3. 그 능력의 비결

어떤 사람이 자기의 무능력을 처절하게 인식하게 되고 그 절망 속에서 하나님의 임재와 도우심을 경험하게 될 때 그는 모든 능력이 오직 하나님께 있으며 그분 안에서만 사역이든, 무엇이든 유능하게 됨을 알게 됩니다.
그러나 그것은 그 자신만이 알고 있는 사실입니다.
바깥에서 그 사람을 보게 되면 그는 원래부터 유능한 사람으로 보이게 됩니다.
그 사람의 무능함과 연약함을 본 적이 없는 이들에게는 더욱 그러할 것입니다. 그러므로 그들은 영적인 거인으로 보이는 사람과 자신을 비교하면서 자신의 초라함에 대하여 오히려 더 낙담하게 되는 것입니다.
여호수아도 그러한 사람들 중의 한 사람이었을 것입니다.

모세가 죽은 후에 여호수아는 두려웠습니다.
그는 아주 걱정이 되었습니다. 그는 이제 모세의 후계자로서 자신이 이스라엘을 인도하여야 할 것을 알고 있었습니다.
그러나 그는 두려웠습니다. 그는 오랫동안 모세가 어떤 사람인지에 대하여 보아왔습니다. 그리고 모세가 가지고 있는 그 놀라운 담대함과 리더십을 보았습니다. 그 모든 것들이 여호수아에게는 너무나 놀라운 것이었습니다.

그는 금송아지 사건 당시 모세의 행동을 기억하고 있었습니다. 200만이나 되는 이스라엘 사람들이 금송아지 앞에서 춤을 추고 기뻐하고 있었을 때 그 누구도 그것을 제지할 생각을 하지 못했습니다.
아론도 감히 아무 말도 하지 못하고 눈치만 볼뿐이었습니다. 그 많은 사람들이 하나같이 흥분하고 미친 듯이 열광하고 있는데 누가 감히 그 광란의 분위기를 제어할 수 있다는 말입니까?
그러나 모세는 달랐습니다. 여호수아는 산에서 급히 내려오던 모세가 그 광경을 보는 순간 그의 눈에서 불이 뿜어져 나오는 것을 보았습니다.
그는 겸손하고 부드러운, 이 세상의 그 어느 누구보다도 더 온유하던 모세의 얼굴에 갑자기 무서운 폭풍이 몰아치는 것을 보았습니다.

모세는 모든 이스라엘 백성들에 대하여 성난 사자처럼 외쳤습니다. 그리고 그 난리판에 뛰어들어 그들의 금송아지를 부수고 가루로 만들어 버렸습니다.
모세는 주동자를 처벌했고 가루로 만든 금송아지의 잔해를 그들에게 마시게 했습니다. 그 때에 거칠고 사나운 수많은 사람들이 있었지만, 감히 모세의 기세에 대적할 생각을 하는 이는 없었습니다. 오히려 사시나무같이 떨면서 모세의 분노가 사라지기만을 기다렸을 뿐이었습니다.
그 모세의 모습을 기억하면서 여호수아는 몸을 떨었습니다.
'내가.. 할 수 있을까.. 내가 저와 같은 지도자가 될 수 있을까..'
여호수아는 고개를 흔들었습니다. 그것은 가당치도 않았습니다. 모세의 저 놀라운 강렬한 위엄에 비하면 그는 자신이 아주 작은 어린아이와 같이 느껴졌습니다.

여호수아는 모세가 이스라엘을 위하여 기도하던 모습을 다시 생각해 내었습니다. 하나님께서 이스라엘의 죄 때문에 진노하시고 그들로부터 떠나려고 하실 때 모세의 기도는 그야말로 목숨을 건 전쟁이었습니다.
모세의 기도는 불을 뿜는 것 같았고 피를 토하는 것 같았습니다. 모세의 중보는 자신의 생명을 담보로 한 것이었습니다.
그는 자신의 목숨이 다한다 하더라도 그 백성을 회복시키기를 원했습니다. 그것은 기도가 아니라 피의 절규였고 진액의 쏟아부음이었습니다.

모세가 온 힘을 다해 기도를 하나님께 쏟아 붓고 드디어 들으심을 얻은 후 탈진한 몸으로 진으로 돌아올 때 여호수아는 그를 보았습니다. 그는 그 때의 감격을 잊을 수가 없었습니다. 모세는 하나님의 영광으로 가득 차 있었습니다. 여호수아는 다시 생각했습니다.
'내가.. 그러한 지도자가 될 수 있을까..'
그는 다시 머리를 흔들었습니다. 그는 도저히 그러한 모세를 따라갈 수 없었습니다. 그는 자신에게는 그러한 자질이 없다고 생각하고 있었습니다.
그러나 모세가 죽은 후에 그렇게 두려워하고 있던 여호수아에게 하나님께서 찾아오셨습니다. 그리고 말씀하셨습니다. 마치 모세에게 하셨던 것처럼 말입니다.

하나님께서는 모세에게 발에서 신을 벗을 것을 명령하셨습니다. 그 곳은 모세가 여태까지 있었던 장소와 전혀 다른 새로운 차원의 장소였습니다. 하나님의 임재가 있는 곳이었습니다.
그가 지금까지 걸어왔던 그 길과 전혀 다른 길, 전혀 다른 새로운 차원의 길을 걷기 시작하면서 그는 자신의 모든 옛 걸음을 벗어야 했습니다.
그러나 하나님께서는 여호수아에게 신을 벗을 것을 말씀하시지는 않았습니다. 그는 이미 모세와 같이 그 새로운 영역의 삶 속에 있었습니다.
그는 모세와 같이 그 영적인 길을 걷고 있었습니다. 그러나 그에게는 두려움을 극복할 필요가 있었습니다. 그는 이미 걷고 있는 그의 길을 좀 더 굳건하고 확실하게 할 필요가 있었습니다.
하나님께서 그에게 말씀하셨습니다.

네 평생에 너를 능히 대적할 자가 없으리니 내가 모세와 함께 있었던 것 같이 너와 함께 있을 것임이니라 내가 너를 떠나지 아니하며 버리지 아니하리니 강하고 담대하라 너는 내가 그들의 조상에게 맹세하여 그들에게 주리라 한 땅을 이 백성에게 차지하게 하리라 (수1:5, 6)

여호수아는 그 말씀을 듣고 바닥에 꿇어 엎드렸습니다. 그는 몹시 놀란 채로 하나님의 음성을 듣고 있었습니다.
나의 평생에 나를 당할 자가 없다고? 모세와 같은 강한 자도 평생에 내적자들로 가득했는데?
그리고.. 모세와 함께 하셨던 것처럼.. 하나님이 나에게도 함께 하시겠다고?
그 메시지를 듣는 순간 여호수아는 자신의 심령에 한 줄기 광선이 비치는 것을 느꼈습니다.
그리고 갑자기 그의 연약한 영혼이 강건하고 충만하게 하나님의 임재로 채워지는 것을 느꼈습니다.
모세와 같이 계셨던 하나님..

그렇습니다. 모세는 결코 특별한 사람이 아니었습니다.
아니, 그가 특별한 사람이었다고 하더라도 그것은 생명을 살리는 영적인 전쟁과 사역에 있어서는 아무 의미가 없는 것이었습니다. 그의 탁월함은 그의 세상적인 능력, 언변이나 힘이나 지식에서가 아닌 오직 하나님의 임재, 그분과의 교제와 말씀하심에서 오는 것이었습니다.
모세의 능력은 오직 하나님의 함께 하심이었습니다. 그도 하나님이 함께 하실 때에만 아주 강력한 사람이었으며 하나님이 함께 하시지 않을 때는 아주 무능한 사람이었던 것입니다.
하나님의 말씀이 여호수아의 심령에 울려 퍼졌습니다.

내가.. 모세와.. 함께 있었던 것처럼..
너와 함께 있을 것임이라..
내가 너를 떠나지 아니하며..
버리지 아니하리니..

여호수아는 기쁨과 감동의 물결이 그의 안에 가득 차는 것을 느꼈습니다. 모든 힘과 지혜의 비결이신 하나님이 그와 함께 하시고 떠나지 않으신다면.. 그는 이제 아무 걱정할 것이 없었습니다.

여호수아는 자신감으로 가득 차서 일어났습니다. 그리고 그는 그 하나님의 임재 속에서 살면서 그의 사명을 감당하였고 성공적으로 약속의 땅 가나안에 입성을 할 수 있었습니다. 그 모든 승리와 능력의 비결은 바로 하나님의 가까우신 임재하심이었습니다.

그 어느 누구에게나 모든 승리와 능력의 비결은 오직 하나님의 가까우신 현존하심입니다.

어떤 사람이든지 그 능력과 사랑의 하나님을 가까이 체험하게 되면 그는 강하고 놀라운 사람이 됩니다.

능력 있는 사역자, 능력 있는 사역의 비결도 오직 그것뿐입니다.

주님의 임재에 대하여 알고 경험하는 이는 주님이 시키시는 그 어떤 일이든지 잘 감당할 수 있으며 아름답고 귀한 열매를 맺을 수 있게 되는 것입니다.

여호수아에게서 배울 수 있는 하나님의 임재에 대한 교훈은 이것입니다.

어떤 사람이 아무리 탁월해 보일지라도, 자신이 아무리 초라하고 왜소하게 보일지라도 하나님께서 우리와 함께 하시며 떠나지 않으신다면 우리는 훌륭하고 풍성한 삶을 살 수 있습니다.

그러므로 결코 낙심하거나 두려워할 이유가 없는 것입니다.

4. 하늘을 여는 사역

사람들은 사역, 사역자라고 이야기하면 흔히 목회사역, 목회자를 생각합니다.
그러나 넓은 의미에서 그리스도인들은 모두가 다 사역자입니다. 모든 그리스도인들은 세상에서 빛과 소금의 역할을 하도록 부름 받았습니다. 그리고 그렇게 빛과 소금이 되는 것이 곧 사역입니다.

세상은 하나님에 대하여 그리스도에 대하여 알지 못합니다. 그러므로 사역자, 그리스도인들은 보이지 않는 하나님, 보이지 않는 하나님의 생명을 보여주어야 합니다.
다시 말하면 사역자는 사람들에게 하나님을 보여주는 사람입니다. 사람들이 모르고 있거나 피상적으로 개념으로만 이해하고 있는 하나님의 실체에 대하여 눈에 나타나게 분명히 경험할 수 있도록, 도저히 부인할 수 없도록 보여주고 그 실상 앞에 거꾸러지게 하는 것이 사역자의 역할입니다.

그리스도인이라고 자처하는 많은 이들이 신앙에 대하여 관념적인 지식만을 가지고 있습니다. 신앙에 대한 건전한 이해와 지식을 가지고 있습니다. 그러나 그것은 자신에게는 매력적일지는 모르지만 다른 이들이 밖에서 볼 때 그다지 인상적인 것으로 여겨지지 않습니다.
자, 그런데 어떤 사역자가 있습니다. 그도 똑같이 하나님을 믿습니다.
그러나 그는 뭔가 다릅니다. 그는 하나님을 믿을 뿐만 아니라 실제로 하나님을 보여줍니다. 그리고 사람들은 그가 보여주는 하나님의 임재 앞에서 거꾸러집니다.
그것은 이론이 아닙니다. 그를 통하여 하나님이 지금 이 자리에 계시고 운행하시는 것을 사람들은 보고 알게 됩니다. 바로 그러한 것이 사역자의 진정한 역할입니다.

그렇다면, 그 사역자가 실제로 하나님을 그처럼 경험하지 않고 어떻게 진정한 사역자가 될 수 있겠습니까? 그가 체험하지 않은 하나님을 어떻게 사람들에게 보여줄 수 있겠습니까?

그렇기 때문에 하나님께서는 그분의 종들에게 그 분 자신을 계시하시고 만나주시는 것입니다. 하나님과의 만남이 자기의 상상이 아니고 실제라면 그 사역자는 분명히 자기가 경험한 하나님의 실상을 사람들에게 제시할 수 있는 것입니다.

그럴 때 사람들은 비로소 말하게 되는 것입니다.

여호와 그는 하나님이시로다 여호와 그는 하나님이시로다 (왕상18:39)

바로 그것이 하나님의 사람, 하나님의 사역자 엘리야에게 일어난 일이었습니다.

이스라엘 백성은 하나님의 귀한 사랑을 받은 민족입니다. 그러나 당시의 이스라엘 백성에게 있어서 하나님의 존재는 아주 희미하기만 했습니다. 그들도 역사를 알고 있었습니다. 다윗 왕의 시대, 그리고 솔로몬 왕 시대의 전성기, 그리고 애굽에서 모세를 통하여 나타났던 하나님의 놀라운 역사에 대해서 듣고 있었습니다.

그러나 지금 그러한 이야기가 무슨 소용이 있다는 말입니까? 그들에게 있어서 그러한 이야기들은 하나의 역사 속의 이야기일 뿐 하나님은 아주 멀게만 느껴지는 존재였습니다.

그렇기 때문에 엘리야가 바알 선지자들과 흥미로운 내기를 제안했을 때만 해도 그들은 그리 대수롭지 않게 여겼습니다. 하나님에 대하여는 많이 들어서 알고 있었기 때문이지요.

그러나 그들에게 있어서 하나님은 과거 조상의 역사 속에 계시는 분일 뿐
지금 현실적으로 살아계시고 능력 있는 분이 아니었습니다. 그러니 그들
이 대수롭지 않게 여긴 것도 당연한 일이지요.
그러나 시큰둥하던 그들의 모습이 갑자기 뒤바뀌는 데는 그리 많은 시간
이 필요하지 않았습니다.
엘리야와 바알 선지자들과의 흥미 있는 대결이 시작되었고 그리고 그 대
결의 종말은 너무나 선명하고 놀라운 결과를 보여주었기 때문입니다.
엘리야의 기도가 끝나기 무섭게 하늘에서 떨어진 불의 역사.. 그렇게 놀랍
게 임하신 하나님.. 그것은 이스라엘 백성 모두를 엎드리지게 하기에 충분
했던 것입니다.
그들은 모두가 다 그 자리에서 엎드렸습니다. 그리고 외쳤습니다. 여호와
는 하나님이시라고! 그들은 거듭거듭 외쳤습니다.

그들에게 있어서 이제 하나님은 저 멀리 계신 분이 아니었습니다.
불과 몇 분전만 하더라도 하나님은 아주 피상적인 분이었습니다. 그러나
이제는 아닙니다. 하나님은 살아계시며 역사하시는 놀라우신 분이셨습니다
다. 그들은 과거에 들었던 그들의 역사가 재현되는 것을 알게 되었습니다.
엘리야는 지체하지 않고 외칩니다. 바알의 선지자를 잡되 하나도 도망하
지 못하게 하라고.. 그리고 모든 이들은 그의 말에 즉시로 순종합니다.
어떻게 이러한 일이 이루어질 수 있을까요?
조금 전까지만 해도 바알과 그를 따르는 이들의 세력을 멸한다는 것은 상
상도 할 수 없었습니다. 그러나 이제 하나님의 영광과 임재가 나타나게 되
었을 때 그것은 더 이상 불가능한 일이 아니었습니다.

여기서 우리는 이것을 알 수 있습니다. 가장 종교적으로 보이지 않는 사람
들까지도 하나님의 살아계신 임재하심을 경험하게 될 때 거기에 순복하게
된다는 것입니다. 그들은 하나님을 설명하는 개념에 대해서는 비웃을지

도 모르지만 하나님의 권능과 영광이 직접 눈앞에 드러나게 될 때 감히 이에 대하여 대적하지는 못합니다.

선지자 엘리야, 그의 성품은 어떠했으며 그의 삶은 어떠했는지, 그는 어떠한 특성을 지닌 사역자였는지.. 이에 대한 충분한 정보는 그다지 상세하게 알려져 있지 않습니다. 그러나 분명한 것은 그는 하나님의 임재를 알고 있는 사역자였다는 것이었습니다. 그는 닫힌 문을 열고 하늘의 영광을 내려오게 하며 사람들에게 그것을 보여주며 입증시킬 수 있는 하나님의 사람이었다는 것입니다.

엘리야가 그렇게 하나님의 임재하심을 가까이 알게 된 것은 하루 아침에 된 것은 아니었습니다. 그는 바알 선지자들과 그러한 목숨을 건 게임을 제안할 정도로 자신이 있었습니다. 하나님께서 그를 보내셨으며 그의 음성을 들으신다는 것을 그는 확실히 알고 있었습니다. 그의 믿음과 체험은 분명했습니다. 그러나 그것은 오랜 동안의 훈련과 경험을 통하여 얻어지게 된 것이었습니다.

그리스도인들이 겪는 인생 대부분의 고난과 훈련은 하나님과의 더 깊고 새로운 만남을 위한 것입니다. 그것은 엘리야와 같은 선지자에게만 그러한 것이 아니고 다른 모든 사람들에게도 마찬가지입니다.

그는 궁핍 속에서 까마귀를 통하여 채우시는 하나님의 공급을 경험하였습니다.

그는 오랜 광야의 경험을 통하여 그 고독과 무기력 속에서 하나님과의 친밀한 만남을 누렸고 그 거룩한 임재와 영광 속으로 들어갔습니다.

바로 이러한 주님과의 실제적인 경험을 위하여 오늘날에도 하나님의 사역자들은 흔하게 물질의 궁핍함 속에서 주님만 의뢰하는 훈련을 받게 되는 것입니다.

엘리야도 그와 같은 광야의 훈련이 주는 의미에 대하여 처음부터 잘 알고 있었던 것은 아니었을 것입니다. 그가 하나님의 선지자로서 훈련을 받을 때 그는 기근 속에서 까마귀를 통해서 공급을 받았습니다. 과연 까마귀가 주는 떡이 얼마나 풍성했겠습니까..
그는 아마 불평을 했을지도 모릅니다. '겨우 이까짓 떡 쪼가리인가? 내가 그분의 종으로서 이런 대접을 받아야 하나?' 하고 말입니다.

까마귀를 통한 공급을 졸업하고 드디어 사람에게 공급을 받게 되었을 때 그는 이제는 좀 형편이 나아질까 기대를 했을지도 모릅니다. 그러나 그가 간 곳은 강남에 있는 부유한 아파트가 아니었습니다.
그는 아마도 이스라엘에서 가장 가난한 것으로 여겨지는 한 과부의 집으로 보냄을 받게 되었습니다. 먹을 것도 꼭 한 끼니 밖에 없는 과부의 집으로 말입니다.
아마 엘리야가 하나님의 음성을 듣는 귀가 조금이라도 부정확했더라면 그는 자신이 들은 하나님의 음성을 의심했을 것입니다.
그 의미는 무엇일까요? 왜 그는 그렇게 궁상맞은 선지자로서의 훈련을 통과해야 했을까요?

열왕기상 17장은 죽음의 분위기가 가득한 장입니다. 여기에 등장하는 소품들을 보면 먼저 까마귀가 나옵니다.
까마귀는 죽음과 관계가 있는 새입니다. 아무도 그 새를 좋아하지 않을 것입니다. 그리고 시내가 등장합니다. 그런데 기근으로 인하여 시내는 곧 말라버립니다. 말라버린, 물이 없는 시내.. 이 역시 죽음을 상징합니다.
그리고 과부가 나옵니다. 역시 죽음과 관련되어 있는 여인이지요. 그 다음에 과부의 아들이 죽는 사건이 일어납니다. 하나같이 비참함과 죽음의 분위기가 가득한 장입니다.
그러나 엘리야는 하나님의 임재 경험을 통하여 이 죽음의 상태를 극복합니다. 죽음의 새인 까마귀는 엘리야에게 먹을 것을 공급합니다.

가난한 과부, 먹을 것이 없어 굶어 죽을 수밖에 없는 과부.. 그러나 그녀는 엘리야의 사역을 통하여 끊어지지 않는 양식을 얻게 됩니다.
죽어버린 그녀의 아들은 엘리야의 사역을 통하여 새로 생명을 얻게 됩니다.
이러한 사건들은 사방에 가득한 죽음의 분위기 속에서 유일하게 생명을 공급하는 통로로써 그가 쓰임 받아야 했었기 때문입니다.
그 죽음과 같은 상태.. 그것은 바로 하나님을 향한 이스라엘의 믿음의 상태, 영혼의 상태와 같은 것이었습니다.

엘리야가 죽음의 상황에서 그 과부를 기근에서 살아나게 하고 그 과부의 아들을 살리는 도구로 쓰이고 하는 것은 이제 그가 사방에 가득한 영적인 죽음을 회복시키고 나아갈 준비가 되었다는 것을 보여주는 것입니다.
껍데기 뿐의 신앙, 개념 뿐의 믿음을 가지고 있는 죽은 상태와 같은 이스라엘에게 이제는 사역을 하러 갈 수 있는 권능과 힘을 엘리야가 받은 것을 의미하는 것입니다.

기근은 하늘에서 비가 막힌 것입니다. 하늘의 은총이 끊어진 것을 의미하는 것입니다.
땅이 하늘과의 교류가 끊어졌습니다. 하늘을 바라고 주를 의뢰하고 예배하며 살아야 할 백성이 하늘을 잃어버리고 땅의 썩을 것들을 추구하며 영적으로 병들어 있는 상태가 된 것을 보여주는 것입니다.
그렇습니다. 사방에는 죽음이 가득했습니다.
그것은 기근의 문제, 물질적인 양식의 문제가 아니었고 병든 이스라엘의 심령의 문제였습니다.
하나님의 살아계신 임재에 대하여 알지 못하고 그저 개념뿐인 신앙의 사람들에게 세상의 쾌락과 매력을 던져주는 바알 종교는 뿌리치기 어려운 유혹이었던 것입니다.

그러나 그 영적인 암흑의 시대에 하나님의 살아계신 임재에 대하여 알고 있는 한 사역자가 그 잠자고 있던 백성을 다시 제 정신으로 돌아오게 하였습니다.
그리고 개념이 아닌 살아있는 실제로서 하나님이 오셨을 때 세상의 악한 영들은 더 이상 존재할 수 없었습니다.
오늘날의 상황이 당시의 상황과 별로 다르지 않습니다. 이 시대에도 수많은 하나님의 백성들이 하나님의 살아있는 임재에 대하여 잘 알지 못하고 있으며 여전히 바알과 같은 세상의 영을 섬기며 세상의 유혹과 쾌락을 이기지 못합니다. 그래서 심령은 병들고 기쁨이 없으며 하늘은 은혜의 비를 내리지 않아 삶도 피곤하고 열매가 없습니다.

엘리야의 시대에도, 이 시대에도 오직 필요한 것은 하나님의 임재이며 그 임재를 아는 사역자입니다.
엘리야와 같은 그러한 사역자들이 일어나기 시작할 때 당시에 그랬던 것처럼 하나님의 영광이 회복될 것입니다.
예배가 살아나고 은혜의 비가 내리며 그리스도인들이 그 심령에 기쁨과 영광을 회복하고 승리의 삶을 살게 될 것입니다.
하나님의 임재를 아는 사람, 그것을 보여주는 것.. 그것이 바로 사역입니다. 오늘 이 시대에 너무나 그러한 사역이, 그러한 사람이 필요합니다. 당신도 바로 그러한 사람이 되어야 합니다.

엘리야를 통해서 우리가 하나님의 임재에 대하여 배울 것은 이것입니다. 어떤 사람이 광야의 훈련을 거쳐서 하나님의 임재를 경험하게 될 때 그 사람은 그가 경험한 임재를 다른 이들에게 나누어줄 수 있다는 것입니다. 그는 사람들에게 보이지 않는 하나님을 보여줄 수 있습니다. 그것이 곧 사역이며 생명의 사역인 것입니다.

5. 가까이 계시는 하나님

하나님의 임재를 경험하는 것은 인생에서 가장 놀랍고 중요한 일입니다. 그리고 그 경험을 하게 되면 누구나 인생이 새롭게 바뀌게 됩니다. 사람들은 그러한 경험이 아주 멀리 있는 것이라고 생각합니다. 그러나 그렇지 않습니다.
하나님의 임재는 우리와 아주 가까운 곳에 있습니다. 다만 그것을 인식하고 있는 이들이 많지 않을 뿐입니다.

우리는 아주 귀한 보석을 가지고 있으면서도 그 사실을 알지 못하고 있을 수도 있습니다. 하나님의 임재도 마찬가지입니다. 그 놀라우시고 거룩하신 임재가 바로 우리 곁에 있는데도 우리는 그것을 그냥 지나칠 수가 있습니다. 그러다가 어느 순간 갑자기 우리는 그 사실에 대하여 깨닫게 됩니다. 바로 야곱이 그러했습니다. 야곱은 고백합니다.

야곱이 잠이 깨어 이르되 여호와께서 과연 여기 계시거늘 내가 알지 못하였도다 (창28:16)

야곱은 꿈을 꾸고 잠이 깨고 나서야 비로소 그 꿈이 하나님으로부터 온 것이며 하나님은 그가 깨닫지 못하는 순간에도 그와 가까이 계셨다는 사실을 발견하게 됩니다. 이러한 깨달음은 그에게 엄청난 충격을 주었습니다.
야곱은 어릴 적부터 신앙적인 분위기의 가정에서 자라났습니다. 그러므로 그에게는 하나님에 대한 관념이 있었습니다.
실제로 그는 하나님의 이름을 이용한 적도 있었습니다. 하지만 그가 하나님의 이름을 이용한 것은 자기의 거짓말을 합리화시키기 위한 것이었습니다. 그는 아버지의 축복을 받기 위하여 어머니 리브가가 만들어준 별미를 가지고 에서인척 하고 아버지께 나아갔습니다. 이삭은 그가 예상보다 빨리 온 것을 의심하여 그에게 물었습니다.

이삭이 그의 아들에게 이르되 내 아들아 네가 어떻게 이같이 속히 잡았느냐 그가 가로되 아버지의 하나님 여호와께서 나로 순조롭게 만나게 하셨음이니이다 (창27:20)

그가 하나님을 실제로 믿고 사랑하는 사람이라면, 하나님의 가까우신 임재를 경험했던 사람이라면 자기의 거짓말을 위하여 그처럼 하나님의 이름을 이용하지는 않았을 것입니다.
그는 눈치가 빠르고 똑똑한 편이라 아버지가 진심으로 섬기는 하나님의 이름을 들먹이는 것이 아버지의 의심을 쉽게 잠재울 수 있다는 것을 알고 있었습니다.
야곱은 신앙의 분위기에서 자라났고, 하나님의 개념에 대하여 어느 정도 지식을 가지고 있었습니다. 그러나 그는 살아 계신 하나님이 어떤 분이 신지 잘 몰랐습니다.
그렇기 때문에 그의 삶과 의식에 있어서 하나님은 그리 중요한 분이 아니었습니다. 그래서 그는 그의 이름처럼 잔꾀를 부리고 속이면서 살아왔던 것입니다.

야곱에게 있어서 지난밤은 몹시 두렵고 슬픈 밤이었습니다. 그는 몇 가지의 꾀를 부린 것의 결과로 형의 증오를 받게 되고 이렇게 집을 쫓겨나게 될 줄은 생각지 못했습니다.
그는 형이 두려웠습니다. 그는 어릴 적부터 힘으로는 형이 상대가 되지 않는다고 생각했습니다. 그는 형만큼 담대하지도 용감하지도 못했습니다.

하지만 머리는 그가 좋은 편이라고 생각했습니다. 그러나 깊이 생각하지 않고 부렸던 잔꾀로 인하여 형이 자신에 대하여 분노를 품게 되자 그는 두려워졌습니다.

야곱은 서둘러 길을 나섰습니다. 그의 형 에서가 혹시라도 그를 추적할지 모르기 때문에 그는 어서 빨리 발걸음을 옮겨야 했습니다. 아무도 없는 곳에서 형 에서를 만난다면 그것은 정말 두려운 일이었습니다.

그는 거의 여행을 해보지 않았습니다. 그의 형 에서는 들사람이었고 하루 종일 사냥을 하고 들에서 뛰어다니는 것을 좋아했습니다.

그러나 야곱은 성품이 조용한 편이었고 주로 어머니 리브가와 함께 집에서 시간을 보냈었습니다. 그러던 야곱이 갑자기 먼 곳으로 여행을 떠나게 되니 그의 마음은 두려움과 불안으로 가득했습니다.

광야의 들은 어둡고 무서웠습니다. 멀리서는 맹수가 포효하는 소리가 들려왔습니다. 야곱은 집을 떠난 것이 실감이 났습니다.

몸은 물에 젖은 솜처럼 피곤했지만 몸을 눕힐 곳은 없었습니다. 하루 종일 걷다가 지쳐버린 그는 눕기에 알맞아 보이는 바위 하나를 발견했습니다. 그리고 작은 돌멩이 하나를 머리에 베고 잠을 청했습니다.

그러나 잠이 올 리 없었습니다. 자신을 걱정할 어머니 생각이 떠올랐습니다. 이 지경에까지 이르게 한 그의 행동이 몹시 후회스러웠습니다.

광야의 밤은 추웠습니다. 그날 밤은 아마 그의 이제까지의 삶 중에서 가장 비참하고 두렵고 후회스럽고 무서운, 그러한 밤이었을 것입니다.

그는 밤새 뒤척거리며 잠을 이루지 못하다가 새벽녘이 되어서야 잠시 깜박 잠이 들었는데 바로 그 꿈을 꾸게 된 것입니다.

야곱은 너무나 놀랐습니다. 그의 꿈은 지난밤의 모든 설움과 두려움을 깨끗이 회복시키는 효과가 있었습니다. 말로만 듣고 알고 있던 하나님께서 그에게 나타나시고 말씀하셨던 것입니다!

지난밤은 정말 끔찍했지만, 그러나 야곱에게는 놀라운 시작을 잉태한 밤이기도 했던 것입니다.

야곱은 꿈에서 말씀하시는 하나님을 경험한 후에 비로소 하나님께서 그에게 나타나셨다는 것을 깨닫게 됩니다. 아니, 하나님은 그와 전부터 가까이 계셨지만 그 자신이 깨닫지 못했던 것을 알게 된 것입니다.

'여호와께서 과연 여기 계시거늘 내가 알지 못하였도다!'

야곱의 이 고백은 '하나님은 여기 계시고, 그리고 나와 같이 계셨는데, 내가 그것을 알지 못했었구나!' 하는 놀라움의 표현이었던 것입니다.

충격을 받은 야곱은 그 자리에서 일어나자마자 하나님께 예배를 드립니다. 그리고 하나님께 기도를 하고 서원을 합니다.

그는 지금까지 수많은 형식적인 예배를 드렸을 것입니다. 그러나 이제 하나님의 실제를 경험한 후에 드리는 기도, 예배는 전과는 전혀 다른 것이 되었습니다.

그는 비로소 하나님께 자신의 전 인생을 의탁합니다. 그의 기도, 서원 한 마디 한 마디에는 감격과 기쁨이 담겨져 있었습니다.

예배를 마치고 야곱은 새 힘을 얻고 다시 길을 재촉합니다.

그에게는 새로운 날이 시작된 것이었습니다. 그 이후의 야곱의 삶이 그리 순탄한 것이라고 할 수는 없었습니다. 오히려 고난이 적지 않았지요. 그러나 분명한 것은 그 경험 이후에 야곱의 삶은 변화되기 시작했고 그의 삶 가운데 하나님이 함께 하셔서 풍성한 열매를 주셨으며 그의 인생의 위기 속에서 계속 하나님께서 개입하셨다는 것입니다.

야곱이 이 체험을 하였을 때 그는 아직 성숙한 신자가 아니었습니다. 그는 그가 경험한 하나님의 임재를 잘 유지하지 못했고 세상 사랑에 빠지며 여전히 자신의 지혜와 방법으로 살 때가 많았으며 이로 인하여 고생을 많이 하였습니다.

그러나 그는 그 이후에 삶의 위기가 올 때마다 자신이 만났었던 벧엘의 하나님을 기억하였습니다. 그에게 있어서 벧엘의 체험은 마치 영혼의 고향과 같은 것이었습니다.

야곱은 마지막 그의 삶을 마치는 순간에도 하나님의 인도하심과 약속을 잊지 않고 자녀들을 축복하며 유언을 전합니다.

그의 평생은 고난이 가득한 삶이었지만 그의 마지막은 멋지고 아름다웠지요. 그의 그러한 승리의 삶의 중심에는 벧엘의 체험이 있었던 것은 분명한 사실입니다.

야곱에게서 배울 수 있는 하나님의 임재에 대한 교훈은 이것입니다. 우리는 야곱과 같이 하나님이 아주 가까이 계셔도 어떤 계기가 되어 영이 열리지 않으면 그 사실을 잘 모른다는 것입니다.

그러나 그 어떤 사람이든지 하나님께서 우리와 가까이 계신 것을 깨닫고 그 임재를 경험하게 되면 그것이 그의 삶을 변화시킵니다.

그리고 비록 그가 하나님의 임재를 계속 유지하지 못한다고 해도 그 임재의 생생한 기억들은 언제나 그에게 새로운 힘과 위로를 공급한다는 것입니다.

또 하나 기억해야할 것은 야곱이 그의 삶의 가장 힘들 때에 하나님께서 그에게 나타나셨듯이 하나님의 임재 체험은 주로 우리의 삶이 가장 어렵고 힘들고 절벽에 부딪친 것같이 느껴질 때 온다는 것입니다.

왜냐하면 그 때 우리는 우리 자신과 세상에 대하여 절망하고 있어서 진정으로 하나님과 하늘에서 오는 힘과 능력에 대해서 열려있기 때문입니다. 그렇게 우리가 깨어있고 열려있을 때 갑자기 하나님의 임재와 사랑은 우리에게 다가오며 우리는 새로운 사람이 되기 시작하는 것입니다.

6. 죄에서 해방시키는 주님의 임재

누구나 약점이 있습니다. 누구나 자기만의 죄가 있습니다. 그리고 그것을 열심히 극복하려고 합니다. 그러나 그것은 쉽지 않습니다. 수없이 노력하지만 여전히 실패하고 또 넘어집니다.
누군가 다른 사람이 그것에 대하여 열심히 권면하고 가르친다고 해도 그것은 별로 의미가 없는 일입니다. 왜냐하면 그것을 가장 간절하게 원하는 이는 바로 자신이기 때문입니다. 원하고 원하지만 잘 안 되는 것이 누구에게나 있는 것입니다.

많은 그리스도인들이 승리의 삶을 추구합니다. 그러나 그 길은 아주 멀게만 느껴집니다.
도대체 어떻게 죄에서 승리하고 자유로운 삶을 살 수 있을까요?
많은 이들이 열심히 그러한 승리의 삶의 비결을 제시하였습니다. 그러나 확실한 해답을 얻고 확실한 승리의 열매를 얻었다는 이야기는 별로 들리지 않습니다.

어떤 이는 믿음의 삶을 강조합니다. 어떤 이는 이미 죄 사함을 받은 자신의 위치를 보아야 한다고 말합니다. 어떤 이는 어떻게 하면 자아를 죽음에 넘길 수 있을까 고민을 하다가 이미 자신은 2천 년 전에 죽었다는 사실을 성경에서 발견했다고 합니다.
그는 그러므로 이미 자신을 죽은 자로 여겨야 한다고 말합니다. 현실의 눈에 보이는 상황보다 하나님의 말씀을 믿어야 한다고 합니다.
그는 자신이 이미 2천 년 전에 죽었다는 사실이 너무 감격적이어서 길에서 지나가는 사람을 붙잡고 자신이 죽었다는 사실을 알고 있느냐고 질문을 퍼붓기도 했다고 고백합니다. 그것은 귀중한 깨달음일 것입니다. 믿음으로 말씀이 약속한 것을 붙잡는다는 것은 좋은 일입니다.
그러나 나는 그가 그러한 깨달음을 통하여 남은 삶에서 온전히 옛사람이 죽은 삶의 상태를 누렸는지 궁금합니다. 아마 그렇지 않을 것이라고 생각합니다.
어떤 때에는 자신의 자아의 죽음이 선명하게 느껴졌을 것입니다. 그러나 또한 어떤 때에는 전혀 그 말씀이 역사하지 않는다고 여겨질 때도 있을 것입니다.

아무리 우리가 여기고 여기고 또 여긴다고 해도 우리 옛사람의 생명이 죽는 것은 아닙니다. 그것은 하나의 환상과도 같습니다. 그것은 머릿속에서 지어 올린 생각의 궁궐과도 같습니다.
'아. 나는 이미 죽었다.' 라고 생각할 때는 잠시 행복하게 느낄 수 있습니다. 그러나 곧 자신의 육신이 살아있다는 것을 선명하게 느끼게 되는 차가운 현실이 다가오고 그는 다시 실패하게 됩니다. 그리고 또 다시 자신은 죽었다고 열심히 여기기를 시작해야 합니다. 그것은 자연스러운 승리의 비결이라고 하기 어렵습니다.

승리의 삶, 죄에서 해방되는 비결은 오직 한가지입니다. 그것은 하나님의 임재 가운데 머물러 있는 것입니다. 하나님의 그 영광 속에 들어가는 것입니다.
어느 누구든지 그 거룩하시고 놀라우신 하나님의 영광과 임재 속에서 죄를 짓거나 넘어질 수는 없습니다.
그것은 가능한 일이 아닙니다. 어떻게 그 사랑의 파도와 기쁨의 물결이 흘러넘치고 심령 속에 감격의 폭죽이 터지고 있는데 남을 미워하며 육적인 일을 행하고 유혹에 빠지고.. 그렇게 될 수 있을까요? 그것은 불가능한 일입니다.

물론 그 임재는 사라지며 우리는 다시 넘어질 수 있습니다. 그러므로 우리는 살아있는 모든 순간에 그분의 임재를 기억해야 합니다.
그분의 임재 속에서 말하고 생각하고 행동하고.. 그렇게 훈련해야 하는 것입니다.
그것이 아주 실질적이고 수많은 사람들의 삶 속에서 입증되고 있는 실제적인 승리의 삶의 비결입니다.

사마리아에 살고 있던 한 여인이 있었습니다. 결혼을 과거에 다섯 번이나 했으며 지금은 다른 여자의 남편을 빼앗아서 동거를 하고 있는 여인입니다.
그녀가 왜 결혼을 다섯 번씩이나 했는지, 사별인지 이혼인지, 왜 다른 남자와 살고 있는지.. 우리는 그 구체적인 이유를 잘 알 수 없습니다. 그러나 분명한 것은 그녀는 불행한 여인이며 행실이 별로 아름다운 여인이 아니라는 것입니다.

그녀도 자신의 행실에 대하여 잘 알고 있을 것입니다. 또한 그녀를 향한 동네 여인들의 평판이나 판단에 대해서도 잘 알고 있을 것입니다. 그렇기 때문에 그녀는 아무도 없는 적막한 시간에 물을 길러 나왔겠지요.
그녀는 부정한 여인일 것입니다. 아마 외모는 아름답고 매력적이었겠지요. 그러나 그녀가 그러한 삶을 원했을까요?
아마 그렇지 않았을 것입니다. 그녀도 처음에는 결혼식을 올릴 때 그것이 한번으로 끝나기를 기대했었겠지요.. 그녀도 다른 이들처럼 행복한 삶을 원했을 것입니다. 그러나 그녀는 그렇게 되지 않았습니다.
그녀는 자신의 부정에 대하여 잘 알고 있었습니다. 그러나 그것을 어떻게 해결해야 할지.. 그것은 쉽지 않았습니다. 그러니 그녀에게 깨끗한 삶을 살라고 설교하는 것은 별로 의미가 없을 것입니다. 그녀도 그렇게 살기를 원하고 있지만 안 되는 것이니까요.

어느 날 그녀는 우물가에서 어떤 사람을 만나게 됩니다. 그는 예수 그리스도였습니다. 뭐라고 표현하기 어려운 신비한 분위기를 가지고 있는 이 낯선 방문객이 그녀에게 다가와서 그녀에게 친절하게 대해줄 때 그녀는 이상하게도 마음이 따뜻해지는 것을 느끼게 됩니다.
그는 점차로 그녀의 꼭꼭 닫힌 마음 문을 열게 합니다.
그 방문객은 그녀의 삶을 다 알고 있었습니다. 누추하고, 생각하고 싶지 않은 비참한 죄의 삶을 그는 알고 있었습니다.
그러나 그는 그녀의 과거를 낱낱이 알고 있으면서도 그녀를 야단치지 않습니다. 정죄하지 않습니다.
오히려 그렇게 어두움에 빠질 수밖에 없었던 그녀의 허무함과 탈진에 대하여 위로하고 용기를 줍니다.

그녀는 그녀의 심령 속에 어떤 일이 일어나는 것을 느끼게 됩니다. 그리고 그 잠시의 대화를 통하여 그녀는 새로워집니다.
허무하고 비참했었던 그녀의 심령은 희망과 기쁨과 열망으로 가득 차게 됩니다.
그녀는 이제 그 자신의 문제를 벗어나게 됩니다. 오히려 마을의 다른 사람들을 예수님께로 인도하는 일을 하게 되지요. 그리하여 그녀로 인하여 많은 이들이 구원을 받게 됩니다.
도대체 그 짧은 시간에 어떤 일이 일어난 것일까요? 어떻게 그렇게 비참한 상태의 여인이 그렇게 변화될 수가 있는 것일까요?

그것은 바로 주님과의 만남, 주님의 임재.. 바로 그것입니다.
주님은 그녀를 야단치거나 죄를 지적하시고 꾸짖은 것이 아닙니다. 그저 그녀와 같이 있었습니다.
그녀와 대화를 나누며 그녀의 질문에 대답하시고 그녀를 사랑해주셨습니다.

어떤 설교를 하신 것도 아니고 요구를 하신 것도 아니며 그저 그렇게 대화를 하시면서 조용히 그녀 곁에 머물러 계셨습니다. 그리고 이를 통하여 그녀는 변화되었던 것입니다.

주님에게서 나오는 사랑의 파동, 그 거룩한 임재는 그녀의 혼란스럽고 방황하던 마음을 치유하고 회복시키며 그 삶을 새롭게 하기에 충분한 것이었습니다. 아니, 어떠한 사람이라도 그 주님의 임재 앞에서는 그렇게 변화될 수밖에 없는 것입니다.

그저 단순히 옆에 가만히 있는.. 그 한 가지 만으로도 모든 이들은 변화될 수 있는 것입니다.

여리고에 살고 있는 삭개오라는 사람이 있었습니다. 이 사람의 상태도 사마리아 여인과 별로 다르지 않았습니다.

그는 일단 외형적으로는 성공한 사람처럼 보입니다. 그는 부자였고 국가공무원이었습니다. 상당한 수입이 보장되는 위치였지요.

그러나 그에 대한 평판은 좋지 않았습니다. 알려진 바와 같이 세리란 수입을 많이 얻기 위하여 부정을 하게 마련이고 그 과정에서 가난한 이들을 착취하게 되니 사람들은 당연히 그를 좋아할 리가 없는 것입니다.

그도 사람들이 자신을 싫어한다는 것을 잘 알고 있었지요. 만약 그가 자신의 삶을 만족스럽게 여겼다면 구태여 주님을 만나기 위해 애를 쓰고 뽕나무에 올라가는 우스꽝스러운 행동을 하지 않았을 것입니다.

그는 삶에 만족이 없었습니다.

그리고 그의 삶을 개선하고 싶었습니다.

그러나 무엇을? 어떻게? 어디서부터 시작해야 할까요? 그는 도무지 알 수 없었습니다.

다만 분명한 것은 그가 뭔가 부족하며 허전하고 비참한 상태에 있다는 것이었습니다.

삭개오는 나무 위에 올라가 예수를 바라보았습니다. 그 때까지만 해도 그는 단지 약간의 호기심을 가지고 있었을 뿐인지도 모릅니다. 그러나 그는 예수님이 자신을 지명하며 집으로 오시겠다고 말씀하실 때 깜짝 놀랐습니다.
그는 모든 이들의 비난 어린 시선을 잘 알고 있었습니다. 이게 얼마만의 따뜻한 대우인지요! 게다가 많은 이들이 따르는 저 놀라운 선생으로부터! 삭개오는 기뻤습니다. 그리하여 즐거운 마음으로 주와 그 제자들을 자기의 집으로 모시고 왔습니다.

집에 들어오셔서 주님은 삭개오와 그리 많은 대화를 나누시지 않았습니다. 그저 사랑스러운 시선으로 그를 조용히 바라보셨을 뿐입니다.
그리고 집안의 여기 저기, 이 곳 저 곳을 둘러보셨습니다.
단순히 그것뿐이었습니다. 그러나 그 순간 삭개오는 자신의 안에서 어떤 변화가 시작되는 것을 느꼈습니다.
조용히 자기 집안에 계신 주님의 임재하심.. 그리고 주님의 따뜻하고 부드러운 시선.. 삭개오는 그분의 표정을 통하여, 눈빛을 통하여 자기 안의 그 무엇인가가 일어나는 것을 느낄 수 있었습니다.
그는 갑자기 깨닫게 되었습니다.
자신의 삶을 고통스럽게 하는 것은 바로 물질에 대한 탐욕에서부터 기인한 것이라는 사실을 말입니다.
그리고 그를 둘러싸고 사로잡고 있었던 그 탐욕의 기운이 서서히 소멸되고 있는 것을 그는 느낄 수 있었습니다.

그는 주님께 고백합니다.
"오, 주님. 저는 이제 돈이 그리 중요하지 않습니다. 저의 재산의 절반을 가난한 이들에게 주겠습니다. 그리고 제가 여태까지 남의 돈을 빼앗았던 것들에 대하여 다 변상하겠습니다."

그는 그러한 말을 하는 자신에 대하여 놀랐습니다. 그러나 또한 이제껏 한 번도 경험한 적이 없는 청량하고 맑은 마음의 상태를 느끼고 행복해졌습니다.

도대체 어떻게 그렇게 짧은 순간에 사람의 중심이 바뀔 수 있을까요? 어떻게 그렇게 오랜 시간 동안 사로잡혀 있던 악한 습관과 생각 속에서 벗어날 수 있을까요?
그 해답은 오직 한 가지입니다. 그것은 주님의 임재입니다.
누구든지, 그 어떠한 어둠에 잠혀있는 이라 할지라도 그가 순결한 하나님의 영, 그 거룩하신 분의 임재 가운데 들어가게 되면 그는 그 순간부터 자유롭게 되기 시작하는 것입니다. 주님의 임재는 모든 죄를 치유하고 회복시키는 놀라운 힘이 있습니다. 그것은 진정한 자유, 승리의 삶의 시작입니다.
음란한 욕망에 빠진 사람들도, 술이나 도박과 같은 악습에 빠져서 스스로의 힘으로는 도저히 거기에서 나올 수 없는 사람들도, 수없이 죄와 싸우고 승리의 삶을 살기 원하지만 그 때뿐이고 반복적으로 죄를 지으며 좌절과 고통 속에 있는 사람들도.. 주님의 임재 가운데 들어가게 되면 해방과 승리의 자유함 속에 있게 되는 것입니다.

주님의 임재는 승리와 해방의 비결입니다.
그것은 결코 이론이나 관념이 아닙니다.
그 영광의 세계를 맛본 사람은 결코 다시 예전의 허무한 비참함으로 되돌아가지 않을 것입니다.

7. 두 가지의 양식

사람에게는 두 가지의 양식이 있습니다. 그것은 사람이 두 가지의 재료로 지어졌기 때문입니다.
그 두 가지 재료 중 하나는 흙이며 하나는 하나님의 생기입니다. 사람은 그렇게 흙과 생기로 지어졌습니다. 흙은 육체가 되고 생기는 영혼이 되었습니다.
육체는 겉사람이며 영혼은 속사람입니다. 겉사람인 육체는 보이는 것들을 추구하며 바깥의 양식을 추구합니다.
그리고 속사람인 영혼은 보이지 않는 영원한 내면의 양식, 영혼의 양식을 추구합니다. 사람에게는 이와 같이 겉사람의 양식과 속사람의 양식이 있는 것입니다.

겉사람이 추구하는 양식은 무엇을 마실까, 무엇을 먹을까 하는 일시적이고 유한한 것입니다.
그러나 속사람의 양식은 일시적인 것이 아닌 본질적이고 영원한 것입니다. 그 속사람의 추구하는 중심이 바로 주님 자신이며 바로 그분의 임재인 것입니다.
영혼이 거듭나고 영혼의 눈이 뜨여질수록 사람은 오직 주님을 추구하게 됩니다. 물론 주님을 영접했다고 해서 그가 즉시로 영원한 것들을 사모하고 추구하는 것은 아닙니다.
아직 어린 신자들은 겉사람의 생명을 많이 가지고 있어서 아직도 보이는 것, 썩어질 것들에 대한 애착과 관심을 넘어서지 못합니다.
그러한 이들은 아직 주님의 임재와 영광과 그분을 소유하고 그분께 소유되는 만족에 대하여 알지 못합니다. 그러므로 이들은 많은 것들을 위하여 기도하지만 아직 주님을 먹고 마시며 그의 임재의 영광에 들어가는 것이 얼마나 놀라운 것인지 알지 못합니다.

그러나 그러한 바깥을 추구하는 삶은 진정한 만족을 주지 못하기 때문에 그는 많은 시행착오를 거치면서 차츰 주님의 임재와 생명 자체를 추구하는 이로 자라나게 되는 것입니다.

주님의 임재는 모든 것의 본질이며 생명입니다. 그것은 인생의 중심이며 신앙의 중심입니다. 그러나 이것을 이해하고 추구하는 이들은 그리 많지 않습니다. 이는 아직 겉사람의 껍질을 벗지 못했기 때문입니다.

성경은 이 두 가지의 양식에 대하여 많이 언급하고 있습니다.

주님은 40일 금식 중에 사탄이 와서 유혹하자 사람이 떡으로만 살 것이 아니요 하나님의 입에서 나오는 모든 말씀으로 산다고 대답하셨습니다. (마 4:4)

여기서 떡은 바깥의 양식을 말하며 육신의 모든 필요를 의미하는 것입니다. 하나님의 입에서 나오는 말씀은 영의 양식이며 바로 하나님 자신, 주님 자신이며 그분의 임재를 말하는 것입니다. 말씀이란 곧 그분 자신이며 그의 임재를 말하는 것입니다.

떡 자체가 나쁘다거나 필요 없는 것이라고 할 수는 없습니다. 눈에 보이는 모든 환경적인, 물질적인 필요에 대하여 구하는 것이 잘못된 것은 결코 아닙니다. 신앙은 대체로 그러한 일상의 당면한 필요를 구하면서 시작되는 것이 보통입니다.

그러나 신자들은 경험이 쌓여갈수록 알게 됩니다. 외적인 필요는 결코 진정한 만족을 주지 못한다는 사실을 깨닫게 되는 것입니다. 그러므로 신자는 영이 자라면 자랄수록 오직 모든 것의 중심이 되시는 주님의 임재, 그분의 실상, 그분과의 친밀한 교통을 구하게 되는 것입니다.

주님은 사마리아 여인에게 말씀하셨습니다.

'이 물을 마시는 자들은 다시 목이 마를 것이다. 그러나 내가 주는 물을 마시는 자들은 영원히 목마르지 않을 것이다..' (요4:13,14)

이 '물'이 의미하는 것은 세상이 주는 모든 만족을 의미합니다. '주님이 주시는 물'은 주님 자신이며 주의 임재를 말하는 것입니다.
그 여인은 육신의 만족을 구하였기에 결혼을 반복하고 많은 몸부림을 쳤어도 행복하지 않았습니다. 그렇기 때문에 주님께서는 내면에서 솟아나는 영원한 영적인 생명을 추구하라고 말씀하신 것입니다.
주님의 주변에는 많은 사람들이 따라 다녔습니다. 그러나 오늘날의 많은 신자들처럼 그들은 대부분 주님 자신보다는 주님이 주시는 선물들을 추구하고 구했을 뿐입니다.

주님께서 오병이어의 기적을 행했을 때 사람들은 기뻐하며 그를 왕으로 세우기를 원했습니다.
그러므로 주님이 '썩을 양식으로 기뻐하지 말라. 내가 생명의 떡이다.' 라고 말씀하셨을 때 그들은 모두 실망하며 다들 떠났습니다. (요6:27,35)
가나의 혼인잔치에서 연회장은 주님이 만드신 포도주를 맛보고 이렇게 좋은 포도주는 처음이라고 신랑에게 칭찬했습니다. 그러나 그는 포도주를 즐거워했지만 그 포도주를 만드신 분에 대해서는 알지 못했고 관심도 없었습니다.

주님은 열 명의 문둥이를 고쳐주었습니다. 그러나 돌아와서 주님께 감사했던 사람은 겨우 한 사람에 불과했습니다. 모두 치유 받음을 기뻐했지만 치유의 근원이신 분을 붙잡는 이들은 거의 없었습니다.
주님이 기적과 치유를 베풀 때 많은 이들은 그를 환영하고 기뻐했습니다. 주님이 계속 기적과 역사를 이루셨다면 그는 십자가에서 죽지 않았을 것입니다.

그러나 더 이상 치유와 기적을 베풀지 않자 군중은 분노했으며 큰 소리로 환영하던 이들은 불과 며칠 만에 그를 십자가에 못 박으라고 외쳤습니다. 주님의 능력과 기도의 응답을 구하는 이들은 많지만 주님 자신을 구하는 이들은 많지 않습니다.

이 땅에는 두 가지의 양식이 있습니다.
하나는 바깥에 있는 것이며 편안한 삶, 명예와 돈과 사람의 애정과 인정받는 것과 같은 것들입니다.
사람들은 입으로 주를 부르지만 실제로는 그러한 바깥의 것들을 통하여 만족을 얻기 원합니다. 그러나 거기에는 진정한 안식과 기쁨이 없습니다.

두 번째 양식은 바로 주님 자신이며 주님의 생명이며 임재입니다.
그것은 내면으로부터 옵니다. 그것은 세상에서 주어지는 것이 아닙니다. 어떤 이들은 주님의 임재 자체보다 주님에 대한 지적인 이해로 만족합니다. 그러나 그것도 참 만족을 주지 못하며 승리의 삶도 죄에서의 해방도 주지 못합니다.
참 만족은 오직 살아 계신 주님의 실제적인 임재를 통해서만 옵니다. 사람은 그렇게 지어졌기 때문입니다.
자신의 안에 있는 영이 눈을 뜨게 될 때 주님의 영을 구하게 됩니다. 사람은 그렇게 그분의 영을 느끼고 친밀한 교제 가운데 들어가게 될 때 참된 만족을 얻도록 만들어진 것입니다.

다윗은 힘들고 어려운 삶을 살면서 주님의 임재에 대하여 예민해졌습니다. 그러나 그가 고생을 마치고 왕이 되고 살만해지자 그의 영은 둔감해졌고 그는 주의 임재를 잃어 버렸습니다. 그리하여 주님을 회복하기까지 그는 많은 고통의 눈물을 흘려야 했습니다.
그는 시련 속에 있을 때 많은 시편을 썼고 주님의 은총과 사랑을 많이 누렸습니다. 그러나 막상 왕이 되고 난 후 그는 별로 시도 쓰지 않았고 예전에 고생할 때 경험하던 그 내면의 풍성함도 많이 잃어버렸습니다.
이러한 다윗의 경우를 보아도 외적인 평탄한 환경이 진정한 행복을 주는 것은 아니라는 것을 알 수 있습니다. 사람이 참된 행복을 얻기 위해서는 오직 주님의 가까우신 임재를 경험하며 누리는 그것 밖에 없음을 성경은 잘 보여주고 있는 것입니다.

오늘날 교회에서 가장 고독하신 분은 주님이십니다.
주님은 사람들의 관심이 주님 자신에게 없는 것을 잘 알고 계십니다. 그분은 오직 자신의 생명 자체를 사람들에게 부어 주시기를 원하십니다. 그러나 그분 자신에게 목말라하고 주려있는 이들은 그리 많지 않습니다. 이것이 얼마나 주님을 고독하고 마음 아프게 하는지요!
그렇기 때문에 그분은 그분의 마음과 생명을 깊이 나눌 자를 찾으시며 고독하게 기다리시는 것입니다.
주님과의 친밀한 교제에 들어가지 못하기 때문에 오늘날 성도들의 심령도 많이 지치고 피곤하며 고독합니다. 그들은 문제 해결을 위해서 이리 뛰고 저리 뛰고 많은 기도를 드리지만 방황하는 사마리아 여인처럼 그 내면에서 영혼의 만족을 얻지 못합니다.

이 땅에는 두 가지의 양식이 있습니다. 그 중에서 참된 양식과 참된 음료가 되는 것은 바로 예수님 자신입니다. 그분의 임재만이 우리에게 참다운 행복과 기쁨을 줍니다.
주님은 말구유에 오셨습니다. 그분이 말의 구유, 먹이통에 오신 것은 음식으로서 오신 것을 보여줍니다. 이 진정한 양식을 추구하며 그 임재 가운데 잠기기 원하는 이들은 복 받은 자들입니다.
그들이 주의 임재에 잠기게 되며 점차로 주님과 가까워질 때 그들은 세상에서 얻지 못하는 만족과 행복을 얻게 됩니다.

그들은 배고파도 행복하며 세상이 욕해도 행복합니다. 그들은 그들의 심령 안에 행복의 근원을 가지고 있으며 천국의 영광이 어떤 것인지 압니다. 그들은 참된 양식을 찾았으며 그 영광을 아무에게도 빼앗기지 않을 것입니다.

오늘날 그리스도인들이 진정한 행복을 경험하지 못하는 이유는 아직도 대부분의 사람들이 그 첫 번째 양식만을 구하며 그것으로 만족하려고 하기 때문입니다.
그들은 많이 기도하고 많이 간구하지만 진정한 양식에 대하여 잘 알지 못합니다. 그리하여 그들은 잠깐 일시적인 만족을 얻을 뿐이며 다시 다른 필요를 위하여 몸부림치는 비극적인 순환을 반복해야 하는 것입니다.

주님의 임재, 가까우심.. 그것은 진정한 행복입니다.
그것은 사람의 영혼을 만족시키는 가장 근본적인 양식입니다.
그 음식을 알고 먹고 누리는 이들은 이 땅에서 살아 역사하는 천국의 영광을 경험하게 될 것입니다. 그리고 모든 재산을 팔아서 그 보물을 살 것입니다. 그리하여 더욱 더 그 영광의 세계에 가까이 나아가게 될 것입니다.

8. 영원한 만족

아가서에 보면 한 여인이 밤중에 길에 나와 신랑을 찾아 헤매는 이야기가 나옵니다.

내가 내 사랑하는 자를 위하여 문을 열었으나 그는 벌써 물러갔네 그가 말할 때에 내 혼이 나갔구나 내가 그를 찾아도 못 만났고 불러도 응답이 없었노라 (아5:6)

그녀는 떠나간 남편을 찾고 또 찾습니다. 그러나 찾을 길이 없습니다. 성중에서 순찰을 하던 이들은 이 여인에게 도움이 되는 것이 아니라 오히려 그녀를 쳐서 괴롭힙니다.
그녀가 방황하는 모습을 보고 다른 여인들이 그녀에게 묻습니다. 도대체 왜 그렇게 찾고 헤매느냐고, 당신이 사랑하는 이가 도대체 어떤 사람이냐고 그들은 묻습니다.

여자들 가운데에 어여쁜 자야 너의 사랑하는 자가 남의 사랑하는 자보다 나은 것이 무엇인가 너의 사랑하는 자가 남의 사랑하는 자보다 나은 것이 무엇이기에 이같이 우리에게 부탁하는가 (아5:9)

잘 알려진 바와 같이 아가서는 영적 상징으로 가득한 책입니다. 여기에서 왕은 주님을 의미하며 주인공 술람미 여인은 주님을 사모하고 추구하는 성도를 말합니다. 다른 여인들인 예루살렘 여인들은 그저 평범한 신자를 말합니다.
술람미 여인과 다른 여인들의 차이는 사모함에 있습니다. 즉 다른 여인들은 그저 평범한 신앙생활로 만족하며 주님을 통해서 일상의 필요를 얻으며 만족하는 사람들입니다. 그녀들은 주님 자신보다 주님의 선물을 더 좋아하는 사람들입니다.

그러나 술람미 여인은 그것으로 만족할 수가 없는 사람입니다. 그녀는 주님을 좀 더 가까이 알고 싶어 합니다. 그녀는 주님의 임재를 그리워하고 사모합니다.

성중에서 행순하는 이들은 사역자들을 말합니다. 그러나 그들은 술람미 여인의 추구에 도움이 되지 않고 오히려 해를 끼칩니다. 이는 영적인 실제를 알지 못하는 사역자들은 성도들이 주님께 가까이 나아가는 데에 방해가 될 수 있는 것을 보여줍니다.

다른 여인들은 그녀에게 말하는 것입니다.
왜 이 밤에 잠을 안자고 난리야? 주님을 지금 찾고 있다고? 그것 참 이상하네. 지금은 예배 시간이 아니야. 우리도 교회를 다니고 있어. 우리도 주님을 믿지.
그런데 도대체 무슨 주님을 따로 찾고 있는 거야? 도대체 당신의 주님이 어떤 분인데?
사람들은 자신이 소속되어 있는 교회에 대하여 긍지를 느끼거나 자랑하곤 합니다. 자기가 존경하는 목회자에 대하여 자랑합니다. 그리고 자신의 기도가 응답 받은 것에 대하여 이야기합니다.
그러나 주님은 어떤 분인가? 주님은 당신에게 있어서 어떠한 분이냐? 하고 묻는 다면 갑자기 말을 잊습니다. 어떻게 말을 해야 할지 모릅니다. 그들은 주님을 가까이 개인적으로 경험한 적이 별로 없기 때문입니다.
그러나 이 술람미 여인은 말합니다.

내 사랑하는 자는 희고도 붉어 많은 사람 가운데에 뛰어나구나
머리는 순금 같고 머리털은 고불고불하고.. (아5:10,11)

그녀는 그녀가 개인적으로 경험한 주님의 모습에 대하여 이야기합니다. 주님이 어떠한 분이신지, 얼마나 놀라운 분이신지..
그가 경험한 주님은 사랑이시며 그의 거룩한 임재 가운데 얼마나 놀라운 영광이 있으며.. 그러므로 자기는 주님 없이 도저히 살 수가 없노라고.. 그녀는 그렇게 애절한 고백을 쏟아놓습니다.

그러한 주님께 대한 개인적인 묘사, 그리고 감정의 표현.. 그 고백은 다른 여인들에게 충격을 줍니다.
그들은 자신이 알고 있던 신앙, 자신이 알고 있는 주님과 너무나 다르다고 느낍니다.
그리고는 우리들도 그 주님을 알 수 있느냐고 묻습니다. 자신들도 저 멀리 계시는 우주적인 주님이 아닌 그렇게 따뜻하고 가깝게 계시는 주님을 경험할 수 있느냐고 묻습니다.
그리고 그들도 그 여인과 같이 주님의 실재와 임재를 찾는데 같이 동참하게 됩니다.

어떤 여인이 예배는 끝났는데 교회에서 계속 머물러서 기도를 하고 있습니다. 그런데 그녀가 기도하는 모습을 보니까 이게 기도를 하는 것인지 술을 마시고 취해 있는 것인지 분간이 안 갑니다.
하루 종일 예배를 인도하고 몹시 피곤했던 엘리 목사님은 화가 났습니다. 빨리 교회 문을 닫고 주말 연속극을 시청해야 하는데 이 여인이 집에 가지를 않고 헤매고 있으니까 속이 상했습니다. 그래서 엘리는 말합니다.
"당신... 빨리 집에 가요.. 교회에서 그렇게 술에 취해 있으면 되겠어요?"
그 여인은 부스스 일어나 눈을 뜹니다. 그런데 탈진한 그녀의 눈은 충혈되어 있었고 이미 많이 눈물을 흘린 모습입니다.
"죄송합니다. 그리고.. 저.. 술에 취한 것 아닌데요.. 저 기도하고 있었어요.. 주님께 간절하게 나아갈 문제가 있었거든요."

그녀는 아직도 터져 나오려고 하는 눈물을 억지로 참고 있는 것 같이 보였습니다.
엘리는 놀랐습니다. 그는 그녀가 기도하는 모습을 보고 있었습니다. 그러나 너무 지쳐있어 보였고 흐느적거리는 것 같은 모습이라 그녀가 취한 것으로 생각했지 기도라고 생각하지 않았습니다.
절망적이면서도 애절한 그녀의 눈빛을 보면서 엘리는 자신이 실수했다는 것을 깨닫습니다. 그녀가 술에 취한 것이 아니라 중심을 쏟아 붓는 간절한 기도를 드렸다는 것을 알고 그의 눈빛은 부드러워집니다. 그는 오히려 감동을 받고 그녀를 위하여 축복기도를 해줍니다.

오늘날 많은 신자들은 목숨과 진액을 토하여 기도하는 것이 무엇인지 모릅니다. 그러한 기도를 들은 적도, 본 적도 없는 이들이 대부분일 것입니다. 그들은 점잖고 경건하며 많은 미사여구와 형식적인 언어로 점철되어 있는 매끄러운 기도에 익숙해있을 뿐입니다. 만약 그들이 술람미 여인이나 한나와 같은 가슴과 중심을 토하는 기도를 들었다면, 그들은 충격을 받을 것입니다. 좋게 충격을 받든, 아니면 그것을 광신이라고 느끼든, 어떤 형태로든 충격을 받을 것입니다.

하나님의 임재에 잠긴 사람의 기도와 찬양은 사람들에게 충격을 줍니다. 사람들은 기도에 대해서, 예배에 대해서 잘 알고 있다고 생각하지만 가슴과 중심을 토하며 드리는 기도와 찬양을 접할 때 그들의 심령 속에서 놀라운 반향이 일어나는 것을 느끼게 됩니다. 그리고 전혀 새로운 세계가 있다는 것을 알게 됩니다.
그들은 충격을 받으며 새로운 매력을 느끼게 됩니다. 그리하여 그 술람미 여인과 함께 주님의 실제를 향한 여행에 동행자가 되어 가는 것입니다.
왜 술람미 여인은 주의 임재를 잃어버리게 되었을까요? 아가서에 그 이야기가 나옵니다.

내가 잘지라도 마음은 깨었는데 나의 사랑하는 자의 소리가 들리는구나
문을 두드려 이르기를 나의 누이, 나의 사랑, 나의 비둘기, 나의 완전한 자야
문을 열어다오 내 머리에는 이슬이, 내 머리털에는 밤이슬이 가득하였다 하는
구나 내가 옷을 벗었으니 어찌 다시 입겠으며 내가 발을 씻었으니 어찌 다시
더럽히랴마는
내 사랑하는 자가 문틈으로 손을 들이밀매 내 마음이 움직여서 일어나 내 사
랑하는 자를 위하여 문을 열 때 몰약이 내 손에서, 몰약의 즙이 내 손가락에서
문빗장에 떨어지는구나
내가 내 사랑하는 자를 위하여 문을 열었으나 그는 벌써 물러갔네 그가 말할
때에 내 혼이 나갔구나 내가 그를 찾아도 못 만났고 불러도 응답이 없었노라
(아5:2-6)

주를 추구하며 그의 임재를 알고 있는 이들은 몸은 잠을 자더라도 그의 마음은 오직 주님뿐입니다. 그들은 자거나 깨거나 길을 걸으나 그 어디에서도 오직 주님의 임재 안에서 살기를 원합니다. 그들은 잠을 자면서도 오직 주를 부르며 꿈속에서도 주를 보기 원합니다.
그녀는 주의 부르는 소리를 듣습니다. 그러나 그만 미적거리다가 주님의 임재를 잃어버립니다. 그리고 그녀는 너무 낙담이 되어서 그 주님의 임재를 다시 찾기 위하여 헤매는 것입니다.

성도는 처음에는 아직 어리기 때문에 주님의 영광과 그 아름다움에 대하여 알지 못하므로 주님 자신보다 세상의 보이는 것들을 추구하기 위하여 주님께 나아갑니다. 그러나 차츰 기도로 주님과 교제하며 나아가는 가운데 영혼의 눈이 열리기 시작하면서 주님은 어떤 응답이나 선물보다도 놀라우신 분이며 그분 자신을 아는 것이 가장 영광스러운 것이며 인생의 목적인 것을 알게 됩니다.
그는 차츰 주님의 임재를 경험하게 됩니다. 그리고 그 임재의 맛, 기쁨이

이 우주 안의 그 어디에서도 얻을 수 없는 놀라운 것임을 알게 됩니다.
그는 계속 그 임재 가운데 머물러 있기를 원합니다. 그는 더욱 더 주를 알아가기 원합니다. 그러나 그는 어느 순간 주의 임재를 잃어버립니다.
그 달콤함을 잃어버립니다. 그리고 이제 그에게 있어서 그것은 가장 큰 슬픔입니다.
이제 그는 돈을 잃어도 슬퍼하지 않습니다. 귀한 것을 잃어도 건강을 잃어도 환경이 어려워도 그리 대수롭게 느끼지 않습니다.
그러나 주님의 임재를 잃어버리는 것.. 그것은 그에게 있어서 가장 큰 고통이 되는 것입니다.
사람들은 그를 이해하지 못합니다. 그가 신비주의나 감정에 빠졌다고 생각합니다. 별나게 예수를 믿는다고 생각합니다. 좀 더 친절한 사람들은 그에게 성경 구절을 읽어주며 당신의 느낌이 사라졌을지라도 주님은 당신과 함께 하신다고, 그 약속을 붙잡으라고 권면할 것입니다.
하지만 그에게는 어떤 위로도 위로가 되지 않습니다. 그는 다시 주님과의 아름답고 따뜻한 만남을 회복하기 위하여 간절하게 주님께 나아갑니다. 그리고 어느 순간 다시 주님의 임재를 회복합니다.

내 사랑하는 자가 자기 동산으로 내려가 향기로운 꽃밭에 이르러서 동산 가운데에서 양 떼를 먹이며 백합화를 꺾는구나 나는 내 사랑하는 자에게 속하였고 내 사랑하는 자는 내게 속하였으며 그가 백합화 가운데에서 그 양떼를 먹이는도다 (아6:2-3)

그녀는 갑자기 다시금 주님의 임재를 회복합니다. 주님은 어디 멀리 가신 것이 아니고 항상 계시던 그 자리에 계셨습니다. 영적으로 어두워졌던 그녀가 다시 영이 밝아지고 회복되면서 그 자리에 계셨던 주님을 다시 발견하고 느끼고 경험하게 되었던 것입니다. 그녀는 뛸 듯이 기뻐하며 주님의 품에 안기며 사랑을 고백합니다. 하지만 이것으로 그만일까요?

아닙니다. 그렇지 않습니다. 멀지 않아 그녀는 다시 주님의 임재를 잃어버리 것입니다. 그리고 슬피 울며 그 거룩한 임재를 찾을 것입니다.
왜 이러한 일이 생길까요?
왜 주님은 잠시 그분의 영광과 아름다움을 보여주시고 다시 그분의 사랑과 영광을 감추실까요?
그것은 하나의 훈련과정입니다. 성도는 이를 통하여 주님께 순복하고 주님의 뜻을 알게 되며 주님께 소유되는 사람으로 변화되어 가는 것입니다. 그리고 그렇게 주님께 사로잡혀가게 될수록 그에게서는 주님의 생명과 향취가 흘러나오게 되는 것입니다. 그는 비로소 주님의 통로로서 조금씩 생명과 사랑의 통로가 되어 가는 것입니다.

주님의 임재 그것은 이 우주 안에서
사람이 경험할 수 있는
가장 놀라운 선물이며 은혜입니다.
그 어느 누구든지
그분의 현존하시는 임재를 경험하게 되면
그는 다시 세상의 허탄한 것들을
구하지 않게 될 것입니다.
그는 오직 주의 사람이 되기 원하며
주를 더 가까이 알기를 원하게 될 것입니다.
주를 향한 끝없는 갈망과
그리움이 일어나게 될 것입니다.
왜냐하면 주님은 바로 천국 그 자체이며
그 사랑의 물결과
평화의 바다에 잠겨본 사람이라면
누구든지 그것을
평생 영원히 잊을 수 없기 때문입니다.

2부

임재의 원리

1. 임재의 경험을 사모함

나는 어릴 적부터 교회에 다녔습니다. 이른바 모태신앙이라고 할 수 있습니다. 그러므로 모든 예배와 교회의 모임에 대하여 익숙하다고 할 수 있습니다.
주일 예배, 저녁 예배, 수요 예배 등은 당연히 드리는 것으로 알고 있었고 어른들이 드리는 금요 구역 예배에도 빠짐없이 참석하였습니다. 교회에서 자주 열리는 부흥회에도 꼬박 꼬박 참석하였고 어머니를 따라 기도원에도 자주 갔었습니다.
어느 때부터 인지 모르지만 내게는 주님께 대한 갈망이 있었습니다. 나는 모든 종류의 예배에 참석했지만 거기에는 만족이 없었습니다. 예배는 항상 지루했습니다. 설교는 정말 재미가 없었습니다.
부흥회 때에 가끔 어떠한 감동을 느낀 적은 있었습니다. 그러나 그것은 아주 잠깐이었고 근본적으로 내 영혼을 만족시켜주지 못했습니다.

나는 성경을 열심히 읽었습니다. 그것은 기본적인 지식과 어떤 감동을 주기는 했지만 아직 나는 성경의 맛을 알지 못하고 있었습니다.
나는 국립 도서관에 가서 하루 종일 성경의 주석을 읽기도 하고 신학 서적을 읽기도 했습니다. 그러나 그것은 내게 만족을 주지 못했습니다.
나는 기도하면서 우는 사람들을 보면 참으로 부러웠습니다. 그들은 도대체 무엇을 느끼기에 우는지 참 궁금했습니다.
나도 그들이 받는 감동과 기쁨을 알고 싶었습니다. 그러나 나는 눈물이나 감동과는 아무런 관계가 없는 것 같았습니다.
조금 나이가 들면서 나는 교회와 기도원에서 살다시피 하고 교회에서 주로 잠을 자면서 기도했습니다.

그러나 나는 주님을 더 가까이 알고 싶은 나의 갈망을 채움 받을 수 없었습니다.
지금 생각하면 내가 간절히 추구했던 것은 하나님의 살아계심, 그분의 임재였습니다. 그러나 나는 그것을 얻을 수 없었습니다.
당시에는 은사적인 부흥회가 많이 열렸습니다. 교회에서나 기도원에서 흔히 볼 수 있었습니다.
나는 방언을 받고 싶었습니다. 나는 깊은 기도를 드리며 하나님과 가까이 교통한다는 이들을 보면 너무나 부러웠습니다. 그러나 나는 아무리 기도를 해도 그 하나님을 체험할 수 없었습니다.

기도원에서 강력한 은혜의 순간이 있어도 그것은 나에게는 해당되지 않았습니다. 나의 앞에, 뒤에, 옆에 있는 모든 이들이 방언을 받고 성령을 체험하고 기뻐서 울었지만 나에게는 아무런 느낌도 감동도 없었습니다.
나는 기도원에서 집회가 있을 때마다 이번만큼은.. 하고 금식을 하면서 기다리고 기대했지만, 아무런 관심이 없이 왔던 이들은 쉽게 그 은혜의 물결에 사로잡혀도 나에게는 아무런 것도 오지 않았습니다.
나는 하나님께서 나를 특별히 싫어하신다고 생각했습니다. 아니면 내가 누구보다도 더 악하기 때문에 오시지 않는다고 생각했습니다. 그래서 하나님이 좋아하시는 사람, 영적인 사람은 아마 따로 있는 것이라고 생각했습니다.

군대의 영장을 받았을 때 나는 군대에 가기 전에 반드시 하나님의 실제를 체험하고 싶어서 결단을 하고 금식을 하며 기도했습니다. 그러나 이번에도 여전히 나에게는 아무런 일도 없었습니다.
나는 너무나 슬펐습니다. 성경 지식으로 말하자면 누구에게도 뒤떨어질 것 같지 않았습니다. 토론으로 하자면 누구와도 자신이 있었습니다. 그러나 하나님 체험.. 거기에는 나는 아무 할 말이 없었습니다.

나는 군대에 가서도 열심히 기도했습니다. 초소에서 밤을 보내며 기도했고 틈틈이 성경을 여러 번 읽었습니다.

그것은 나의 침상을 눈물로 지새우게는 했습니다. 그러나 내 영혼에는 만족이 없었습니다.

나는 몇 가지 극적인 기도가 응답 받는 경험을 하기도 했습니다. 그러나 내 영혼에는 만족이 없었습니다. 나는 하나님 자신을 알고 싶었습니다.

내가 군목님에게 그러한 소망에 대하여 이야기하자 목사님은 이상하다는 듯이 대답하셨습니다. 방언? 필요하면 주시겠지.. 그런 것은 기도하지 말라고 하셨습니다.

그는 나의 갈망에 대하여 전혀 이해하지 못하는 것 같았습니다. 나는 너무나 힘들고 고독했습니다.

어느 날 나는 너무나 낙심한 나머지 쥐약을 많이 먹었습니다. 그러면서 기도했습니다.

"주님... 제가 죽음을 선택한 이유는 오직 한 가지입니다. 나는 당신을 알고 싶습니다. 그러나 당신은 너무 멀리 계십니다. 그러므로 나는 살아야 할 필요를 느끼지 못합니다. 당신이 나를 지옥에 보내셔도 할 수 없습니다. 하지만 잠시라도 당신을 볼 수 있으면 만족하겠습니다."

그것은 어리석은 기도였고 어리석은 행동이었습니다. 하지만 나의 갈망은 그렇게라도 하지 않으면 못 견딜 것 같았습니다.

이상하게도 나는 죽지 않았습니다. 나는 사람의 생명이 오직 하나님께 속해 있다는 것을 차츰 알게 되었습니다.

많은 시간이 흐르고, 다른 사람들이 경험했듯이 나도 하나님을 경험하게 되었습니다. 그것은 어떤 순간의 특별한 한 번의 경험은 아니었습니다. 나는 영적으로 너무나 둔감한 편이었기에 수많은 경험과 훈련과 실패의 과정이 필요했습니다.

내가 그토록 갈망했듯이 주님의 임재의 경험은 목숨과도 바꿀 가치가 있는 경험들이었습니다. 아니, 수백 만 번을 죽는다고 해도 그 주님의 영광스러운 임재와 바꿀 수는 없습니다.

하나님의 임재의 경험은 인간이 존재하는 의미 바로 그 자체입니다. 그 영광의 주를 경험하게 되면 그 어느 누구든지 물질도 명예도 인간의 사랑도... 그 어느 것과도 바꾸지 않을 것입니다.

나는 이제 주님의 임재를 경험하기에 그다지 어려움을 겪지 않습니다.
그저 나의 침상에서 조용히 주를 부르면 그분이 임하시는 것을 나는 느낍니다.
이제는 그분이 그리 멀지 않은 것을 압니다. 내가 있는 공간의 주변 공기가 달콤해지며 말로 표현하기 어려운 감미로움이 내게 덮이는 것을 이제는 쉽게 경험합니다. 나는 너무나 행복해지며 울지 않을 수가 없습니다.
그러다 나는 가끔 주의 임재를 잃어버립니다. 그리고 그것은 비극입니다. 목숨을 잃어도 건강을 잃어도 사람을 잃고 물질을 잃어도 살 수 있지만 그의 영광의 임재를 잃는 것은 그 어느 것과도 비교할 수 없는 재앙입니다. 나는 다시 주님께 무릎을 꿇고 회개합니다. 그러면 그분은 다시 오십니다. 그리고 나의 천국은 다시 시작됩니다.

지금에 와서 나는 생각합니다. 이렇게 간단하고 쉬운 주님의 임재를 왜 나는 전에는 그렇게 경험할 수 없었을까? 그토록 목숨보다 더 중요하게 여기고 사모하고 기도하고 산에 올라가고.. 온갖 난리를 쳤었는데..
하지만 지금은 이해할 수 있습니다. 나는 당시에는 정말 영적으로 무지했었습니다. 다만 갈망했을 뿐이었습니다.
하나님은 인격이십니다. 그러므로 우리의 중심을 아십니다. 그러나 또한 그분은 영이시며 영의 특성을 가지십니다. 그러므로 영의 원리를 이해하고 나의 영을 열어야 했으며 그분의 영이 역사할 수 있도록 제한하지 않아야 했었습니다. 그러나 당시에는 그것을 알지 못했습니다. 그저 주님을 방해하고 있으면서도 그분이 임하시기만을 간절히 기다리기만 했을 뿐입니다.

이제 나는 내가 경험했던 여러 원리들에 대하여 나누는 것을 좋아합니다. 그리고 주님의 영광스러운 임재는 어떤 특별한 사람들이 독점을 하고 있는 것이 아니라는 것을 이야기하는 것을 좋아합니다. 나는 오랜 방황 끝에 그 사실을 알게 되었으며 그것은 내게 너무나 좋은 메시지가 되었기 때문입니다.

누군가가 간절하게 하나님의 영광과 임재를 가까이 알기 원한다면, 그것을 소망한다면 주님은 임하십니다.
당신도 그것을 원한다면 주님의 그 풍성하심을 경험할 수 있게 될 것입니다. 다만 당신이 주님을 방해하지만 않는다면 말입니다.

그 어느 누구든지 그 주님의 놀라우신 임재와 사랑을 경험하게 된다면 그는 반드시 변화될 것입니다. 그는 진정 주를 위하여 죽기 원하며 날마다 그분과 같이 걸으며 그분과 동행하기 원하게 될 것입니다.
주님의 임재와 같이 놀랍고 아름다운 것은 이 우주 안에 다시 없습니다. 당신도 원하신다면, 이제 곧 이에 대하여 알게 될 것입니다.

2. 가까운 복음

복음이란 무엇입니까? 그것은 하나님께서 육체를 입으시고 사람이 되어 이 땅에 오신 것입니다.
우주의 주인이신 그 분이 사람과 같이 교제하시고 사랑하시기 위하여 오셨습니다. 그는 사람들을 사랑해주셨고 진리를 가르치셨으며 우리의 죄를 위하여 죽으셨습니다. 그리고 부활하셨습니다. 그러므로 지금 그를 믿고 영접하는 자는 구원을 받으며 그의 사람이 되는 것입니다. 이것은 간단한 복음의 요약입니다.
복음은 아주 가까운 것입니다. 하나님께서는 아주 멀리 떨어져 계신 곳에서 손을 흔들며 "나는 너희를 사랑한다." 하고 말씀하지 않으셨습니다. 그분은 직접 육체를 입으셨으며 사람이 사는 곳까지 내려 오셨습니다.
그러나 그 사실을 이해하고 아는 것만으로는 부족합니다.
하나님은 육체를 입고 이 땅에 오셨지만 이미 그것은 2천 년 전의 일입니다. 그리고 그것은 중동의 작은 땅 이스라엘에서의 일입니다. 그것은 오늘날 이 땅에 사는 우리에게는 멀게 느껴지는 일입니다.

하나님의 역사는 그것으로 끝이 나지 않았습니다. 복음의 가까우심은 그것으로 완성되지 않았습니다. 그분은 성령으로 오셔서 이제는 거리와 시대를 초월하여 모든 이들에게 가까이 임하십니다.
그리고 그것이 바로 실제적인 복음입니다. 지금 바로 이 자리에서 그분의 살아계신 생생한 실제를 경험할 수 있다는 것.. 그분의 영광, 그분의 사랑, 그분의 거룩하심.. 그 모든 영광스러움을 우리가 맛보고 경험할 수 있다는 것.. 그것이 바로 실제적인 복음인 것입니다.
온전한 구원은 하나님의 3위를 다 경험함으로써 이루어지는 것입니다.

하나님을 고백하는 것은 그리스도인들만이 아닙니다. 이슬람교의 신자들도 유일신을 믿는다고 고백합니다. 다른 종교에서도 그렇게 고백합니다. 그러나 제2위에 이르면 이야기가 달라집니다.

우리는 예수를 하나님으로 고백합니다. 그러나 그들은 그렇게 고백하지 않습니다. 그들은 예수가 선지자라고 합니다. 또는 세계 4대 성인이라고 합니다. 이 차이가 그리스도인인가, 아닌가를 결정하는 것입니다.

하나님만을 신으로 고백하는 이들은 아직 온전한 하나님에 대하여 모르는 것입니다. 유대인들은 하나님을 믿는다고 하면서도 실제로 육체를 입고 이 땅에 오신 하나님을 하나님으로 인정하지 않습니다. 그들은 하나님의 이름을 부르지만 실제적으로는 하나님을 믿지 않고 있는 것입니다.

그러므로 하나님을 고백하면서 동시에 육체를 입고 이 땅에 오신 예수를 고백할 때 우리는 그 사람을 그리스도인으로 부릅니다.

이 그리스도인이 실제적인 그리스도인이 되기 위해서는 예수를 고백하는 것만으로는 충분하지 않습니다. 그는 제3위에 대한 경험이 필요합니다. 예수를 하나님으로 인정하면서 동시에 영으로 이 땅에 오신, 그리고 지금도 실제적으로 아주 가까이서 운행하시는 분을 하나님으로 인정하고 모시고 경험해야 하는 것입니다.

이것은 우리가 실제적으로 살아계신 하나님을 경험하며 실제적으로 죄에서 승리하며 세상을 이기는 그리스도인이 되는가에 관련된 문제입니다. 만약 이 땅에 직접 오신 하나님이신 성령님을 피상적으로만 이해한다면 그는 실제적인 해방과 자유한 삶을 누리기 어려울 것입니다.

그리스도인이라 자처하는 이 중에 성령님을 인정하지 않는 이는 없을 것입니다. 그러나 실제적으로 그에게 가까이 임하시며 인도하시고 주장하시는 그분과 어떠한 관계를 맺고 있느냐 하는 것은 전혀 별개의 문제입니다. 마음으로는 주님을 추구한다고 하면서 실제로 그에게 임하시는 주의 영을 거스르고 방해하는 경우는 너무나 많기 때문입니다.

하나님의 임재란 무엇입니까? 그것은 하나님께서 바로 지금 이 자리에서 우리와 같이 계시는 것을 말합니다. 다시 말하면 하나님의 영광이 우리와 함께 계시는 것입니다.

그것은 우주의 주인 되시는 하나님의 모든 영광이 우리에게 나타나는 것을 의미하지는 않습니다. 그분이 그의 모든 영광을 가리지 않고 나타나신 다면 그 앞에서 살아있을 육체가 없기 때문입니다. 그러나 그분은 우리가 감당할 수 있을 만큼 자신의 영광을 가리우고 임하십니다.

복음이란 결국 하나님의 가까우심입니다. 하나님의 임재입니다. 그것은 이론이 아닙니다. 복음은 하나님이 나타나신 것이며 우리에게 임하신 것입니다.

우리는 그 하나님의 충만함을 경험할 수 있습니다. 맛볼 수 있습니다. 그의 임재는 결코 멀리 있지 않으며 이것이 바로 복음입니다.

어떤 사람의 집에 강도가 쳐들어 왔습니다. 그는 바로 눈앞에서 칼을 들고 위협합니다. 그것은 아주 위급한 상황입니다.

경찰서가 주변에 있습니다. 그러나 언제 전화로 신고를 하고 그들이 도와주러 온다는 말입니까? 위험은 바로 앞에 있는데 도움은 아주 먼 곳에 있습니다. 그것은 복음이 아닙니다.

왜 오늘날 수많은 사람들이 주님을 입으로는 믿으면서도 여전히 죄 가운데 눌리며 패배하는 삶을 사는 것일까요?

그것은 그가 가까이 계신 주님을 경험하지 못하고 있기 때문입니다. 지금 바로 옆에서 악한 영들이 그를 누르고 있는데 그가 아는 주님은 저 멀리 계십니다. 그러니 그는 악한 세력들에게 얻어터지고 있으면서 하소연만 하고 있는 것입니다. 구원과 해방은 그에게 너무나 먼 이름인 것입니다.

주님은 먼 곳에서 우리를 지켜보시며 사랑하시는 것으로 만족하시지 않습니다. 그분은 우리의 바로 곁에 계시면서 교제하고 사랑해주시기를 원하십니다. 그는 우리에게 실제적인 자유와 치유와 행복을 주시기를 원하십니다. 그러므로 그는 이 땅에 육체로 거하셨으며 지금은 영으로 바로 곁에 임하시기를 원하시는 것입니다.

그러나 유감스럽게도 사람들은 주님의 가까우신 임재와 실제에 대하여 잘 알지 못합니다. 그들은 주님이 아주 멀리 계시다고 생각합니다. 그들은 아주 급한 상황이 아니라면 예배를 드릴 때 외에는 주님께 기도하거나 대화를 하거나 의식하지 않습니다. 그들은 멀리 하늘에 계신 하나님은 믿지만 지금 내 곁에 계신 하나님은 믿지 않습니다.

어떤 남편이 해외에 오랫동안 출장을 갔습니다. 아내는 남편을 몹시 사랑했기 때문에 아주 슬퍼했습니다. 그러던 어느 날 남편은 갑자기 귀국을 하게 되었습니다. 그는 그리던 집에 도착하여 집의 문을 두드렸습니다.
"여보, 문 열어요. 당신의 남편이오. 내가 돌아왔소."
아내는 놀랬습니다. 아내는 마침 남편이 너무나 그리워서 남편의 편지를 읽고 있었습니다. 그녀는 대답했습니다.
"무슨 소리를 하고 있는 거예요? 나의 남편은 외국에 있어요. 그리고 나는 지금 남편의 말씀을 읽고 있어요. 당신은 도대체 누구죠?"
남편은 난감해하면서 대답합니다.
"여보, 나요. 나의 목소리도 모른다는 말이요? 나는 지금 방금 돌아왔소. 어서 문을 열어요.."
그러나 아내는 거절합니다.
"그럴 리가 없어요. 남편은 이 편지를 통해서만 나에게 말해요. 당신은 나쁜 사람인데 나를 속이러 왔군요. 어서 물러가세요.."
아내는 남편을 사랑했습니다. 그러나 그녀가 사랑한 남편은 관념 속의 남편이었고 그랬기 때문에 실제의 남편이 왔을 때 그녀는 알아보지 못했습니다.
이것이 오늘날의 많은 그리스도인들이 하고 있는 일입니다.

어떤 왕이 있었습니다. 그 나라는 아주 아름다운 나라였습니다. 경치도 아름답고 그 곳에서 사는 사람들도 참 아름다워서 모든 나라의 사람들이 그 나라에 이민을 와서 살기를 원했습니다. 지금은 그 나라에 살지 않아도 언젠가는 그 나라에 가야지.. 하고 모든 사람들이 생각하고 있는 나라였습니다.
어느 날 그 나라의 왕은 다른 나라로 여행을 가게 되었습니다. 자신의 나라와 왕인 자신에 대하여 아주 사랑하고 좋아한다는 작은 나라를 방문하게 되었습니다.

그 왕이 그 나라에 가서 백성들을 보니 정말 이 왕의 나라를 좋아하는 것 같았습니다. 사람들이 만나기만 하면 왕의 나라를 노래했고 왕에 대하여 찬송을 불렀습니다. 왕은 아주 마음이 즐거워서 그들과 가까이 교제를 하려고 한 마을의 회관으로 들어갔습니다.
그러나 그는 환영을 기대했지만 실망했습니다. 마을의 회관에 있는 모든 사람들이 그를 보고 쫓아내었기 때문입니다. 그들은 이상하게도 모두 가다 왕을 보고 욕을 하며 그를 거리에 거칠게 내어 쫓았습니다.
왕은 너무나 이상했습니다. 방금 전까지 자신을 찬양하다가 직접 보게 되자 이렇게 욕을 하고 쫓아내는 것을 이해할 수가 없었습니다.
하지만 왕이 아무리 버티어 봤자 소용이 없었습니다. 왕이 바깥으로 쫓겨나자 마을 사람들은 여전히 찬양을 하기 시작했습니다.

시간이 흘러서 왕은 그 백성들을 만나게 되었습니다. 그 마을 회관에서 왕을 주동적으로 때리고 쫓아내었던 사람이 이민을 신청했습니다. 그리고 왕은 그것을 심사하기 위하여 그를 만났습니다. 그는 왕에게 말했습니다.
"왕이여.. 제가 왕을 얼마나 그리워하고 오랫동안 사모했는지 아마 모르실 것입니다. 저는 이 날만을 기다려왔습니다."
그러나 왕은 그에게 대답했습니다.

"이 사람아. 나는 자네에게 가까이 가려고 했지만 자네는 나를 때리고 내쫓지 않았는가. 그러면서 어떻게 나를 사랑한다고 말할 수 있는가.."
이러한 상황이 온다면 이것은 참으로 어처구니가 없는 일일 것입니다. 그러나 이것은 적지 않은 그리스도인들이 날마다 하고 있는 짓입니다. 개념 속의 주님에 대하여는 수없이 찬양하지만 우리의 삶에 실제로 가까이 오시는 그분에 대하여는 그러한 대접을 하고 있는 것입니다.

오늘날 그리스도인들은 엄청난 고백들을 쏟아내고 있습니다. 기독교의 복음은 놀라운 약속으로 가득합니다. 그러나 실제로는 어떨까요?
과연 그리스도인들의 삶은 풍성합니까? 예배에는 감격이 있으며 삶에는 자유함이 있으며 죄에서는 해방이 있으며 살아 계신 하나님의 임재를 충만하게 누립니까?
우리는 그러한 모습을 별로 보지 못하고 있습니다. 도처에서 지치고 피곤한 패잔병들을 우리는 너무나 많이 발견합니다. 우리는 놀라운 개념들을 많이 가지고 있지만 실제적인 행복과 변화와 승리와 자유함은 그리 많지 않습니다.
그 가장 중요한 이유는 이것입니다. 우리는 하나님의 임재를 잘 알지 못하고 있다는 것입니다. 하나님의 임재하심, 그분의 가까우심이 바로 복음인데 우리는 아직 너무나 하나님을 멀리 느끼고 있습니다. 그리고 우리 자신의 힘으로 몸부림을 칩니다.
승리의 한 가지 비결은 오직 하나님의 임재입니다. 그분의 가까우심입니다. 우주의 어느 저편에 계시는 하나님이 아니라 그분이 바로 곁에서 우리와 같이 하시며 그 풍성한 사랑과 은총의 모든 것을 부어주신다는 것, 그것이 바로 우리에게 변화와 승리와 자유함과 능력을 주는 것입니다.
주님은 우리를 사랑하시며 아주 가까운 데 계십니다.
그분은 그를 구하는 자에게 임하십니다. 이것이 바로 복음입니다.
그 복음을 경험할 때 우리 모두는 새로워지게 될 것입니다.

3. 주님의 임재에 대한 세 가지 요점

주님의 임재에 대한 세 가지의 요점을 나누고 싶습니다.
첫째로 주님은 관념이 아니고 실제라는 것입니다.
둘째로 주님은 나중에 임하시는 것이 아니라 지금 임하신다는 것입니다.
셋째로 주님은 먼 곳에 계시지 않고 이곳에 임하신다는 것입니다.
요약한다면 주님의 임재는 지금 이 곳에서 그의 실제적인 살아계심을 접하는 것입니다.

첫째로 주님은 실제입니다.
나는 많은 이들이 설교를 하는 것을 보았습니다. 그들은 무엇인가 메시지를 전하기 위하여 애를 쓰고 있었습니다. 그러나 그들이 전달하는 것은 주님 자신이 아니고 어떤 개념, 어떠한 진리, 어떠한 지식이나 깨달음에 대한 것이었습니다.
그것은 좋은 이야기입니다. 그리고 신앙생활에 유익한 이야기일 것입니다.
그러나 그것은 살아계신 주님을 보여주고 있는 것과는 다른 것입니다. 어떠한 교훈이나 가르침이 아닌 주님 자신을 보여주는 것, 그것이 바로 기독교의 실제입니다.
기독교는 결코 교훈이나 지식에서 끝나는 것이 아닙니다. 그것은 하나님의 살아 계심을 맛보고 경험하는 것입니다.
사역자가 주님을 가까이 실제적으로 경험하게 되면 그는 그 주님의 임재를 나누어주게 됩니다. 그러나 그러한 실제적인 가까우심을 알지 못한다면 그는 주님에 대하여, 진리에 대하여, 열심히 설명하고 설명하고 또 설명해야 합니다.

그는 자신의 날카롭고 독창적인 깨달음과 해석에 대하여 긍지와 자부심을 가지고 있을지도 모릅니다. 그러나 그의 메시지를 듣고 변화되는 사람들은 별로 없을 것입니다. 그러므로 그는 사람들이 자기의 좋은 설교를 많이 듣고도 도대체 왜 변화되지 않을까에 대하여 갈등을 해야 할 것입니다.

그러나 사역자가 주님을 개인적으로 가까이 안다면 그는 주님 자신에 대하여 이야기하게 될 것입니다. 주님 자신을 나누어주게 될 것입니다. 어떤 말씀을 보아도 그것을 통하여 주님을 보여주고 주님의 마음을 보여주기 원할 것입니다. 그는 단순히 성경에 나타난 개념들을 해석하고 설명해주는 것으로 만족하지 않을 것입니다.

그는 실제로 자기가 맛본 주님의 향취와 영광과 그 놀라우신 사랑에 대하여 나누고 싶을 것입니다. 그러한 실제적인 주님과의 접촉이 없다면 그 사역자는 다만 추론에 불과한 많은 이야기들을 계속 해 나갈 수밖에 없습니다.

기독교의 독특한 진리는 주님과의 인격적인 관계성입니다. 어느 다른 종교도 이와 같이 믿음의 대상과의 인격적 관계성에 기초하고 있지 않습니다.

불교에도 부처의 가르침과 교훈이 있고 그것을 가르치지만, 부처와 관계를 맺으며 부처 안에 거하고 부처를 사랑하며 높이고 부처를 먹고 마시라고 이야기하지 않습니다.

그러나 기독교의 진리는 교훈 자체가 아니고 주님 자신입니다. 주님을 만나고 관계를 맺으며 그를 개인적으로 아는 것이 기독교입니다. 주님과 관계를 맺고 주님의 소유가 되며 나를 깨뜨려 주님의 손에 붙들리게 하는 것이 기독교입니다. 그것은 지식이나 교훈의 문제가 아니고 체험의 문제입니다.

내가 어떤 사람에 대한 지식을 많이 가지고 있는 것과 그 사람과 친한 것은 전혀 다른 문제입니다. 기독교는 주님에 대하여 논문을 쓰는 것이 아니고 주님과 가까이 지내는 것입니다. 주님으로 사는 것입니다. 그것이 기독교의 실제이며 능력과 자유함과 풍성함이 넘치는 삶의 비결입니다.
인생을 살다보면 누구나 수많은 깨달음과 교훈을 얻게 됩니다.
굳이 다른 종교를 찾지 않더라도 살다보면 누구나 다 깨달은 것이 있고 가르치고 싶은 것이 있습니다. 그러나 기독교는 그것이 아닙니다. 기독교는 지식이 아니라 주님 자신을 아는 것입니다. 주님에 대하여 아는 것이 아니라 주님을 아는 것입니다.

우리는 어떤 교훈이나 진리를 붙들지 않습니다. 우리는 오직 주님 자신을 붙듭니다. 그것은 같은 것이 아닙니다.
교훈이나 지식 자체는 생명이 아니며 인격이 아닙니다. 그것은 차가운 것이며 기계적인 것입니다. 그러나 주님은 생명이시며 인격이십니다.
우리가 진리와 지식을 가지고 있으나 주님과 개인적이고 친밀한 만남을 가지고 있지 않다면 그것은 진정한 신앙이 아닙니다.
주님은 살아계신 생생한 실제입니다. 주님을 경험할 때 그분은 바로 옆에 계신 살아계신 분이며 개념이 아니라는 것을 알게 될 것입니다. 사람들이 죄에서 해방되고 승리의 삶을 살지 못하는 이유는 그분의 임재 앞에서 살지 않기 때문입니다.
많은 이들이 주님에 대한 관념과 지식을 가지고 있습니다. 신앙에 대한 틀을 가지고 있습니다. 그러한 관념이나 틀은 주님을 실제적으로 경험할 때 비로소 실제적인 것이 될 것입니다.

어떤 소녀가 있습니다. 그녀의 아버지는 그녀를 몹시 사랑해주었습니다. 그 조그만 소녀를 날마다 부드럽고 따뜻하게 안아주고 귀에다가 사랑의 속삭임을 해주면서 재워주었습니다.
소녀는 아빠를 아주 좋아했습니다. 어느 날 동네 사람들이 다 일어나 아빠를 잡아 죽였습니다. 그리고 아빠가 아주 나쁜 사람이라고 그 소녀에게 말했습니다. 그러나 그 소녀는 믿지 않았습니다. 그녀는 말했습니다.
"나는 아빠를 알아. 아빠는 좋은 사람이야. 나는 아빠의 그 사랑이 가득 담긴 눈동자와 날마다 나에게 사랑한다고 속삭이던 그 음성을 잊을 수 없어. 나는 영원히 아빠를 사랑할꺼야.."
이것이 체험입니다. 그것은 개념이 아니고 실제입니다. 우리는 결코 어떤 이론이나 지식을 믿는 것이 아니라 살아계신 선명한 실제이며 인격이신 그분을 믿고 경험하는 것입니다. 바로 우리 곁에서 움직이시고 말씀하시고 내 방안을 걸어 다니시는.. 그러한 분을 믿는 것입니다.

나는 어떤 불신자 친구가 이러한 이야기를 하는 것을 들었습니다.
"거 참 예수 믿는 이들을 보면 신기해.. 기도라고 하면서 어떻게 혼자서 계속 많은 이야기를 할 수 있는지.. 그거 다 외워서 하는 것도 아니고 참 희한해.."
신앙이 없는 그가 보면 신기할 것입니다. 그가 볼 때는 기도하는 것이 혼자서 중얼거리는 것이기 때문입니다. 그에게는 혼자서 계속 중얼거리며 이야기를 하는 것이 그저 신기하게만 느껴지는 것입니다. 불신자들은 우리가 기도하는 것이 결코 혼자 중얼거리는 것이 아니며 살아계신 분과 실제적이고 직접적인 대화를 나누고 있다는 것을 알지 못합니다.
그러나 어쩌면 오늘날의 많은 신자들도 기도에 대하여 알고 있으며 하고 있으면서도 그 불신자가 생각하는 것처럼 실제적으로 주님을 접촉하지 못하고 혼자서만 중얼거리며 기도하고 있는지도 모릅니다. 그러한 기도는 별로 즐겁고 행복하지 않을 것입니다.
기도는 실제적인 주님과의 만남입니다. 그러므로 기도는 주님의 임재를 실제로 경험하는 수준만큼 달콤하고 행복해지고 아름답고 풍성한 열매로 가득하게 됩니다. 임재는 실제적인 주님을 경험하는 것입니다. 우리가 주의 실제적인 임재에 예민해질 때 우리의 기도와 예배와 찬양과 일상의 모든 삶은 아주 새롭게 될 것입니다.

둘째로 주님은 지금 임하시는 분입니다.

많은 이들이 주님께 기도합니다. 그들은 응답을 받을 것을 기대합니다. 그러나 그들은 지금 그 시간에 주님께서 응답하시기를 기대하지는 않습니다. 지금 이 시간은 자기 혼자 말하는 것이며 응답은 나중에 환경을 통해서 나타난다고 생각합니다.

그들은 지금 바로 자기 곁에서 주님께서 그의 기도를 듣고 계시며 그들에게 무엇인가 말씀하기를 원하시며 그들과 실제적으로 대화를 하기 원하신다는 사실을 잘 인식하지 못합니다. 그러므로 그들에게 있어서 기도란 너무나 고독한 것입니다.

그들이 영의 상태에 대하여 느끼고 알게 되며 주님의 임하심과 말씀하심에 대하여 기대하고 조금 예민해진다면 그들은 기도할 때에 많은 어떤 예감이나 느낌, 감동, 기쁨이나 슬픔, 소원들이 일어나게 되는 것을 알게 될 것입니다.

그들은 차츰 그러한 것들이 우연히 일어나는 것이 아니며 바로 그 시간에 주님께서 그들에게 말씀하시는 것이며 응답은 결코 미래에 오는 것이 아님을 알게 될 것입니다.

그들이 바로 지금 임하시는 주님에 대하여 차츰 경험을 쌓아가게 되면 그들은 지금 자신들의 기도가 제대로 이루어지고 있는 것인지, 아니면 뭔가 막혀 있어서 그것들을 허물어야 하는지에 대하여 알게 될 것입니다.

그들이 지금 임하시는 주님에 대하여 알게 될 때 그들의 기도와 찬양, 예배는 아주 실제적으로 바뀌게 되는 것입니다. 그들은 더 이상 개념적인 기도나 개념적인 예배나 교제가 아닌 실제적인 주님과 바로 그 시간에 교통을 나누는 것입니다.

물론 우리의 기도와 주님과의 교통은 우리가 언젠가 육체의 허물을 벗고 온전한 영의 몸을 가지고 하는 온전한 상태와는 많은 차이가 있을 것입니다. 그러나 그럼에도 불구하고 우리가 이 땅에 살면서 주님과 좀 더 실제적으로 교통하고 만나게 될 때 우리는 주의 놀라우신 은총과 능력과 역사하심을 알게 될 것입니다.

셋째로 주님은 바로 이곳에 임하십니다.
주님은 우리가 있는 그 공간에 계십니다. 그분은 우리를 지켜보시며 우리와 함께 계십니다.
'사랑과 영혼' 이라는 영화를 보면 죽은 영혼이 살아있는 사랑하는 이에게 나타났을 때 그가 알아보지 못하고 슬퍼하는 장면이 나옵니다. 그것은 마치 우리가 기도할 때, 또는 모든 생활을 할 때 바로 곁에 계신 주님을 의식하지 못하고 살아가는 것과 비슷합니다.
과거에 목회 사역을 하면서 내적 치유 사역을 잠시 하고 있었을 때 나는 이를 통하여 주님께서 우리의 모든 순간에 함께 하신다는 사실을 더욱 더 분명하게 확인할 수 있었습니다.
성령의 기름부으심 속에서 피사역자들이 안식을 하고 있을 때 그들은 자신의 과거의 삶 중에서 가장 비참한 상태에로 되돌아갔습니다.
그 때 그들은 자신이 가장 고통스럽고 힘든 장면을 생생하게 다시 보게 되었습니다. 놀라운 것은 그 때 그들은 하나같이 그러한 장면 속에서 예수님을 보게 되었다는 것이었습니다.

어떤 이는 애인과 헤어지고 난 후 너무나 고통스러운 마음으로 침대에 누워 있었습니다. 그런데 바로 그 장면에서 주님께서 그 침상의 옆에 서 계시는 것을 발견하였습니다. 그녀는 많이 울었고 그리고 그 때의 비통함이 치유되는 것을 느꼈습니다.
어떤 이는 20년 전의 상태로 돌아갔습니다. 그녀는 결혼 직후였고 남편에게 심한 학대를 받고 있었습니다. 남편은 아이를 임신한 그녀의 배를 발로 걷어차고 많이 때렸습니다. 그녀는 바닷가를 걸으면서 차라리 저 바다에 빠져 죽어버릴까 하는 생각을 하고 있었습니다.

기도 속에서 과거로 가서 다시 그 장면을 보게 되었을 때 그녀는 그 바닷가에 주님이 서 계시는 것을 보게 되었습니다. 그리고 그 주님이 가까이 다가와서 그녀를 안아주시는 것을 느꼈고 그녀의 20년 동안 가지고 있었던 슬픔의 기억은 이제 기쁨과 감격의 장면으로 바뀌어 버렸습니다.

그러한 내적 치유가 영적 성장의 가장 중요한 부분이라고 생각하지는 않습니다. 그러나 그 치유의 핵심은 바로 그것이었습니다. 즉 주님은 우리가 기억하지 못하는 순간에도, 우리의 모든 삶의 고통스러운 순간에 그 장면에 함께 하신다는 것입니다.

나는 언젠가 어떤 여 집사님에게 기도를 해주었습니다. 그녀는 이혼 후에 몸도 연약한 상태에서 지치고 힘들게 살아가고 있었습니다.
그녀의 집은 높은 언덕 위에 있었는데 그녀가 퇴근 후에 자기 집까지 걸어 올라가는 길은 몹시 피곤하고 힘든 길이었습니다.
나는 기도 중에 그녀가 우는 것을 보았습니다.
나는 이유를 물었습니다.
그녀는 울면서 자신이 본 환상에 대하여 이야기를 했습니다.
그것은 그녀가 하루의 일과를 마치고 지치고 피곤한 몸으로 그 높은 언덕 위에 있는 자기의 집으로 가고 있는 장면이었습니다. 그 때 그녀는 그 높은 언덕 위에서 주님이 미소를 띠면서 그녀를 기다리고 계신 모습을 보았습니다. 그것은 마치 주님께서 "힘들지? 어서 오너라.. 내가 여기서 기다리고 있다." 하고 말씀하시는 것 같았습니다.
그녀는 기도를 마친 후 말했습니다. 하루의 삶이 아무리 피곤하더라도 주님께서 그렇게 자신을 기다리고 있다는 것이 너무나 힘이 되고 위로가 된다고.. 하는 것이었습니다.

이것은 아주 선명한 메시지입니다. 그것은 주님께서 우리와 실제적으로 거하시고 함께 하시며 우리가 거하는 그 공간, 그 곳에 바로 같이 계시다는 것입니다. 다만 우리의 관심과 의식이 다른 데에 가 있기 때문에 이를 인식하지 못하고 있는 것뿐입니다.

사람들은 육체의 눈에 보이는 것 외에는 잘 믿으려고 하지 않습니다. 또한 어떤 특별하고 극적인 체험을 했거나 아주 영적인 사람에게만 그러한 일이 있을 수 있다고 생각하는 경향이 있습니다.

그러나 결코 그렇지 않습니다. 주님은 언제나 어디서나 우리와 함께 거하십니다. 우리가 그 사실에 대하여 좀 더 예민하게 인식하게 될 때 우리의 모든 삶은 분명히 달라질 것입니다.

당신이 아주 가까이에 있는 주님을 인식하기 시작할 때 당신의 삶은 달라질 것입니다. 그리고 주님의 임재처럼 놀라운 것은 없으며 그 이상의 행복은 이 우주 안에 없다고 분명히 말하게 될 것입니다.

목회를 하면서 한 달 정도 교회에서 기도를 하면서 잠을 자던 때가 있었습니다. 청년 때에도 교회에서 기도하다가 잠이 드는 적이 많았습니다. 교회라는 공간은 예배를 드리는 공간이므로 아무래도 주님의 임재를 누리고 경험하는 데에 있어서 일반적인 다른 장소보다 유리한 면이 있는 것 같습니다.

나는 날마다 그 공간의 분위기가 바뀌는 것을 느꼈습니다. 교회에 밤에 기도하러 가면 그 공간이 너무나도 달콤하고 향기가 흐르는 것 같은 그러한 분위기가 느껴졌습니다.

가끔 피곤해서 "주님. 오늘은 그냥 집에서 잘게요." 하기도 했습니다.

나는 그럴 때마다 주님께서 "그래? 그럼 나 혼자 교회에 가마." 하시는 것을 느끼곤 했습니다.

나는 "오, 주님. 아닙니다. 저도 갑니다." 하고 말하고는 교회에 갔습니다. 그리고 교회 문을 열면 그 순간 그 공간 안에 달콤하고 아름다운 향취로 가득 채워진 것 같은 느낌에 왈칵 사로잡히곤 했습니다.

어느 날 아침, 기도를 마치고 나는 주님께 말했습니다.

"주님... 저 이제 집으로 갈게요.."
나는 그 때 "이제 가니.." 하고 말씀하시는 선명한 주님의 감동을 심령으로 느꼈습니다. 그 부드럽고 달콤하고 따뜻한 음성이 뼛속 깊이 스며드는 것 같은 감동은 말로 표현할 길이 없습니다. 그저 그 사랑의 물결 속에서 조용히 눈물만 흘러내릴 뿐이었습니다.
나는 분명히 느낄 수 있었습니다.
지금 이 공간.. 지금 이곳에 주님이 임재하신다는 것.. 그것은 너무나 분명한 사실이었습니다. 그리고 그것은 너무나 아름답고 행복한 일이었습니다.
하나의 구체적인 공간에 주님이 임재하신다는 것.. 그것은 진정 놀라운 일입니다. 우리가 이 사실을 분명히 인식하고 경험하게 될 때 우리의 믿음은 분명히 달라질 것입니다.
최근에 어떤 자매가 내게 이런 메일을 보내왔습니다.
"목사님의 책에 있는 영성의 원리들을 내 삶에 적용하려고 노력하고 있어요. 요즘엔 제 방에서도 주님을 깊게 만나요.
정말 정말 감사합니다. L 자매 드림.. "
나는 이와 같은 메일을 참 많이 받는 편입니다. 그리고 메일 속에서 그들이 경험한 주님이 얼마나 따뜻하고 사랑이 가득하며 아름다운 분이신지에 대하여 눈물로 고백할 때 그것은 내게 큰 기쁨이 됩니다.

주님을 교회에서나 기도원에서가 아니라 자신의 방에서 만나게 될 때
그것은 진정 행복한 일이 될 것입니다.
주님은 개념이 아니고 실제이며 나중이 아니고 지금 임하시는 분이며
멀리가 아닌 바로 이곳에서 임재하시는 분이라는 것을
느끼고 알고 경험하게 된다면
우리의 삶, 우리의 신앙은 진정 새로운 것이 될 것입니다.
그것은 바로 실재하는 천국이기 때문입니다.

4. 성경의 중심

나는 청년시절 잠시 6개월 정도 침례교회를 다녔던 것 외에는 거의 장로교회에서 신앙생활을 하였습니다. 하루는 내가 다니던 장로교회의 어떤 형제와 같이 대화를 하고 있던 중 그 형제가 성령운동을 활발하게 하고 있는 어떤 교회에 대하여 언급하면서 이런 이야기를 했습니다.
"거기는 성령이 있지만 우리는 말씀이 있습니다."
나는 실소를 금할 길이 없었습니다. 아마 그 형제는 성령과 말씀이 서로 싸우고 있는 것으로 생각하는 모양이었습니다.
말씀의 저자는 성령이시며 따라서 저자를 통해서만 말씀의 진정한 의미를 이해하고 경험할 수 있는 것입니다. 또한 말씀은 성령을 증거하지요. 그런데 그 둘에서 서로 누가 센지 싸우고 있다고 보는 관점은 우스꽝스러운 것이었습니다.

말씀의 중심은 무엇일까요? 우리는 구약이 가르치고 예언하고 있는 모든 것이 주님의 오심과 삶을 통하여 이루어졌으며 그것은 곧 복음이라는 것을 알고 있습니다. 하지만 그것만으로는 부족합니다. 그 사실만으로는 사람들에게 실제적인 구원과 해방과 능력과 승리의 삶을 살도록 하지 못합니다. 말씀이란 결코 피상적이고 개념적인 것에서 끝나는 것이 아닙니다. 그것은 다이내믹하고 생명이 충만하며 사람의 영혼을 사로잡고 승리케 하는 놀라운 원천을 가지고 있습니다.
성경은 한 마디로 하나님이 우리에게 오신 이야기입니다. 구약은 한 마디로' 하나님에서 예수까지' 라고 할 수 있습니다.
구약에는 많은 메시지가 있습니다. 많은 사람들이 등장합니다. 역사가 나옵니다. 사건들이 나옵니다.

그런데 그 모든 것의 중심은 주님이 이 땅에 오시는 과정을 보여주는 것입니다.

구약에는 율법이 등장합니다. 그것은 하나님의 말씀입니다. 그러나 그것은 구원의 완성이 아닙니다. 우리는 그 말씀을 지킬 수 없습니다.

구약에는 선지자가 등장합니다. 그러나 이들도 온전한 역사를 이루지 못합니다.

율법을 온전하게 하는 것은 바로 주님의 오심입니다. 그리고 선지자들이 전하고 있는 메시지의 핵심도 주님의 오심입니다. 그것은 하나님이 인간이 되어 이 땅에 오신다는 것입니다.

그러므로 구약의 이야기는 한마디로 하면 족보 이야기입니다. 그것은 하나님이 사람이 되어 오시는 과정에 대한 이야기입니다. 예수께서 이 땅에 오시기까지 그 예수의 족보에 대한 이야기입니다.

구약에 많은 사람들이 등장합니다. 그들 중에는 믿음의 사람도 있었고 또한 부분적으로 하나님의 쓰임을 받았지만 타협하고 엉망으로 살다가 간 사람도 있었습니다.

성공자로 보이는 이도 있었고 실패자로 보이는 사람도 있었습니다. 그러나 그것은 별로 의미가 없는 일입니다. 그들이 위인이든 아니든 그들의 사명은 죽는 것으로 충분합니다. 그들의 신실한 삶을 통한 어떤 가르침이 있으며 메시지가 있습니다. 상징적으로 보여주는 것이 있습니다.

그러나 그들의 삶에 있어서의 핵심은 그들의 죽음입니다. 겉사람에게는 많은 아름다움이 있고 풍성함이 있으나 겉사람 최대의 역할은 후패함입니다.

겉사람이 늙고 약하고 후패할수록 속사람, 속생명이 강건해집니다. 겉사람이 건강하고 생생해서 많은 아름다운 것들을 성취하는 것보다 겉사람은 단지 후패하고 상하고 죽어서 그 안의 속사람이 일어나는 것이 훨씬 더 좋은 것이며 생명의 역사인 것입니다.

구약의 사람들은 잘났든 못났든 결과적으로 다 죽고 그 자손이 나타납니다. 그리고 그렇게 예수가 오시는 길까지 족보가 이어집니다.
기독교의 진리는 어떤 도덕이나 윤리에 대한 것이 아닙니다. 그것은 예수의 길입니다. 예수가 생명이며 그 생명이신 예수가 오는 통로가 되는 것, 그것이 주님의 사람이며 사역입니다.
기독교의 진리는 그 내용에 대한 것보다 그 근원에 대한 것입니다.
누가 부모에게 효도하라고 말합니다. 그것은 좋은 말입니다.
그러나 더 중요한 것은 그것이 누구의 말이냐 하는 것입니다. 그 메시지가 공자로부터 나왔다면 그것은 생명이 아니며 예수로부터 나왔다면 그것은 생명입니다. 왜냐하면 주께서 말씀하신 것이 영이요 곧 생명이기 때문입니다.

사역자는 좋은 교훈을 말하는 자가 아닙니다. 그는 예수의 통로가 되는 사람입니다. 그는 예수의 감동으로 사는 사람입니다. 그는 예수를 보여주는 것이며 자기 안에서 일하시는 예수의 통로가 될 뿐입니다.
구약의 모든 위인들을 통하여 많은 교훈들을 얻을 수 있으나 가장 의미 있는 것은 그들이 예수가 오시는 길이 되었다는 것입니다.
그것이 구약입니다.
신약의 이야기도 역시 같습니다. 구약이 하나님에서부터 예수까지라면 신약은 예수에서부터 예수의 영, 하나님의 영인 성령님까지라고 할 수 있습니다.
삼위일체는 신비입니다. 그래서 이것을 잘 이해시키기 위하여 많은 비유를 사용하여 표현합니다. 그 한 특성에 대하여 쉽게 설명하자면 그것은 거리에 대한 개념으로 이야기할 수 있습니다.
하나님은 본체이십니다. 그러나 그분은 너무 초월적이고 무한하시기 때문에 우리가 그와 교통하며 사랑할 수 없습니다.
태양을 가까이서 본다면 우리는 다 순간에 녹아버릴 것입니다. 그러므로 우리의 미천한 육체가 태양보다 더 밝은 하나님의 영광을 본다면 우리는 살아남지 못할 것입니다. 하나님이 자신을 제한하지 않고 드러내신다면 우리는 견디지 못할 것입니다.

하나님은 우리를 사랑하시고 교제하시기 위하여 그분의 영광을 스스로 제한하시고 인간이 되셨습니다. 그분은 육체 가운데 스스로 갇히셨습니다. 그러므로 그가 육체가 되신 것은 우리와의 거리가 아주 가까워지신 것입니다.

그러나 그분은 육체 가운데 갇히셨으나 하나님의 성품과 사랑을 제한하지 않았습니다. 오히려 육체로 오신 주님은 그 때까지 사람에게 감추어져 있었던 하나님의 사랑과 은혜를 충만하게 드러내셨습니다.

하나님의 육체로 오심은 가까워지심입니다. 그것은 실제화이며 나타나심입니다.

그러나 그것으로는 부족했습니다. 육체는 시간과 공간의 제한을 받는 것입니다. 그러므로 2천 년 전 유대 지방에 사는 일부의 사람들 외에는 주님을 직접 보고 교제할 수 없었습니다. 그래서 그분은 좀 더 우리에게 가까이 오실 필요가 있었습니다.

인간의 세계에 오시기는 했지만 좀 더 가까이 모든 이들에게 시간과 장소를 구애받지 않고 임하시기 위해서 영으로 오실 필요가 있었습니다. 그리고 이를 위해서는 그분이 십자가에서 죄의 해결을 위하여 죽으실 필요가 있었습니다. 그리고 그것이 이루어지는 과정이 곧 신약입니다.

즉 신약은 주님이 영이 되어 우리에게 임하시기까지의 과정이라고 할 수 있는 것입니다.

성부 하나님은 본체적인 하나님이십니다. 성자 하나님은 이 땅에 오신 하나님이십니다. 그리고 성령 하나님은 지금 이 땅에 계시며 운행하시고 있는 하나님이십니다.

우리는 멀리 있는 하나님을 체험할 수 없습니다. 그분은 무한하시기 때문에 우리가 직접 만나고 경험할 수가 없습니다. 또한 우리는 이미 오셨다 가신 하나님을 체험할 수 없습니다.

그러나 우리는 지금 이 자리에 계신 하나님을 체험할 수 있습니다. 그것은 그분이 우리를 구체적으로 만나고 교제하고 사랑하시기 위하여 오셨기 때문입니다.

결국 성경의 중심은 하나님이 우리에게 임하시는 과정의 이야기입니다. 다시 말하자면 하나님이 직접 우리에게 임하시기 위하여 성경을 기록하신 것입니다.

하나님이 우리에게 임하실 때 성경의 모든 약속은 이루어집니다. 성경이 약속하고 있는 모든 아름다움과 풍성함은 실제로 이루어지는 것입니다.

우리는 단순히 성경에 대한 지식을 얻기 위하여 성경을 읽고 공부하지 않습니다. 그 성경이 말씀하고 있는 하나님, 사랑이시며 살아계신 하나님을 경험하기 위하여 말씀을 접합니다. 그리고 그 하나님의 실제를 경험하게 될 때 곧 성경의 목적이 이루어지는 것입니다.

사람들은 사도행전에 나타나는 오순절의 사건을 다룰 때 주로 능력의 임함이나 은사의 나타남에 대하여 많이 이야기합니다. 여러 가지 기적이나 신비한 사건에 대한 이야기를 하면서 흥분을 하려고 애쓰고 사람들을 흥분시키려고 애를 씁니다.

그러나 사도행전, 오순절의 핵심은 어떤 신비한 사건이나 능력이 아닙니다. 그것은 하나님 자신의 방문입니다. 집을 지으신 이가 그 집에 들어오시는 것입니다.

그는 집을 지으면서 오랫동안 그 집에 입주하기를 기대하고 원했을 것입니다. 바로 그 실제적인 입성의 날이 오순절입니다.

오순절은 천지를 지으신 주님, 그 분 자신이 우리에게 임하신 것입니다. 우리가 이제 더 이상 하나님을 체험하기 위하여 호렙 산이나 성지순례를 가지 않아도, 기도원이나 어떤 특별한 장소나 교회에 가지 않아도, 우리의 집안에 우리 방의 침상에도 얼마든지 임하실 수 있도록 사도행전의 오순절 사건은 이루어진 것입니다. 모든 이에게 그 심령에 주를 구하는 모든 자들에게 언제 어디서나 임할 수 있는 그 시작, 그 기점이 바로 오순절인 것입니다.

이제 우리는 하나님을 체험할 수 있습니다. 그 하나님의 살아계심과 그 영광을 맛볼 수 있습니다.

구약의 성도들이 그토록 기다렸던 것, 그리고 신약의 성도들이 그토록 기다렸던 것들을 우리는 이제 맛볼 수 있습니다.

살아계신 하나님, 사랑의 하나님, 은혜의 하나님, 능력과 지혜의 하나님.. 그분을 우리는 이제 경험할 수 있습니다. 그리고 그것이 하나님의 뜻이며 원하심입니다. 더 이상 하나님에 대한 이론이나 개념에 머무르지 않고 그 놀라우신 임재 가운데 우리는 들어갈 수 있게 된 것입니다.

그것은 우리보다도 하나님께서 더 원하시는 것입니다. 이를 위하여 주님께서는 모든 대가를 지불하셨습니다. 피를 흘리셨고 다시 부활하셨고 다시 오셨습니다. 그리고 우리에게 가까이 임하시며 안아주시고 말씀하시기를 원하십니다.

어떤 한 어머니가 있습니다. 그녀는 사정이 있어서 남편과 이혼을 하게 되었습니다. 그녀는 남편은 잊을 수 있었습니다.
그러나 사랑하는 딸, 자기가 고통 중에 낳은 딸은 도저히 잊을 수가 없었습니다.
그녀는 몇 년을 주님께 한번만이라도 딸을 만날 수 있게 해달라고 울면서 기도했습니다. 그러나 그녀는 딸을 볼 수 없는 상황이었습니다.
어느 날 그녀는 수소문을 해서 딸을 몇 년 만에 먼발치에서 보게 되었습니다. 그녀는 용기를 내서 그 딸에게 다가가 말을 걸었습니다.
아기 때 어머니와 헤어진 딸은 그녀가 어머니인줄 알 리가 없었습니다.
그러나 그녀는 자신이 어머니라는 사실은 밝힐 수 없었습니다. 그녀는 딸이 자신을 알아보지 못했지만 딸을 만나 본 것만으로도 너무나 기쁘고 행복했습니다.
나는 눈물을 흘리며 그 이야기를 전해주던 어머니의 사연을 듣고 그런 생각을 했습니다.
바로 그것이 우리를 향한 주님의 마음이겠구나.. 우리를 지으시고 우리를 사랑하시며 우리를 위하여 모든 대가를 지불하시고 너무나 보고 싶어 하시는 주님.. 주님의 마음이 바로 이 어머니의 마음과 같겠구나..
아니, 이 어머니보다 더욱 더 우리를 그리워하시고 사랑하시고 보고 싶어 하시겠지.
그분도 우리의 곁에서 우리를 지켜보시고 우리와 교제를 하기 원하시지만 우리가 그분을 알아보지 못하고 우리 마음대로 살 때 너무나 아파하시고 안타까워하시겠지. 그것이 주님의 마음이겠구나.. 하고 나는 생각을 했습니다.

성경의 중심은 하나님의 임재하심입니다. 그것은 단순히 하나의 지식이 아니며 교리가 아니며 이론이 아닙니다. 그 메시지의 핵심은 그 살아계신 하나님이 우리에게 가까이 임하시기를 원하신다는 것입니다.
그분은 결코 저 멀리서 만족하시는 분이 아닙니다. 그분은 아주 가까이 오시기를 원하십니다. 그렇기에 육체가 되셨고 또한 죽으셨습니다.
그러므로 진정한 성경공부는 그분을 체험하는 것입니다. 성경을 읽고 지금 그 말씀이 이 시간에 이루어지는 것을 기대하는 것입니다.

그 말씀을 체험할 때 그 성경의 실체이신 주님을 경험하게 될 때
우리 모두는 변화될 것입니다.
우리 모두는 그 놀라우신 주님의 사랑에 사로잡히며
그분의 소유가 되며 진정한 천국이 무엇인지
알아가게 될 것입니다.

성경에는 많은 약속의 말씀들이 있습니다.
그러나 주의 임재하심을 알지 못하는 이들에게
그 모든 말씀은 그림의 떡에 지나지 않습니다.
그들은 그 풍성한 약속의 메시지에 비하여 너무나 적은 은혜만을 누리며 영적으로 가난하고 비참한 상태에 머무르게 됩니다.
그러나 우리의 영혼이 눈을 뜨고 주의 임재의 실제를 경험하게 될 때 우리는 그 말씀들이 이루어지는 것을 보게 됩니다.

성경에는 많은 주님의 명령과 요구가 있습니다. 그러나 주의 임재하심을 알지 못하는 이들에게 그 모든 명령은 너무나 힘겨운 것입니다. 아니 힘겨운 정도가 아니라 지키는 것이 불가능합니다.
성경은 사랑하라고 말합니다. 그러나 우리는 사랑을 하려고 하면 할수록 오히려 짜증과 분노가 일어나며 그것이 쉽지 않은 것을 알게 됩니다.
성경은 감사하라고 말합니다. 그러나 우리가 감사를 하려고 하면 더 원망이 우리 안에서 일어나는 것을 느낍니다.
성경은 두려워하지 말라고, 근심하지 말라고 합니다. 그러나 그것 역시 우리의 마음대로 되지 않습니다. 우리 안에서 여전히 불안과 두려움이 일어납니다.

우리들은 자신을 변화시키기 위하여, 바꾸기 위하여 많은 노력을 합니다. 그리고 실패하고 지치고 낙담합니다. 이것을 반복하면서 우리는 말씀대로 사는 것이 너무나 어렵다고 느끼게 됩니다.
그러나 주의 임재를 우리가 경험하게 될 때 우리는 우리 안에서 어떤 변화가 시작되는 것을 느끼게 됩니다.
우리는 그 말씀이 살아있음을 느끼고 경험하게 됩니다. 우리는 이상하게도 자연스럽게 그 말씀을 이루는 힘이 우리 안에서 움직이는 것을 느끼고 경험하게 됩니다.

우리는 그 말씀을 지키며 이루며 살아가는 것이 그리 어렵지 않으며 쉽고 재미있다는 것을 점점 더 경험해가게 됩니다.
주님의 임재하심은 성경이 제시하고 있는 모든 것입니다. 그것은 모든 약속의 이루어짐입니다.
임재는 하나님 자신입니다. 그 임재 가운데에는 하나님의 영광스러운 성품과 거룩과 은혜와 능력의 모든 것이 포함되어 있습니다.
우리가 그 현존하시는 임재를 경험하게 될 때 우리의 삶은 진정 놀랍게 변모하게 될 것입니다.
우리는 말씀이 하나의 이론이 아닌 것을 알게 됩니다. 그 말씀이 우리 안에서 살아 움직이는 것을 알게 됩니다. 그 말씀의 역사.. 그것은 하나님의 임재가 우리 가운데 임하는 것으로 온전하게 이루어집니다. 지식으로 이해만 하고 있었던 개념들이 우리들의 삶 속에서 살아 움직이며 놀라운 역사를 일으키기 시작하게 되는 것입니다.

오늘날 성경을 많이 읽고 묵상하고 접하면서도 그 성경의 실상인 영광의 세계를 경험하지 못하고 있는 이들은 얼마나 많은지요.
말씀의 메시지를 붙잡고 그것을 삶에 적용하려 애쓰지만 잘 되지 않아서 고통 하는 이들은 얼마나 많은지요.
영의 움직임을 이해하지 못하므로 말씀을 그저 메마르고 아무 맛이 없는 딱딱한 음식으로 느끼는 이들은 얼마나 많은지요.
우리가 말씀의 실제적인 역사. 그 영의 임재를 경험하게 될 때 그 모든 것은 달라질 것입니다.

임재하시는 하나님의 경험..
그것은 곧 살아있는 말씀의 역사입니다.
임재하시는 하나님의 경험..
그것은 곧 천국의 시작인 것입니다.

5. 주님의 임재를 방해하는 것들 1)

나는 실제적인 주님의 임재하심을 맛보고 경험하고 싶었습니다. 그래서 오랜 세월동안 몸부림을 쳤습니다. 그러나 나는 그 주님의 임재를 경험할 수 없었습니다. 다른 이들은 쉽게 주님의 은혜와 임재를 경험하는 것을 보곤 했지만 나는 그것을 경험할 수 없었습니다.

내가 알고 있는 이들 중에 별 기대 없이 집회에 참석한 이들도 있었습니다. 그러나 그들은 열심히 기도하고 기대하고 준비한 내가 아무런 주님의 터치를 경험하지 못한 것과 달리 쉽게 주님의 은혜를 접촉하는 것 같았습니다.

그들은 쉽게 은혜를 경험하고 방언을 하였으며 그들이 들었다는 주님의 음성에 대하여 이야기를 했습니다.

나는 그들이 쉽게 은혜를 체험하지만 또한 쉽게 그 은혜를 잃어버리고 신경도 쓰지 않는 것을 보았습니다.

그렇게 은혜의 가치를 모르는 이들도 쉽게 은혜를 접하는데, 도무지 거기에 가까이 갈 수 없는 내 자신이 몹시 속이 상했습니다. 나는 주님이 특별하게 나를 싫어하시거나 내가 특별히 죄가 많다고 생각했습니다.

하지만 그래도 주님을 향한 열망은 사라지지 않았습니다. 그래서 나는 기도를 하면서 온갖 회개를 하고 결단과 헌신을 고백하였으며 만약 내게 방언만 주신다면 나는 평생을 주님을 사랑하고 추구하고 순종할 것이며 단 하루도 주님을 기억하지 않고 지나가지 않을 것이라고 서원을 하기도 했습니다. 그러나 그러한 고백과 기도를 드린 후에도 내게는 아무런 일이 생기지 않았습니다.

나는 많은 세월이 지난 후에야 알게 되었습니다. 주님이 내 곁에 너무나 가까이 계셨으나 그분을 제한하고 방해한 것이 곧 나라는 것을 말입니다. 그것은 나의 생각처럼 주님이 내가 싫어서 오지 않은 것이 아니라 내가 무지해서 주님을 거스르고 방해한 것이었습니다.

사람들은 '성령을 받는다..' 는 표현을 많이 사용합니다. 그러나 나는 그것이 정확한 용어라고 생각하지 않습니다. 오순절 이전이라면, 구약 시대에 사는 사람이라면 그러한 표현은 옳을 것입니다.

그러나 지금은 아닙니다. 성경은 분명하게 말하기를 우리에게 그리스도의 영이 없으면 우리는 그리스도의 사람이 아니라고 합니다. (롬8:9)

또한 성령이 우리 영과 더불어 우리가 하나님의 자녀인 것을 증거하신다고 이야기합니다. (롬8:16)

우리가 예수를 주로 고백했다면 그것은 이미 우리 안에 주의 영이 계신 증거입니다. 우리가 예수님을 구주로 영접했다면 그리고 하나님을 아버지로 부른다면 주님은 이미 우리 안에 거하십니다. 그분은 우리 안에서 사시며 우리를 거처로 삼으십니다.

물론 그분이 우리 안에서 편안하게 거하실 수도 있으며 우리의 아직 처리되지 않은 이기심과 고집들 때문에 불편하게 사실 수도 있습니다.

그러나 그렇다고 하더라도 우리 안에 그분이 거하시는 것은 분명한 사실입니다.

그렇기 때문에 '성령을 받는다' 는 표현은 적절한 용어가 아닐 것입니다. 그분은 이미 우리 안에 와 계시기 때문입니다. 주님의 임재하심을 경험한다는 것은 성령을 받는 것과 관련된 문제가 아닙니다. 그것은 성령의 나타나심에 대한 문제입니다.

고전 12장에 보면 성령의 은사에 대한 이야기가 나옵니다.

또 사역은 여러 가지나 모든 것을 모든 사람 가운데서 이루시는 하나님은 같으니 각 사람에게 성령을 나타내심은 유익하게 하려 하심이라 (고전12:6, 7)

여기에 '성령의 나타나심'에 대한 언급이 있습니다. 바로 그것입니다!
주님의 임재, 하나님의 임재하심은 바로 나타나심을 의미하는 것입니다.
우리가 새롭게 성령을, 주의 영을 받는 것을 의미하는 것이 아니라 우리가
주님을 영접하고 고백하는 순간에 우리 안에 오신 그 하나님의 영이 밖으
로 나오는 것을 의미하는 것입니다.
물론 하나님의 영이나 주의 영이나 성령은 같은 말입니다. 표현의 사용에
있어서 약간 다른 뉘앙스가 있을지는 모르지만 같은 존재를 가리킵니다.

주님은 영으로서 이미 우리 안에 거하십니다. 그러나 문제는 이것입니다.
우리 안에 단순히 거하기만 하신다면, 그리고 밖으로 흘러나와서 해방되
지 않으신다면 우리는 그 분의 놀라우신 능력과 영광과 역사하심에 대하
여 경험할 수 없습니다. 승리의 삶을 살 수 없습니다.
그것은 우리의 예금 통장에 엄청난 돈이 저금되어 있다고 하더라도 우리
가 그것을 찾지 않는다면 우리는 여전히 가난하게 살 수 밖에 없는 것과
같은 이치입니다.

우리는 거룩에 대한 열망을 가지고 있습니다. 영적 성장에 대한 소망을 가
지고 있습니다. 순결한 삶을 원하며 그리스도의 도구가 되고 싶어합니다.
죄를 이기고 싶어합니다.
그렇습니다. 바로 그러한 것들은 이미 우리 안에 거룩하신 그분의 영이 거
하고 있다는 사실을 보여줍니다.
그러한 소원들은 우리 자신이 만들어 내는 것이 아니며 주의 영이 일으키
시는 것입니다. 그러므로 그러한 소원들은 거듭난 사람이 아니고는 가질
수 없는 소원인 것입니다.
그러나 그 다음은요? 유감스럽게도 그 정도에 불과할 뿐입니다.
우리에게는 열망이 있으나 그 이상은 잘 나아가지 못합니다.
우리는 간절함이 있으나 잘 채움 받지 못합니다. 우리는 로마서 7장의 비

극적인 고백처럼 '오호라, 나는 곤고한 사람이로다.' 라고 말할 수밖에 없는 것입니다. 그것은 성령이 이미 우리 안에 거하시지만 그 영이 바깥으로 흘러나와 우리를 온전히 사로잡지 못했기 때문입니다.

그 영이 흘러나오고 자유롭게 역사한다면 우리의 겉 사람은 주님의 영에게 사로잡히게 됩니다. 우리는 단순히 소망만을 하는 것이 아니라 실제적으로 그 놀라운 영광의 역사를 체험하게 됩니다.

우리는 가나안 땅을 정복하게 되며 실제적으로 많은 영토를 얻고 전리품을 취하게 되는 것입니다.

구약에 있었던 모든 승리들은 오직 그 주의 영의 임하심을 통해서만 왔습니다. 어떤 인간적인 탁월함이나 지도력으로 승리가 온 적은 단 한 번도 없었습니다.

그들에게는 어떤 세상의 지혜나 세미나나 테크닉도 없었습니다. 하지만 단순하게 주의 임재와 그 영이 어떤 사람에게 임하였을 때 그때부터 승리의 역사는 시작되었습니다.

이것은 악한 영들, 세상과 육체를 이기는 것은 오직 한 가지의 방법 밖에 없음을 잘 보여주고 있는 것입니다. 그것은 곧 주의 영의 임하심입니다. 주님께서 사용하신 사람들은 결코 인간적으로 보면 탁월한 리더십이나 능력이 있던 사람들이 아니었습니다. 오히려 무능하고 연약한 사람에 가까웠습니다.

그러나 그러한 사람이라도 일단 주의 임재와 영에 사로잡히게 되면 그들은 갑자기 놀라운 주님의 도구로 변화되었던 것입니다.

대표적인 사람으로서 기드온을 들 수 있을 것입니다. 그는 아주 연약하고 비겁하고 무기력한 사람이었습니다.

그는 애당초 자신이 자기 민족을 구원할 수 있는 도구가 되리라고는 생각지 않았습니다.

하나님의 사자가 그에게 나타나서 "큰 용사여, 하나님께서 너와 함께 하신다. 하나님께서 너를 통하여 이스라엘을 구원할 것이다."하고 말했을 때 그는 천사의 이야기를 전혀 믿지 않았습니다. 그의 반응은 이런 것이었습니다.
"큰 용사요? 무슨 말씀을 그렇게 끔찍하게 하십니까? 저는 아주 별 볼일 없는 가문의 가장 별 볼일 없는 사람입니다. 민족 구원이라니… 말도 안 되는 이야기하지 마세요." (삿6:11-15)

그러나 천사가 그에게 계속 용기를 불어 넣어주자 그는 말합니다.
"정말 당신이 하나님이 보내신 천사 맞습니까? 그러면 증거를 보이세요."
그러자 천사는 기드온이 가져온 제물에 불이 임하게 하여 그가 하나님의 사자인 것을 증명합니다. 제물에 임하는 불은 하나님의 임재를 표현하는 가장 일반적인 모습이지요.
그것을 본 기드온의 반응은 어땠을까요?
그는 하나님의 선택을 받은 긍지와 자신감으로 충만해졌을까요? 아닙니다. 그의 반응은 바로 이랬습니다.

기드온이 그가 여호와의 사자인 줄을 알고 이르되 슬프도소이다 주 여호와여 내가 여호와의 사자를 대면하여 보았나이다 하니 여호와께서 그에게 이르시되 너는 안심하라 두려워하지 말라 죽지 아니하리라 하시니라 (삿6:22, 23)

기드온은 겁이 나서 이렇게 비명을 지르고 있는 것입니다.
"아이고. 진짜 천사 맞구나. 나는 이제 죽었다."
그는 과연 강한 용사의 자질을 가지고 있는 사람일까요?
그렇게 보기 어려울 것입니다. 그 후에 하나님께서는 그에게 명령합니다. 우상을 부수어 버리고 그 나무로 하나님께 번제를 드리라고 말씀하십니다.

그 날 밤에 여호와께서 기드온에게 이르시되 네 아버지에게 있는 수소 곧 칠 년 된 둘째 수소를 끌어오고 네 아버지에게 있는 바알의 제단을 헐며 그 곁의 아세라 상을 찍고 또 이 산성 꼭대기에 네 하나님 여호와를 위하여 규례대로 한 제단을 쌓고 그 둘째 수소를 잡아 네가 찍은 아세라 나무로 번제를 드릴지니라 하시니라 (삿6:25-26)

이 말씀을 듣고 기드온은 고민합니다. 우상을 찍어버리면 동네 사람들에게 맞아 죽을 것 같고, 그렇다고 불순종하자니 하나님이 두렵고..
그는 망설이다가 결국 하기는 하는데 백주에 당당하게 하지 못하고 모두가 잠이 들어있는 밤에 몰래 숨어서 살짝 우상을 찍어버린 다음에 도망을 가 버립니다.

이에 기드온이 종 열 사람을 데리고 여호와께서 그에게 말씀하신 대로 행하되 그의 아버지의 가문과 그 성읍 사람들을 두려워하므로 이 일을 감히 낮에 행하지 못하고 밤에 행하니라 (삿6:27)

다음날 이것을 안 동네 사람들은 기드온을 죽이겠다고 난리를 꾸미는데, 기드온은 그 자리에서 숨어버리고 기드온의 아버지가 동네 사람들을 설득하고 말려서 간신히 기드온은 살아남게 됩니다.

성읍 사람들이 요아스에게 이르되 네 아들을 끌어내라 그는 당연히 죽을지니 이는 바알의 제단을 파괴하고 그 곁의 아세라를 찍었음이니라 하니 요아스가 자기를 둘러선 모든 자에게 이르되 너희가 바알을 구원하겠느냐 그를 위하여 다투는 자는 아침까지 죽음을 당하리라 바알이 과연 신일진대 그의 제단을 파괴하였은즉 그가 자신을 위해 다툴 것이니라 하니라 (삿6:30,31)

자, 이것이 과연 지도자의 모습일까요? 온 민족을 구원할 사명을 받은 사람이 민족의 대적들은 고사하고 자기 동네 사람들조차 무서워서 벌벌 떱니다. 그리고 동네 사람들이 쳐들어오자 "아버지.. 무서워요." 하고 아버지의 품에 숨어버립니다. 그러자 아버지가 "아이고, 내 새끼.. 걱정하지 마라. 아빠가 널 지켜줄게." 하고는 나가서 열심히 기드온을 변호하고 동네 사람들을 설득한 결과 기드온은 위기에서 벗어납니다.

기드온은 그들 앞에 당당하게 서서 "나는 하나님의 명령으로 이 일을 행했다. 자 누가 나를 죽일 것이냐?" 하고 외칠 용기가 없었던 것입니다.

이것이 기드온의 모습이었습니다. 정말 담대한 위인과는 너무나 거리가 먼 모습이지요.

그러나 얼마 후에 하나님의 영이 기드온에게 임합니다. 그리고 그 순간 모든 것은 달라집니다.

그는 갑자기 담대해지고 나팔을 불어 사람들을 소집합니다. 그리고 그의 강력하고 놀라운 모습에 압도된 모든 사람들이 모두 그에게 나아와서 그 수하에 복종합니다.

거기에는 얼마 전에 그를 죽이려 했던 동네 사람들도 포함되었을 것입니다.

그 때에 미디안과 아말렉과 동방 사람들이 다 함께 모여 요단 강을 건너와서 이스르엘 골짜기에 진을 친지라 여호와의 영이 기드온에게 임하시니 기드온이 나팔을 불매 아비에셀이 그의 뒤를 따라 부름을 받으니라 기드온이 또 사자들을 온 므낫세에 두루 보내매 그들도 모여서 그를 따르고 또 사자들을 아셀과 스불론과 납달리에 보내매 그 무리도 올라와 그를 영접하더라 (삿6:33-35)

이 놀라운 변화를 도대체 어떻게 설명할 수 있을까요? 어떻게 방금 전까지 그렇게 비겁한 사람이 한 순간에 갑자기 그런 용감무쌍한 사람이 되어서 모든 족속을 소집한다는 말입니까? 그리고 그 모든 이들을 일사불란하게 사로잡고 통제하여 지도자가 된다는 말입니까? 그것은 설명이 불가능합니다. 분명한 것은 기드온은 아주 소극적인 사람이었다는 것입니다. 그러나 그는 주의 영이 임하면서 아주 적극적이고 강력한 사람이 되었습니다. 그 영의 임하심을 전후해서 그는 아주 강력하고 열정적인 사람이 되었습니다.

신약에도 성령이 임하신 후 사람이 갑자기 변해버린 극적인 역사들이 나타난 것을 볼 수 있습니다.
예수님의 부활 이후에 너무나 무서워서 덜덜 떨고 있던 제자들, 자기들끼리 있으면서도 너무나 두려워서 문을 잠그고 있던 주의 제자들..
그런데 그러한 이들이 어떻게 갑자기 담대해져서 죽음을 두려워하지 않고 적대적인 권세자들 앞에서 그토록 당당해졌을까요? 그것은 세상의 원리나 심리학으로는 설명이 불가능합니다.
오직 하나님의 영, 그 영의 임재를 경험하고 그 영에게 사로잡히게 될 때 그것은 어떠한 사람도 변화시킬 수 있다는 것을 이 사건들은 보여주고 있는 것입니다.

주의 영의 임하심은 그렇듯 미약한 사람도 강건하고 놀라운 사람으로 변화시킨다는 것을 성경은 분명하게 증거합니다.
여기서 한 가지 살펴보고 싶은 것이 있습니다. 성경에 등장하는, 성령을 힘입고 쓰임을 받았던 그들은 특별한 사람들이었을까요? 그리고 하나님이 선택하신 특별한 종류의 사람에게만 그러한 변화와 역사가 가능한 것일까요?
구약에서는 특별한 기름부음이 있는 이들이 따로 있었습니다. 왕, 선지자, 제사장 이 세 부류의 사람들에게만 성령이 임했고 주의 임재 속에 사로잡혔습니다.

그러나 지금은 다릅니다. 지금은 주님께서 십자가에서 죽으시고 부활하셨으며 그의 이름을 부르는 모든 이들에게 영으로 임하십니다. 그러므로 그를 주로 고백하는 모든 이들 안에 주의 영이 머물러 계십니다.

그러므로 그 영을 자기 안에 모시고 있는 것으로 만족하지 않고 그 영을 표현하며 나타내기를 원한다면, 그리고 그렇게 된다면 우리는 누구나 그 놀라우신 주의 영광과 역사하심을 경험하고 알 수 있게 되는 것입니다.

지금 오늘날에는 구약의 기드온과 삼손, 그리고 그러한 지도자들에게 임하셨고 그들 가운데 머물러 계셨으며 그들을 변화시키셨고 사용하신 그 영이 우리 안에 동일하게 거하고 있다는 것입니다.

그러므로 우리가 그 영을 나타내기만 하면 우리는 그러한 놀라운 도구로 쓰일 수가 있는 것입니다.

나는 오랫동안 주님의 임재를 구하였습니다. 그리고 내가 그처럼 간절하게 주를 구하고 찾을 때에 이미 내 안에는 그 거룩한 영이 있었습니다. 하지만 나는 그 때 그것을 알지 못했습니다. 이미 그 영이 와 있었으며 내가 할 일은 그 영을 표현하고 바깥으로 드러나게 하는 것이었습니다. 유감스럽게도 나는 그 때에 그것을 알지 못했습니다.

나는 하나님이 인격이시라는 것을 알고 있었습니다. 그러므로 하나님께서는 나의 마음을 나의 사모함을 잘 아시리라고 생각했습니다.

그러나 내가 알지 못했던 것은 하나님은 인격이시지만 또한 영이시며 그러므로 영의 원리에 의하여 움직이신다는 것이었습니다. 그분은 운행하시기를 원하시지만 그 영을 방해하는 것이 있으면 제한을 받으셨습니다. 나는 그 영을 방해하는 것을 많이 가지고 있었지만 그것이 무엇인지 몰랐습니다.

그러므로 주의 영이 나를 싫어해서 임하시지 않은 것이 아니라 내가 그분이 역사하실 수 없도록 제한한 것이 너무나 많았던 것입니다. 많은 헤맴과 방황과 실패 후에야 나는 그러한 원리에 대하여 조금씩 이해하기 시작하게 되었습니다.

우리는 주의 영을 이미 모시고 있습니다. 이제 우리에게 필요한 것은 그 영이 우리 안에 머물러 있지 않고 밖으로 나오는 것입니다. 밖으로 나타나게 하는 것입니다. 우리 안에 거하시는 그 영을 밖으로 드러내는 대표적인 방법이 부르짖어 기도하는 것입니다.

성경에는 부르짖어 기도하라는 수없이 많은 명령이 있습니다.

예레미야 33장 3절은 말하기를 "너는 내게 부르짖으라 내가 네게 응답하겠고 네가 알지 못하는 크고 은밀한 일을 네게 보이리라"고 말씀합니다.

시편 18편 6절은 "내가 환난 중에서 여호와께 아뢰며 나의 하나님께 부르짖었다"고 말합니다.

시편 40편 1절은 "나의 부르짖음을 들으셨다"고 말씀합니다.

침묵 기도는 깊은 수준의 기도이며 그것은 고도의 훈련을 필요로 하는 것입니다. 그러므로 육체를 가진 인간에게 자연스러운 것은 입을 열고 소리를 내어서 기도하는 것입니다.

깊은 친밀감을 가지고 있는 이들은 서로 눈만 마주쳐도 침묵 속에 있어도 많은 교감을 나눌 수 있을지 모릅니다. 그러나 일반적으로는 서로 대화를 통해서 마음이 표현되어져야 합니다.

부르짖는 기도, 그것은 우리 안에 있는 영을 표현하는 일반적인 길입니다. 하지만 나는 소리를 내어서 기도를 해본 적이 거의 없었습니다.

산에 올라가서 기도하고 금식을 하고 새벽에 일어나 기도하고 밤을 새우며 기도에 힘썼지만 나는 소리를 지르는 것을 별로 좋아하지 않았습니다.

영의 표출에 있어서 소리만큼 중요한 것이 없는데 나는 거의 소리를 내지 않았습니다. 그것은 내주하시는 주의 영의 흘러나옴을 철저하게 묶어놓은 것이었는데 나는 그것을 알지 못했습니다.

또한 영의 표출에 있어서 일반적인 것은 자신의 마음, 감정을 주님 앞에 드러내는 것입니다. 시편 62편8절은 "백성들아 시시로 그를 의지하고 그의 앞에 마음을 토하라"고 요구합니다. 우리의 감정, 마음을 토하라는 것입니다. 주님께 표출하라는 것이지요.

하지만 나는 이 감정의 표출을 부끄럽게 여겼습니다. 그것은 나에게 전혀 익숙하지 않은 기도의 방식이었습니다. 감정의 흐름과 영의 자유와 흐름에는 아주 밀접한 관련이 있다는 것을 나는 알지 못했습니다.

성경에는 손을 들고 기도하며 춤을 추라는 표현, 박수를 치라는 명령들이 참 많이 있습니다. 그러나 이러한 몸의 표현 역시 내가 가장 어려워하고 싫어하는 것이었습니다. 나는 한참 후에야 자세와 동작이 영의 해방에 깊은 관련이 있다는 것을 알게 되었습니다.

예를 들어 고개를 들고 하늘을 보면서 고민을 하는 이들은 별로 없습니다. 대부분 고민이 생기면 머리가 땅을 향하게 됩니다. 또한 몸의 자세가 구부러지거나 위축된 사람의 성품이 밝고 건강한 경우는 별로 없습니다. 그렇듯이 자세는 그의 영적인 상태를 보여주는 것입니다.

하지만 이러한 성경의 적극적인 명령에도 불구하고 나는 몸을 움직이는 것이 너무나 힘들었습니다.

나는 부흥 집회에 참 많이 참석했습니다. 부흥집회의 열기는 참 뜨겁습니다. 모든 이들이 열심히 박수를 치고 몸을 흔들고 소리를 지르며 기도합니다. 그러나 나는 그러한 분위기가 너무나 어색하고 힘들었습니다. 그래서 나는 거의 따라하지 않았습니다. 나는 열정적으로 기도하고 찬송하는 이들의 옆에서 마치 이방인과 같은 상태에 있었습니다.

지금이라면 나의 그러한 상태가 영적인 어둠에 많이 묶여있는 상태라는 것을 알 수 있겠지요. 그러나 당시에는 모든 것이 그저 답답하고 안타까울 뿐이었습니다.

집회를 인도하는 사역자들, 부흥사들이 인격적으로 또한 논리적으로 그러한 영적 의미에 대하여 설명하고 납득을 시켜주었으면 참 좋았을 것입니다. 그러나 대체로 부흥사들은 그러한 측면은 부족한 것 같았습니다. 어떤 이들은 강대상에서 노골적으로 호통을 치면서 박수를 치지 않으려면 나가라고 말하기도 했습니다. 그러면 나는 슬픈 마음으로 그냥 바깥으로 나오곤 했습니다. 마음이 내키지 않는 것을 억지로 하고 싶지는 않았기 때문입니다.

성경에는 손을 들고 기도하라는 많은 말씀이 있습니다. 손을 드는 것, 손을 사용하는 것은 영의 흐름과 임재에 아주 중요합니다.
주님께서는 병자를 고치실 때 특별히 말씀으로 명령하시기도 했지만 일반적으로는 거의 손을 얹으셨습니다.
제자들도 대체로 손을 사용했습니다. 사도행전 5장 12절에는 "사도들의 손을 통하여 민간에 표적과 기사가 많이 나타났다"고 기록하고 있지요.
그와 같이 손은 영의 흐름과 부어짐에 아주 밀접한 관련이 있는 것입니다. 성령님의 기름부음과 임재 가운데 들어갈 때 손에 일반적으로 강하고 묵직한 느낌이 오는 것이 보통입니다. 손은 기름부으심에 가장 민감한 부분이지요.

하지만 나는 기도를 하거나 찬양을 드리면서 손을 드는 것을 싫어했습니다. 참 어색하고 쑥스럽고 부자연스러웠습니다. 다른 사람들의 시선이 불편하게 느껴졌습니다. 마치 모든 사람들이 나를 쳐다보는 것 같이 느껴졌습니다. 그리고 신경이 쓰여서 잘 기도가 되지도 않았습니다.
사실 모두가 다 자기 기도하기에 바빠서 내가 손을 들고 있는지, 아닌지에 대해서 관심이 있는 사람은 아무도 없을 텐데 말입니다. 그 정도로 당시 나의 영적 상태에 묶임이 많이 있었고 다른 사람들의 시선 등에 자유롭지 않았던 것입니다.
또한 영의 흐름과 나타남과 부어짐에 눈도 많은 관련이 있습니다. 성경은 눈이 어두우면 온 몸이 어둡다고 말하고 있고 모세의 나이 120세에도 그의 눈이 흐리지 않았다고 말씀하고 있습니다. 그처럼 눈의 빛과 선명함은 영의 흐름과 권능의 역사에 많은 관계가 있습니다. 하지만 나는 역시 그러한 부분에 대하여도 전혀 알지 못했습니다. 나의 눈은 희미하고 약했고 시선은 한 곳에 고정되지 않고 불안하게 움직였습니다. 나는 그러한 것들도 영의 흐름과 움직임에 장애요소가 되는 것을 몰랐습니다.

지금에 있어서는 이해가 가지만 나는 주의 영의 임하심을 간절하게 사모하고 기도하고 추구하면서도 그분을 제한하는 것을 너무나 많이 가지고 있었습니다. 나는 너무나 내성적인 사람이었습니다. 나는 너무나 표현을 싫어했습니다. 나는 참으로 많이 묶여 있었습니다.

내 안에는 이미 성령님이 내주하시고 있었습니다. 그분은 충만하게 나를 사로잡으시기를 원하셨습니다. 그분은 나의 입을 통하여 손을 통하여 눈빛을 통하여 몸의 동작과 움직임을 통하여 흘러나오기를 원하셨습니다. 그분은 나타나고 싶어 하셨습니다. 그러나 나는 결과적으로 그분을 꽁꽁 묶어놓고 있었던 것입니다.

여인이 아기를 가졌다면 언젠가는 해산을 해야 합니다.

태가 열리지 않고 아기를 낳는 방법은 없습니다.

계란 후라이를 먹고 싶다면 계란을 깨뜨려야 합니다. 계란껍질을 깨뜨리지 않고 속의 것을 먹을 수는 없습니다. 그런데 나는 겉사람의 아무런 표현이나 깨뜨림이 없이 그저 마음속으로 사모하기만 했던 것입니다.

우리가 주를 향하여 간절히 부르짖고 기도할 때 우리 안의 어떠한 것이 무너집니다.

마치 여리고가 무너지듯이 우리 안에 어떠한 역사가 시작됩니다. 그리고 우리 내부에 계시는 그 놀라우신 영광의 영이 바깥으로 흘러나와 우리를 사로잡게 됩니다.

어떤 이들은 다른 이들을 위하여 기도해주며 이를 통해서 상대방이 방언이 나오도록 도와줍니다. 그리고 나서 자신은 '성령 세례를 주는 은사가 있다' 고 말하는 분이 있습니다. 하지만 그것은 오해입니다. 우리는 이미 성령님을 모시고 있습니다.

나는 '방언을 받는다' 는 표현에 동의하지 않습니다. 방언은 우리가 새로 받는 것이 아닙니다.

방언을 주시는 영은 이미 우리 안에 있습니다. 주님을 영접할 때 이미 우리 안에 성령님이 임하시며 방언은 그 결과로 하게 되는 것입니다. 그러므로 방언을 하지 못하는 것은 자신이 하지 않는 것뿐이지 할 수 없는 것이 아닙니다.

방언뿐이 아닙니다. 이미 우리 안에는 예언, 치유, 지혜 등 모든 형태의 은혜와 은사가 이미 와 있습니다. 성령님을 모시고 있다는 것은 그 모든 것을 이미 가지고 있다는 것을 의미하는 것입니다.

다만 내면에 계시는 주의 영을 풀어놓는 사람이 있고 그 영을 제한하고 표출하지 않는 사람이 있는 것뿐입니다. 그것은 전적으로 우리 자신의 문제이며 주님의 책임이 아닙니다.

어머니가 아기를 낳을 때 하루는 손가락을 낳고 그 다음 날에는 발가락을 낳고.. 그렇게 낳는 것이 아닙니다. 한 번에 완전한 아기를 낳습니다.

그처럼 주의 영이 우리 안에 오셨을 때 그분은 완전하신 분으로 임하십니다. 다만 이를 표현하고 우리 몸 안에서 우리의 삶 속에서 발전시킬 책임은 우리 자신에게 있는 것입니다.

내가 예전에 이것을 알고 있었다면 얼마나 좋았을까요! 그랬더라면 나는 십 년이 넘도록 그렇게 많은 나날들을 비참하게 보내지 않았을 것입니다. 나는 무지 속에서 그저 하나님께 하소연하면서 많은 세월을 보내었을 뿐입니다.

많은 실패와 우여곡절을 겪은 후에 나는 내주하시는 주의 영을 실제로 나오게 하며 그 영에 사로잡히게 되는 여러 영적인 원리들을 발견할 수 있었습니다. 그것들은 책이나 집회에서 얻은 것이 아니고 수많은 실패와 고통과 방황을 통하여 얻어진 것이었습니다. 나는 이제 아주 쉽고 간단한 방법들을 독자들에게 가르칩니다. 그리고 그러한 원리들을 사람들이 적용한 결과 아주 쉽게 그 주님의 영에 사로잡히게 되었다는 간증을 듣습니다.
방언을 새롭게 사용하시게 된 분, 주님의 선명한 임재를 경험하시는 분, 방안에서 말씀하시는 주님의 음성을 듣는 사람, 그의 안아줌.. 만져주심을 경험하는 사람..그러한 주의 가까우심을 경험하게 되면서 그들은 눈물과 감격 속에서 삶과 가치관과 모든 것들이 하나씩 새로워지고 있다는 고백들을 나는 많이 들었습니다.

나는 오랫동안 그것을 알지 못하였습니다.
그러나 그것은 너무나 쉬운 일입니다.
주님의 임재 속으로 들어가는 것은 아주 간단하고 쉬운 일입니다.
우리는 그것을 시도할 수 있습니다. 경험할 수 있습니다.
우리는 모두가 다 그 주님의 아름다우신 임재와 사랑 속에 잠기게 될 수 있습니다. 왜냐하면 우리의 주님께서 우리와의 그러한 따뜻하고 행복한 만남을 너무나 원하시기 때문입니다.
부디 주님의 그 영광스러운 임재 속으로 들어가십시오.
당신 안에 계신 그 주의 영을 결코 제한하지 마십시오.
당신은 좀 더 깊이 주를 경험할 수 있게 될 것입니다
그리고 나면 오직 당신의 소원은 한 가지가 될 것입니다.
오직 좀 더 주님의 사람이 되는 것.
그리고 주를 위하여 살고 주를 위하여 죽는 것..
오직 그것만을 원하게 될 것입니다.
왜냐하면 사람이 경험할 수 있는 행복 중에
주님의 임재를 누리는 것만큼 아름답고 행복한 것은 없으며
그것은 곧 이 땅에서 경험하는 천국이기 때문입니다.

6. 주님의 임재를 방해하는 것들 2)

나는 이러한 질문을 많이 받았습니다. 인격적으로 결함이 많은 이들에게 은사가 많이 나타나며 인격적으로 헌신되고 성숙해 보이는 이들에게는 그러한 은사가 별로 나타나지 않는 경향이 있는데 그 이유가 무엇이냐는 질문입니다.

사실 현실에서 그러한 사례를 접할 때가 적지 않게 있습니다. 어떤 이들을 보면 성품적으로 부족한 면이 많고 툭하면 화도 잘 내며 말씀도 잘 모르고 자기중심적인 모습도 많이 보이는데 여러 가지 은사가 나타나는 것을 봅니다.

또 반대로 어떤 이들은 아주 아름다운 삶의 모습을 가지고 있습니다. 이들은 어떠한 어려움을 겪어도 주님을 원망하지 않으며 모든 것은 자신의 잘못이라고 생각하고 남에게 책임을 돌리지 않습니다. 이들은 주님의 영광을 드러내기 원하며 헌신적인 삶을 살기 원합니다. 그러나 이상하게도 그들에게는 각종 은사와 능력들이 비켜 가는 것 같습니다. 그들은 대체로 능력과는 거리가 먼 삶을 삽니다.

왜 이러한 모순같이 보이는 상황이 나타나는 것일까요? 어떤 이들은 그러한 이유로 은사적인 모든 현상들을 마귀가 주는 것으로 평가하기도 합니다. 물론 그러한 판단은 무지의 소치입니다.

그 이유는 사실 간단한 것입니다. 은사란 원래 영적 성숙도와 관련된 것이 아닙니다. 그것은 기질에 속한 문제입니다.

외향적이고 적극적인 성품의 사람에게는 은사가 쉽게 나타납니다. 반대로 내성적이고 소극적인 성품의 사람은 은사가 잘 나타나지 않습니다.

외형적인 사람이든, 내성적인 사람이든 성경을 믿고 그 약속을 믿으며 주님을 믿고 주를 영접한 사람들은 다 그 안에 주님의 영, 성령님을 모시고 있습니다. 두 종류의 사람들이 다 주의 영을 모시고 있는 것입니다.
그러나 차이가 있다면 적극적인 이들에게서는 그 영의 능력이 흘러나오며 소극적인 이들에게는 그 능력이 속에 그대로 머물러 있는 것뿐입니다. 그러므로 그것은 스타일과 성격의 문제이며 누구에게는 성령님이 계시고 누구에게는 안계시고.. 하는 문제가 아닌 것입니다.
그러므로 내성적이고 소극적인 기질의 사람들도 주님을 제한하는 자기의 스타일을 바꾸게 되면 자연스럽게 자기 안에 있는 주님의 은총을 다양하게 경험하게 됩니다.

역사를 보면 일반적으로 부흥은 성숙하고 사려 깊은 사람들을 통하여 이루어지지 않았습니다. 그것은 항상 적극적이고 단순한 사람들을 통하여 이루어졌습니다.
베드로를 보십시오. 그는 결코 지혜롭고 성숙한 사람은 아니었습니다. 그는 기질적으로 다혈질적이고 직선적인 성품의 사람이었습니다.
그는 생각을 한 후에 말하고 행동하는 것이 아니라 먼저 움직이고 말했습니다. 그러한 그의 충동적인 기질 때문에 그는 주님의 칭찬도 받았지만 또한 실수도 많이 했고 야단을 맞기도 했습니다. 그러나 그는 초대 교회의 부흥에 중요한 역할을 담당하였습니다.

그는 깊은 지식을 가진 사람도 아니었고 깊이 성숙된 사람도 아니었지만 그의 직선적이면서도 열정적인 기질을 통하여 충만한 주의 영의 역사하는 통로가 되었고 그리하여 초대교회의 초기 부흥의 주역이 되었던 것입니다.
물론 그는 온전하지 않았습니다. 그렇기 때문에 바울이나 요한과 같은 다른 사역자들의 도움과 보완이 필요했습니다.
다만 여기서 언급하고 싶은 것은 그가 비록 단순한 사람이었지만 그의 단순함과 적극성으로 인하여 쉽게 주님의 역사를 경험하였고 주도적인 역할을 수행하게 되었다는 것입니다.

바울의 경우에는 그의 지적이고 합리적인 기질 때문에 주님의 빛 앞에 거꾸러지기 전까지 그는 주의 영을 경험하기가 매우 어려웠습니다.

그는 성령의 다양하고 놀라운 역사를 보면서도 오히려 분노하고 그것을 대적하였을 뿐입니다. 그의 영리함은 성령의 역사에 의하여 완전히 거꾸러지기 전까지는 오히려 주님을 대적하는 도구가 되었던 것입니다.

나의 경우를 보면 나는 내성적인 기질을 많이 가지고 있었습니다. 그리고 나의 좋아하는 스타일이 있었습니다. 고상한 것을 좋아했고 천박해 보이는 것은 싫어하는 경향이 있었습니다.

나는 독서를 좋아했고 우아한 무드, 분위기를 좋아했습니다. 그렇기 때문에 난리 법석을 떨면서 기도하는 것, 그러한 분위기 속에서 임하시는 성령.. 나는 그것이 싫었습니다. 그래서 나는 성령님도 내가 원하는 스타일로 임하여 주시기를 원했습니다.

나는 소리를 지르며 우는 것을 싫어합니다. 장례식과 같은 곳에서 울 일이 있어도 조용히 눈물을 흘리는 편이지 소리를 지르며 우는 식으로 강하게 감정 표현을 하는 것을 싫어합니다.

문제는 나의 이러한 성향이 주님을 제한했다는 데에 있었습니다. 나는 주의 은혜를 구하면서도, 주의 영이 내가 원하는 스타일로 임하시기를 바랐던 것입니다.

나는 주님은 아주 인격적인 분이시며 결코 내가 싫어하는 것을 억지로 시키시는 분이 아니라는 것을 후에야 깨닫게 되었습니다. 그러나 그것은 나중의 문제입니다. 일단 나는 나의 기질, 스타일을 주님께 복종시켜야 했었습니다. 그러나 나는 그렇게 하지 않았습니다. 그리고 그러한 나의 완고함은 주의 영의 역사하심을 많이 제한하였습니다.

언젠가 나는 기도원에서 금식을 하며 기도를 하고 있었습니다. 물론 기도 제목은 언제나 같았습니다. 주님을 좀 더 깊이 알고 체험하고 싶다는 것이었지요. 나는 결혼 문제라든가, 하는 어떤 현실적인 문제들에 대하여는 거의 기도해본 적이 없었습니다. 그러한 것에는 거의 관심을 가지고 있지 않았기 때문입니다.

하나님을 체험하면 인생의 모든 문제가 풀릴 테니, 다른 지엽적인 문제들은 그리 중요한 것이 아니라는 인식이 항상 있었습니다.

기도원에는 많은 사람들이 있었는데 내 앞에는 어떤 뚱뚱한 아가씨가 무릎을 꿇고 엎드려서 엉덩이를 하늘로 향한 채로 좌우로 흔들면서 요란하고 열정적인 목소리로 방언 기도를 하고 있었습니다.

그녀가 집채만 한 엉덩이를 내 바로 앞에서 우악스럽게 좌우로 흔들며 기도하는 모습을 보면서 나는 몹시 슬펐습니다. 솔직하게 표현하자면 저렇게 천박하게 기도를 하는 이도 은혜를 받는데 왜 나는 안 되는가.. 하는 생각에 나는 몹시 괴로웠던 것입니다.

나는 그녀가 몹시 부러웠습니다. 나도 그녀처럼 강렬하게 기도를 하고 싶었습니다. 나도 그녀처럼 방언을 하고 싶었습니다. 하지만 나는 방언을 받더라도 저런 모습으로 하고 싶지는 않다고 생각했습니다. 나는 우아하고 멋지고 품위있게 방언으로 기도하고 싶었습니다.

하지만 지금 생각해보면 그러한 나의 생각은 교만이었으며 그러한 자세는 은혜를 사모하는 이의 바른 자세가 아니었습니다.

주님께서는 나의 고상한 취향을 따라 내가 원하는 방식으로 역사하셔야 할 분이 아니셨습니다.

사실 속에 온갖 사악한 교만과 악과 더러움이 가득한 인간이 겉으로 고상한 척 우아하게 기도하는 것이 무슨 의미가 있겠습니까.. 지금 생각하면 그것은 어처구니없는 태도였으며 자신의 참 모습을 전혀 보지 못한 어리석은 모습이었습니다.

아무튼 그러한 기질적인 성향은 주님의 풍성하신 긍휼과 은총을 경험하는 것을 몹시 제한하는 것이었습니다.
언젠가 나는 서울의 삼각산에 있는 어떤 기도원에 간 적이 있었습니다. 그곳에서 부흥집회를 하고 있었는데 거기에 참석을 한 것이지요.
그 집회에서는 예배를 마치고 훗집회를 하는 중에 묘하게도 많은 이들이 뛰면서 춤을 추는 것이었습니다. 물론 나의 스타일과는 너무 거리가 있는 것이지요.
다만 그들이 뛰는 모습을 보면서 어떤 강력한 힘이 움직이는 것을 느낄 수 있었고 그들이 뛰고 움직이는 모습이 스스로 하는 것이 아니라 저절로 몸이 움직여지는 것 같이 보이기도 했습니다. 아무튼 나는 그러한 분위기를 견디기가 몹시 힘들어서 이제 그만 여기서 나가야겠다고 생각하고 앉은 자세에서 기도를 하고 있었습니다.

그런데 내가 그렇게 기도하고 있을 때 내 주위를 지나가던 누군가가 나를 툭 치면서 몇 마디 기도해주는 것이었습니다.
그것은 꼭 세 마디였습니다.
"나의 역사는 다양하다. 그러니 함부로 네 생각으로 판단하지 마라. 너도 곧 나와 직접 교통하게 될 것이다."
첫 번째의 이야기는 다양한 주님의 역사를 함부로 판단하지 말 것에 대한 경고였습니다. 그리고 두 번째는 내가 곧 하나님의 역사를 체험하게 될 것이며 주님과 가까이 직접 교통하게 될 것이라는 메시지였습니다. 그것이야말로 내가 간절하게 기도하던 것이었습니다.
세 번째의 이야기는 기억이 나지 않습니다. 그러나 그것도 역시 내가 당시에 간절하게 기도하고 있던 문제에 대한 대답이었습니다.
나는 놀라서 눈을 떴습니다. 나를 툭 치고 기도해주고 간 분은 평범한 아주머니였습니다. 아마 집사님 같았습니다.
나는 그녀들이 뭔가 내가 가지고 있지 않은 것을 가지고 있다는 사실을 인정해야만 했습니다. 그들의 신앙 표현 스타일은 내 마음에 들지 않았지만 그녀들의 그러한 소박한 스타일이 더 주님의 풍성함을 자연스럽게 경험할 수 있는 통로가 되는 것 같아 보이기도 했습니다.
나는 눈을 감고 있으면 어떤 강력한 에너지가 다가오는 것을 느끼기도 했습니다. 놀라서 눈을 뜨면 어떤 여집사님이 가까이 오는 것이었습니다. 그녀가 지나가면 그녀가 가지고 있는 어떤 강력한 기운, 에너지도 같이 사라져 갔습니다.
분명히 그들은 주님에 대한 어떤 것을 가지고 있었습니다.

나는 집에 가려고 하던 마음을 바꾸었습니다. 여기서 무엇인가 은혜를 받고 싶다는 생각이 들었습니다.
나는 그 날 밤을 기도원에서 자고 그 다음 날 나에게 기도해주었던 분을 찾아갔습니다.
그리고 다시 기도해주기를 부탁했습니다. 그러나 그녀는 웃기만 할 뿐 기도를 해주지 않았습니다. 그녀는 이러한 말만을 휙 던졌습니다.
"기도를 아무 때나 하나? 신이 와야 하지.."
나는 인사를 하고 왔지만 그녀의 말은 당시에 나에게 깊은 인상을 주었습니다. 기도의 영이 와야 기도를 할 수 있다는 것.. 그것도 내게는 새로웠습니다.

많은 시간이 지나고 주님의 다양한 역사를 경험한 후에 나는 그러한 영성의 원리들에 대하여 조금씩 알게 되었습니다.
그리고 내가 그 때 느꼈던 대로 사람들의 시선에 대하여 자유로워지고 스스로가 선호하고 있는 어떤 스타일이나 취향에 대한 것들을 충분히 내려놓아야만 주님께서 자유롭고 풍성하게 임하실 수 있다는 것을 알게 되었습니다.
주님의 은혜 가운데서 기쁨이 가득하여 춤을 추던 다윗의 모습을 비길은 비웃었습니다. 그녀는 다윗이 아래 사람들 앞에서 몸을 드러내며 유치하고 천박한 행동을 했다고 비난했습니다.

하지만 그러한 그녀에 대하여 다윗은 그가 춤을 춘 것은 사람들에게 한 것이 아니며 하나님 앞에서 한 것이라고 반박했습니다.

미갈의 눈에는 그저 사람이 보일 뿐이었으며 남이 어떻게 보느냐 만이 중요했습니다. 그러므로 그녀는 다윗의 그러한 행동이 남 보기에 창피하다고 생각했지만 다윗은 주님을 기쁘시게 하는 것이라면 다른 사람들이 어떻게 생각하든 그것은 그리 중요한 것이 아니었습니다. 그리고 그것이 바로 미갈과 다윗의 차이였습니다.

나는 주님께서 개인의 취향과 기질과 상관없이 강압적으로 역사하는 분이 아님을 압니다. 그러나 이제는 자유롭고 편안하게 어떠한 모습으로든 춤도 출 수 있고 뛸 수 있으며 기뻐할 수 있습니다. 어떠한 모습으로든 주님이 임하시고 표현을 원하신다면 나는 이제 그것을 제한하지 않을 것입니다.

어떤 이들에게는 자신을 드러내고 자유롭게 표현하는 것이 쉬울 것입니다. 당시 내게는 그것이 몹시 어려웠습니다. 그러나 주님을 경험해갈수록 주님을 드러내고 표현하는 것은 점점 더 쉬워졌습니다.

당신도 그 영을 실제적으로 경험하고 맛보아 간다면 사람들의 시선에서 점점 더 자유롭게 될 것이며 더 깊은 경배와 영광을 주님께 자유롭게 올리고 싶을 것입니다.

당신이 주님의 임재와 영광에 깊이 들어가기를 원한다면 당신은 할 수 있는 한 어떤 것으로도 주님을 제한해서는 안 됩니다.

당신의 취향과 스타일과 모든 것들을 내려놓고 당신 자신을 주님께 맡겨야 합니다. 그리고 적극적으로 주를 구해야 합니다.

그것은 주님이 당신을 사로 잡아가는 과정이며 이를 통하여 당신은 주님께로 한 걸음 더 다가갈 수 있게 되는 것입니다.

7. 주님의 임재를 방해하는 것들 3)

사람의 기질은 쉽게 지성인, 자연인, 감성인으로 나눌 수 있습니다.
지성인은 지적인 기질을 가지고 있는 사람이며 자연인은 단순하고 활동적인 기질의 사람입니다. 그리고 감성인은 감수성이 예민하며 다감한 사람입니다.
그런데 이 세 가지의 기질 중에서 영의 흐름에 가장 둔감하고 영의 접촉이 어려운 기질의 사람들이 바로 지성인입니다.
자연인은 몸의 기능이 발달된 사람으로서 여러 가지 은사 체험을 많이 합니다. 그들은 복잡한 것을 싫어하고 몸에 여러 가지 재능이 많거나 활동적인 사람으로 권능이나 신유의 통로로 많이 쓰입니다.

감성인은 타고난 예민한 기질로 은사가 발전하기는 어렵지만 영혼의 기능이 발달하기가 쉽습니다.
이들은 감정의 기복이 심한데 사실 그것은 그들이 자신을 둘러싸고 있는 영적인 존재, 영적 세계에 대하여 쉽게 예민하게 느끼며 그것에 대하여 반응하는 것입니다. 이들은 심령적인 요소를 많이 가지고 있습니다.

이에 비하여 지성인들은 이지적이고 합리적인 사람으로서 이들은 영의 세계를 경험하고 맛보기 어렵습니다. 만일 이들이 자신의 기질적인 한계를 인정하고 이를 극복하기 위한 노력을 하지 않는다면 말입니다.
이들은 논리적으로 납득이 되지 않는 것에 대하여는 마음을 열지 않습니다. 이들은 기질적으로 어떤 것을 맛보고 체험하는 것보다 그것을 이해하고 분석하려고 합니다.
그들은 말씀을 접힐 때에도 말씀을 경험하려고 하는 것보다 이해하려고 합니다. 이해하고 깨달은 다음에 그것을 적용하고 실천하려고 합니다. 철저하게 머리가 중심이 된 신앙생활입니다.

흔히 '감정보다 중요한 것은 말씀이다' 라는 말을 많이 합니다. 그러나 이것은 적당한 표현이 아닙니다. 왜냐하면 말씀은 감정과 대비되는 것이 아니기 때문입니다.

예를 들어서 '기도가 말씀보다 앞서 가서는 안 된다' 라고 한다면 기도와 말씀은 서로 대비가 되는 것이기 때문에 적절한 표현이라고 할 수 있을 것입니다.

그러나 말씀과 감정은 서로 대비되는 요소가 아닙니다. 말씀은 본체이며 감정은 말씀에 대한 반응입니다. 서로 비교 대상이 아닌 것입니다. 그러므로 '감정보다 중요한 것은 말씀이다' 라는 말은 사실 '감정보다 중요한 것은 이성이다' 라는 주장과 같은 것입니다.

이 말은 결국 말씀의 우위를 이야기하는 것이 아니라 정서에 대한 이성의 우위를 말하고 있는 것입니다. 즉 신앙에 있어서 정서적인 경험보다 이성적인 판단이 더 중요하다고 말하는 것입니다.

이것은 또한 말씀에 대한 정서적인 반응뿐 아니라 성령으로부터 나오는 말씀에 대한 영적인 경험들도 감정적인 경험의 영역에 집어넣어서, 성경도 직접 그 성경의 영을 경험하는 것보다 성경에 대한 논리적이고 합리적인 이해가 더 중요한 것이라고 말하는 것입니다.

이러한 사고는 기독교의 진리가 그러한 것이 아니라 지적인 기질을 가진 사람들에게는 그러한 결론이 더 자신의 체질에 맞고 편리하기 때문입니다. 그러므로 이것은 기질적인 것이며 그 자체가 진리는 아닌 것입니다.

지적인 기질의 사람들은 가르치는 은사와 달란트가 있는 사람들입니다. 이들은 무엇인가를 배우며 가르칠 때가 가장 행복합니다. 이들은 어떤 것을 깨달았을 때 가장 즐겁습니다. 이러한 이들은 목사나 교사의 사명을 가지고 있는 것입니다.

하지만 이것은 사명이며 기질에 속한 것이지 그것이 다른 기질이나 사명 보다 우월한 것이라고 볼 수는 없습니다. 이들은 자신이 가르치고 배우는 것에 기쁨을 느끼는 것처럼 어떤 이들은 느낌과 감동을 주고받을 때 기쁨을 느끼며 어떤 이들은 직접 움직이고 행동하고 실천하는 것에 기쁨을 느낀다는 사실을 이해해야 합니다.

어떤 이들은 행동을 좋아하지만 무엇인가를 배우고 익히는 것에 대해서 별로 좋아하지 않으며 가르침을 받을 때 졸기도 하는데 그러한 이들이 잘못된 것이며 무시되어야 하는 것은 아님을 이해해야 합니다.

그것은 태어날 때부터 하나님께로부터 받은 기질과 사명에 관련된 것이기 때문입니다.

지적인 기질과 사명이 나쁘다고 할 수는 없습니다. 다만 이 기질의 사람은 영적 실제의 체험에 있어서 약점을 가지고 있기 때문에 주님을 실제로 경험하기 위해서는 자신의 기질을 극복할 수 있어야 합니다.

자신의 기질이 극복되어 주님을 가까이 경험한 후에는 그들의 그러한 지식과 지혜를 갈망하는 기질이 영성의 실제를 체계화하며 다른 이들을 가르치고 전달하는 데에 도움이 될 것입니다. 그러나 그러한 기질적인 약점을 극복하지 않는다면 그는 실제적인 주님, 실제적인 해방, 실제적인 승리의 삶에 대하여 잘 누리기가 어렵습니다.

나는 가끔 '한국에도 이런 목사님이 계시느냐'는 이야기를 듣기도 합니다. 물론 그 말은 칭찬으로 하는 말이겠지만 한국에 대한 열등의식을 표현하는 말이기도 합니다.

한국 사람들은 백인들에 대하여 사대주의적인 열등의식을 많이 가지고 있습니다. 우리들은 백인들을 통하여 기독교의 복음을 접하였기에 당연히 그들이 신앙도 좋으며 영성에 있어서도 우리들보다 뛰어날 것이라고 생각합니다.

그러나 나는 그렇게 생각하지 않습니다. 그들은 기질적으로 동양인, 특히 한국인에 비하여 영적인 실제를 알고 경험하기가 어렵습니다. 좀 심하게 이야기하자면 기독교 2천 년 동안 기독교를 개념화하고 이론과 형식으로 만들어버린 책임이 그들에게 많이 있습니다.

그들이 가지고 있는 신앙의 패턴은 대체로 실제적이고 살아있는 믿음이기보다는 이론적이고 개념적인 믿음에 가까우며 그들이 가지고 있는 주님에 대한 개념은 지금 여기에 살아계신 실재가 아닌 차가운 지성과 관념상에 속한 측면이 적지 않습니다.

백인들은 지구의 북쪽에 삽니다. 그들은 인체로 따지면 머리의 부분에서 살고 있습니다.

황인들은 지구의 가운데 부분, 인체로 보면 심장 부분에 살고 있으며 흑인들은 지구의 아래쪽, 인체의 배 부분에 살고 있습니다.

자연은 주님의 창조 질서와 의도와 사명을 보여주고 있으며 그런 의미에서 백인들은 머리에 속한 사람입니다. 그들은 논리적이고 합리적이고 과학적입니다. 그러나 심령에 대해서는 실제를 알지 못합니다.

물론 백인들 가운데도 심령적인 사람이 있고 그들 가운데도 영성의 부흥이 많이 있었습니다. 그러나 그것은 일부에 불과하며 주류의 분위기는 기질적으로 대체로 합리적이고 체계적인 것을 추구하는 사명을 맡았다는 것입니다.

황인들은 기질적으로 영성적입니다. 세계의 4대 종교가 다 아시아에서 나왔습니다. 그들은 원래 종교성이 많습니다. 그들은 미신을 믿든지 귀신을 믿든지 뭔가를 믿어야 하는 사람들입니다.

이것은 지성이나 몸의 기능이 정서나 심령의 기능보다 열등하다는 것을 의미하는 것은 아닙니다. 다만 생명적이고 심령적인 것을 추구하는 사명을 맡은 이들이 있고 그것을 합리화하고 체계화하고 하나의 틀을 만드는 사명을 맡은 이들이 있고 그것을 몸으로 느끼고 표현하는 사명을 맡은 이들이 있다는 것입니다.

기독교는 근본적으로 논리가 아닙니다. 그것은 심장의 경험이며 생명의 체험입니다.

주님을 받아들이기 전에는 다양한 논리로 기독교를 비난하던 이들이 주님을 받아들이고 체험한 이후에는 전혀 반대의 논리로 주를 따르며 추구하게 됩니다. 그 순서는 먼저 심령의 변화이며 그 다음에 의식과 사고, 가치관의 변화가 따르게 됩니다.

어떤 박사님은 기독교를 믿지 않았고 항상 비방을 했습니다. 그는 동정녀 탄생에 대한 이야기를 말도 안 되는 무식한 소리라고 하면서 비웃었습니다.

그런데 어느 날 이 교수님이 주님의 은혜로 구원을 받게 되었습니다. 그가 하루는 목사님을 찾아가서 말했습니다.

"목사님, 주님의 동정녀 탄생을 믿지 않는 그런 무식한 사람들이 어디 있습니까? 개구리도 전기 충격을 주면 혼자서 잉태가 가능한데요."

이러한 이야기는 논리는 심령을 따라 간다는 것을 보여줍니다.

주님을 믿는 이들은 모든 논리를 통해서 주님을 증거할 것입니다. 또한 주님을 믿지 않는 이들은 모든 논리를 통해서 주님을 반박할 것입니다. 이것은 기독교의 믿음과 생명은 논리와 이성의 그 상위에 있다는 것을 보여줍니다.

영은 움직이는 것입니다. 흐르는 것입니다. 심령은 흐릅니다. 감정도 흐릅니다. 그러나 뇌의 의식과 논리는 흐르는 것이 아닙니다.

어떤 이가 마음이 슬프거나 괴로우면 주위에 있는 사람은 그것을 느낄 수 있습니다. 같이 마음이 답답해집니다. 그 사람의 심령의 흐름을 다른 이들은 아무 말을 하지 않고도 같이 느낍니다.

어떤 이가 울면 그것을 보고 있는 이들은 같이 울고 싶어집니다. 이처럼 감정이나 영은 흐릅니다.

그러나 지성은 흐르지 않습니다. 어떤 이의 의식이 지혜롭고 예리하다고 해서 옆에 있는 사람이 같이 지혜롭게 되지는 않습니다. 오히려 다른 이의 지혜로움으로 인하여 자신의 우둔함이 더 드러나게 됩니다.

어떤 이가 어떤 생각을 한다고 해서 그 생각이 옆의 사람들에게로 흐르지는 않습니다. 감정은 흐르지만 생각이나 관념은 흐르지 않는다는 것을 알 수 있는 것입니다.

마음의 소원이나 기호가 비슷하면 그들은 서로의 대화를 통하여 마음과 감정을 나누고 교류할 수 있습니다. 그러나 정서의 성향이나 좋아하는 것이 서로 다른 이들은 아무리 많은 이야기를 나누어도 답답합니다. 그것은 서로의 관심이 다르기 때문입니다. 기호와 관심과 정서가 다르면 서로 같이 진리에 대한, 옳은 이야기를 많이 나누어도 그들은 그것을 같이 나눌 수 없습니다.

영의 기능이 어느 정도 열린 사람은 상대방의 영적인 상태를 느끼고 이해하는 것이 그리 어렵지 않습니다. 그는 말을 하지 않아도 상대의 영의 상태를 느낍니다. 심지어 그 자리에서 멀리 떨어진 사람의 영적 상태나 정서적인 상태를 느끼기도 합니다.

그러나 상대방의 마음이나 영은 느끼지만 상대가 가지고 있는 생각이나 관념을 느끼지는 못합니다. 생각은 영이 아니며 그것은 흐르는 것이 아니기 때문입니다.

생각은 고립되어 있는 것이며 흐르는 것이 아닙니다. 어떤 사람이 몹시 화가 난 상태에 있거나 슬픈 상태에 있으면 주위에서 대부분 그것을 느낄 수 있지만 어떤 이가 어떤 생각에 골몰해있을 때 주변 사람들은 그가 어떤 생각을 하는지 전혀 알 수 없습니다.

그러므로 기질적으로 지적으로 예민하고 발달되어 있는 이들은 마음과 정서를 잘 나누지 못하며 혼자만의 생각에 빠져 있는 경향이 많습니다. 이들은 심령의 감각이 둔합니다. 그들은 영의 흐름을 감지하기 어려우며 사람의 마음도 잘 느끼지 못합니다.

그들은 바로 곁에 주님의 놀랍고 풍성한 임재가 있어도 그것을 잘 감지하지 못합니다. 바로 곁에 악한 영들이 활동하며 공격해도 그들은 뭐가 오고 가는지 잘 모릅니다.

그들은 어떤 현상에 대하여 논리적으로 분석할 수 있을 뿐입니다. 그리하여 논리적으로 납득이 되면 그들은 마음을 엽니다. 그러나 그렇지 않다면 옆에서 어떤 현상이 일어나든 다른 이들이 어떤 경험을 하든 그들은 이에 대하여 공감하지 않습니다.

물론 그렇다고 지적인 기질이 나쁘다거나 열등하다고 말할 수 있는 것은 아닙니다. 그러한 기질은 사명과 관련이 있는 것입니다. 그러한 이들은 가르침의 사명을 받은 이들입니다. 가르치는 사명의 사람들은 그 사명상 주관성이 배제되어야 합니다. 그러므로 기질적으로 냉철하며 정서적으로 둔감한 것입니다.

이들의 단점은 영적으로 둔감하다는 것입니다. 그러나 또한 장점이 있는데 일단 어렵게 주님의 임재를 누리고 영적 세계를 경험하게 된다면 그것을 체계화하고 잘 가르칠 수 있다는 것입니다.

단순한 이들은 어떠한 은총을 쉽게 경험하지만 그것을 체계적으로 이해하고 정리해서 다른 이들에게 가르치고 설명하여 같이 먹을 수 있도록 하지는 못합니다.

그러나 지적인 이들은 어떠한 경험을 아주 어렵게 하지만 일단 하게 되면 그 경험을 잃어버리지 않으며 체계를 세우고 그것을 음식으로 만들어서 다른 이들에게 나누어 줄 수 있습니다.

나는 지적인 성향을 가지고 있었습니다. 나는 단순한 편이 아니고 복잡한 편이었습니다.

나는 쓸데없는 질문들을 너무나 많이 가지고 있었습니다. 나는 무엇이든지 논리적으로 납득이 되지 않으면 마음이 열리지 않았습니다. 사람들이 왜 흥분하고 소리를 지르고 박수를 쳐야만 하는지 나는 궁금했습니다. 그러나 그 이유를 내게 설명해주는 이는 없었습니다.

나는 주님을 추구하고 사모했습니다. 그러나 내게는 납득이 되지 않고 풀리지 않은 수백 수천의 질문들이 있었습니다. 그리고 나는 그것들을 풀어야 했습니다.

나는 수많은 영적이라고 알려진 이들을 찾아가서 수없이 많은 질문들을 퍼부었습니다. 그러나 충분히 만족스럽게 대답을 하는 이는 없었습니다. 대부분 처음에는 약간 대답을 해주다가 나중에는 지겨워져서 내가 가까이 가기만 해도 도망을 가곤 했습니다. 그들은 제발 좀 그만 따지라고 했지만 나는 알고 싶은 것이 너무 많아서 견딜 수가 없었습니다.

오랜 세월동안 주님의 실제적인 임재를 추구하고 어느 정도 경험이 쌓이게 되자 나는 거의 질문이 없어져 버렸습니다.

그렇습니다. 실제로 주님을 가까이 경험하게 되면 될수록 별로 질문할 것이 없어집니다. 주님의 임재는 놀라운 행복과 기쁨을 주게 되며 그 자체로 만족을 주기 때문에 지적인 호기심도 다 사라져버립니다.

이제 나는 비로소 내가 주님을 사모하고 사모했지만 왜 그렇게 가깝게 느끼고 누리고 맛볼 수 없었는지 알게 되었습니다.

나는 너무나 주님을 제한하는 것을 많이 가지고 있었던 것입니다. 물론 그러한 이유들 이외에도 엄청나게 많이 나는 주님을 방해하는 것을 가지고 있었습니다.

나는 '느낌을 중시하지 마십시오.' 같은 가르침과 책들이 많이 있다는 것을 알고 있습니다. 그러한 이야기들은 대부분 백인들이 한 이야기거나 백인들에게 배운 사람들의 이야기입니다.
아마 그들은 그렇게 살아도 별로 지장이 없을지 모릅니다. 그러나 한국 사람은 다릅니다.
우리는 본능적으로 영적 실제를 구합니다. 하나의 개념이나 이해를 통해서 만족을 얻지 못합니다.
우리는 부흥회나 집회에 가면 흔히 '은혜 받으십시오.', '은혜 받았습니다.' 하고 인사를 주고받습니다. 우리는 하나님의 선하심을 맛보아 알도록 만들어진 사람들입니다.

나는 이제 몇 십 년 전처럼 복잡하게 많이 생각하지 않습니다. 나는 이제 많이 단순해졌습니다.
나는 어린 아이처럼 단순하게 주님을 바라보며 쉽게 주님의 임재를 누리고 경험합니다.
어떤 이들에게는 이것이 아주 쉬울 것입니다. 그러나 내게는 쉽지 않았습니다. 그 은혜를 누리게 된 것은 수없는 몸부림과 고통을 통한 것이었습니다.
나는 좀 더 실제적인 주님의 임재에 가까이 가기 위해서 이러한 방해물들을 좀 더 발견하게 되기를 원합니다. 그리고 나누기를 원합니다.

그 어느 누구든지, 자신이 가지고 있는 주님을 제한하는 것들, 방해하는 것들을 발견하고 그것을 내려놓게 되면 그는 이전에 자신이 알고 있던 피상적인 주님과 전혀 다른 놀랍고 풍성하고 아름다우신 주님의 실제 속으로 들어가게 될 것입니다.
그리고 그는 진정 행복해지며 변화되기 시작할 것입니다.

8. 주님의 임재를 방해하는 것들 4)

오늘날 많은 그리스도인들이 뿌리 깊은 죄책감을 가지고 있습니다. 깊은 속에서 자신은 악한 사람이며 죄인이라는 의식이 있습니다.
그러므로 주님을 믿고 그 이름을 부르면서도 막상 가까우신 주님의 임재를 구하고 나아가려고 하면 나에게 과연 자격이 있을까.. 하는 생각이 떠오릅니다.
좀 더 거룩하고 온전한 사람이 하나님의 은혜를 입을 것이라고 생각하며, 그렇기 때문에 그들은 어떤 이가 하나님의 깊은 사랑이나 임재를 경험했다고 하면 그가 아주 성숙하고 신실한 사람일 것이라고 생각합니다. 주님의 임재를 선물의 차원이 아닌 조건의 차원으로 자꾸 생각하려는 경향이 있는 것입니다.
그러한 의식이 기본으로 깔려있기 때문에 하나님 체험이나 어떤 은혜를 누리는 이들이 성숙하거나 아름다운 모습을 보여주지 못하면 '저것이 하나님의 은혜가 맞을까? 마귀의 미혹이 아닐까? 하는 의문을 더러 가지게 되는 것입니다.

나는 청년 시절에 많은 이들이 성령세례를 경험하고 방언을 할 수 있도록 기도하고 도와주었습니다. 그런데 막상 직접 만나서 기도하기로 한 날에는 상대방이 도망가는 경우가 더러 있었습니다. 또한 그 자리에 온 사람들도 대부분 '나에게는 주님이 임하시지 않을 거야..' 그런 말을 하곤 했습니다. 그것은 뿌리 깊은 죄의식으로 인한 것입니다.
그것은 나 역시 마찬가지였습니다. 나도 처음에 주님의 강력한 임재의 경험을 하였을 때에 비로소 '아.. 나 같은 사람에게도 주님의 은혜가 임하는구나..' 하는 생각이 들면서 몇 시간을 울었었습니다.

일방적으로 임하시는 하나님의 사랑, 받을 자격이 없는 자들에게 '값없이 베풀어주시는 주님의 은혜' 에 대한 이야기를 많이 듣지만 막상 마음 속 깊은 곳에는 아직 그 의식이 자리를 잡지 못한 것 같았습니다.
대체로 이러한 죄의식은 생각이 많고 복잡한 사람들, 자기 의가 강한 사람들이 더 강한 경향이 있었습니다. 그들은 공짜로 아무 조건이 없이 주님의 은혜와 선물을 받는 다는 것에 자존심이 상하는지도 모르겠습니다.
그러나 반대로 아주 단순하고 어린 아이 같은 사람들은 아주 쉽게 주님의 은혜와 임재 가운데로 들어갔습니다.
그들은 단순히 주님의 사랑과 은혜와 임재에 대하여 배우고 이에 대하여 쉽게 마음을 열며 간단하게 그 사랑의 임재 가운데 들어갔습니다. 그들은 참으로 복 받은 자들입니다.
자신에 대한 정죄감이나 죄책감은 주님의 의와 사랑보다 자신의 부족함에 더 집중하는 것입니다. 그것은 의식이 자신에게 속해있기 때문에 주님의 그 빛을 받아들이는데 방해가 됩니다.

우리는 주님의 마음, 주님의 시선을 기억해야 합니다.
시편 103편 13절에 '아버지가 자식을 긍휼히 여김 같이 여호와께서는 자기를 경외하는 자를 긍휼히 여기시나니' 라는 말씀이 있습니다. 주님의 마음은 바로 그것입니다. 주님은 우리를 불쌍히 여기십니다.
주님은 우리의 부족함에 대하여 연약함에 대하여 이를 가시는 분이 아닙니다. 그분은 우리를 불쌍히 여기십니다.
어쩌면 우리는 주님을 시험을 망쳤다고 마구 야단치시는 부모님같이 생각할지도 모릅니다. 그러나 주님은 그러한 분이 아닙니다.
주님은 오셔서 '사랑하는 애야.. 오늘 시험을 망쳤구나. 하지만 괜찮다. 네가 나의 자녀라는 것.. 오직 그것만이 중요하단다..' 그렇게 말씀하시는 부모님과 같습니다.
우리는 부족합니다. 그리고 연약합니다. 자주 죄에 넘어집니다.

하지만 그것은 문제가 되지 않습니다. 우리는 그처럼 약하기 때문에 주님이 필요하고 주님께로 가는 것이기 때문입니다. 우리는 그러한 우리를 불쌍하게 보시며 인애와 자비를 베푸시기 원하는 주님의 마음을 이해해야 합니다. 그리고 그 마음을 받아들여야 합니다.

오랫동안 죄책감에 빠져 있었던 자매가 있었습니다. 그녀는 자신에 대한 자존감이 부족했습니다. 그녀는 결혼을 해서 아기를 낳았습니다. 그리고 아기를 키우면서 그런 이야기를 했습니다.

"아기를 키우다 보니까 주님의 마음이 어떤 것인지, 아버지의 마음이 어떤 것인지 이제 조금 알게 되었어요."

그렇습니다. 아주 조그맣고 연약한 아가, 스스로는 아무 것도 할 수 없고 많은 돌봄과 사랑이 필요한 아가.. 그러한 아가를 보면서 자기 안에서 사랑이 우러나는 경험을 한 모든 부모들은 주님의 마음을 조금이나마 이해할 수 있을 것입니다.

우리가 부족하다는 것은 문제가 되지 않습니다. 우리의 의지가 약하다는 것도 문제가 되지 않습니다. 우리가 주님을 사모한다면 그분을 구하려는 열망을 가지고 있다면 그것으로 충분합니다.

우리가 주님을 싫어한다면 주님은 우리에게 오실 수 없습니다. 우리가 주님에게 관심이 없다면 역시 주님은 임하시지 않습니다.

그러나 우리가 주를 구한다면 그것으로 주님은 우리에게 오실 수 있는 것입니다.

목회를 하면서 나는 자존감이 낮은 청년들을 많이 보았습니다. 그들은 자신이 더러우며 악하다고 말했습니다. 주님이 그들을 사랑하시며 나도 그들을 사랑한다고 해도 그들은 잘 믿지 않았습니다.

그들은 주님도 목사님도 자기들을 미워할 것이라고 말했습니다. 나는 어느 날 어떤 자매에게 상담을 해주다가 울었습니다.

"왜 이렇게 내 마음을 모르니.." 하고 말하면서 울었습니다.

나는 그것이 주님의 마음일 것이라고 생각합니다. 모두를 사랑하고 용서하시고.. 그래서 목숨까지 버렸지만 그 주님의 마음을 이해하지 못하고 받아들이지 않고 스스로의 감옥에서 나오려고 하지 않는 사람들을 보는.. 주님의 아픈 마음일 것이라고 생각합니다.

나는 집회를 할 때 성령이 충만하게 임하신 상태에서 두 사람이 서로 안고 기도를 해주도록 시키곤 합니다. 그리고 한 사람이 주님의 마음으로 대언을 하라고 시킵니다.

그러면 한 사람은 다른 사람의 어깨나 가슴에 손을 얹고 "내가.. 너를. 사랑한다.." 하고 말하기 시작하고 기도를 받는 사람은 통곡을 하기 시작합니다.

내가.. 너를.. 사랑한다는 것.. 그것은 주님의 마음을 가장 대변하고 있는 것입니다. 아무 조건 없이 있는 그대로.. 우리를 사랑하신다는 것.. 그것이 바로 주님의 마음입니다. 그리고 우리가 우리의 죄책을 버리고 주님의 그 마음을 받아주기 시작할 때 우리는 비로소 풍성한 자유와 기쁨의 세계에 들어가게 되는 것입니다.

우리는 어두운 죄의식을 버려야 합니다. 주님은 우리를 불쌍하게 보십니다. 세상 모든 이들이 비난한다고 해도 주님은 그렇게 하지 않으십니다. 주님은 우리를 안아주시기를 원하시며 우리를 치유하기 원하십니다. 죄책감은 우리가 주님께 나아가는 것을 방해하는 중요한 요인입니다. 우리는 이것을 주님 앞에 내려놓아야 합니다. 그리고 온전한 주님의 사랑, 온전한 주님의 용서를 받아들여야 합니다. 그렇게 주님의 마음을 받아주는 것이 주님을 가장 기쁘시게 하는 것입니다.

아무 조건 없이 있는 그대로 당신을 받아주시는
주님의 사랑을 지금 받아들이십시오.
당신은 주님의 은총을 누리게 될 것이며
놀라운 기쁨으로 가득히게 채워지게 될 것입니다.

9. 예배의 중심

성경에 등장하는 최초의 예배자는 가인과 아벨입니다. 그들은 비록 타락하기는 했지만 그들의 부모인 아담과 하와로부터 하나님께 예배를 드려야 한다는 것을 배웠을 것입니다.
그러나 그들의 예배가 다 성공한 것은 아니었습니다. 이미 잘 알려진 대로 아벨의 제물은 열납되었지만 가인의 제물은 열납되지 않았습니다.
제물이 열납되지 않았다는 것.. 그것은 곧 예배의 실패를 의미하는 것입니다.

오늘날 그리스도인들은 교회에 가서 예배에 참석을 하면 모든 예배가 다 성공한 것이며 받아들여진 것이라고 생각합니다.
그러나 가인의 경우를 보면 받아들여지지 않은 실패한 예배가 있다는 사실을 알 수 있습니다.
가인은 그 인생의 모든 비극이 예배의 실패에서 시작되었습니다. 그는 예배에 실패하고 미움과 시기에 사로잡혀 동생인 아벨을 죽이게 됩니다. 그리고 그 결과 하나님을 떠나게 됩니다. 그는 죄를 짓고 하나님을 떠나 악을 행하며 살아가는 사람들의 조상이며, 대표적인 인물이 되고 맙니다. 그러한 가인의 비극적인 삶의 시작이 바로 예배의 실패에서 기인되었던 것입니다.

그런데 가인은 과연 어떻게 자신의 예배가 실패한 것을 알게 되었을까요? 가인과 아벨은 과연 어떻게 그들의 예물을 하나님께서 받으셨는지 받지 않으셨는지 알게 되었을까요?
자신의 예물이 열납되지 않은 것으로 인하여 가인이 잔뜩 화가 난 것을 보면 예물이 거절되었다는 것은 단순한 짐작이 아니고 눈에 선명하게 드러나는 어떤 표식이 있었을 것입니다. 가인이 예배에 실패한 것을 누가 보아도 확실하게 알 수 있을 정도로 말입니다.
하나님께서 예배를 받으셨다는 표적은 과연 무엇이었을까요? 이 표적이 없다면 예물을 받지 않으신 것이라고 확실하게 알 수 있는 외적인 표적은 무엇일까요?

그것은 그리 어렵지 않게 예측할 수가 있습니다. 성경 안에 아주 많은 실례들이 등장하기 때문입니다.
열왕기상 18장에서 엘리야가 갈멜산에서 바알의 선지자들과 대결하는 장면이 나옵니다. 여기서 엘리야는 각자의 신의 이름을 부를 때 불로 응답하는 분이 진정한 하나님이라고 누구의 제물에 불이 임하는가 보자고 제안했습니다.
그러자 백성들은 모두가 다 만장일치로 찬성합니다. 도대체 불이 임하는 것과 하나님의 존재와 그게 무슨 상관이 있느냐고 이의를 제기하는 이는 한 사람도 없었습니다.
드려진 제물 위에 불로 임하는 것, 그것은 하나님께서 그 제물을 받으셨다는 가장 일반적이고도 자연스러운 표징이었습니다.

여호와여 내게 응답하옵소서 내게 응답하옵소서 이 백성에게 주 여호와는 하나님이신 것과 주는 그들의 마음을 되돌이키심을 알게 하옵소서 하매 이에 여호와의 불이 내려서 번제물과 나무와 돌과 흙을 태우고 또 도랑의 물을 핥은지라 모든 백성이 보고 엎드려 말하되 여호와 그는 하나님이시로다 여호와 그는 하나님이시로다 하니 (왕상18:37-39)

불이 하나님께로부터 임하여 제사와 예물을 받으셨다는 것은 아론이 드린 첫 번째 제사에도 나타납니다.

아론이 백성을 향하여 손을 들어 축복함으로 속죄제와 번제와 화목제를 마치고 내려 오니라 모세와 아론이 회막에 들어갔다가 나와서 백성에게 축복하매 여호와의 영광이 온 백성에게 나타나며 불이 여호와 앞에서 나와 제단 위의 번제물과 기름을 사른지라 온 백성이 이를 보고 소리 지르며 엎드렸더라 (레 9:22-24)

불은 하나님이 임하시는 상징적인 표징이었으며 드린 제물을 받으셨다는 확증이었습니다. 또한 불은 심판의 의미가 있는 것이기도 했습니다.

아론의 아들 나답과 아비후가 각기 향로를 가져다가 여호와의 명하시지 아니하신 다른 불을 담아 여호와 앞에 분향하였더니 불이 여호와 앞에서 나와 그들을 삼키매 그들이 여호와 앞에서 죽은 지라 (레10:1, 2)

나답과 아비후는 하나님이 명하시지 않은 다른 불을 가지고 분향을 했습니다. 이것은 하늘에서 내려온 불이 아니고 그들 스스로가 만들어서 피운 불입니다.
그들은 하나님으로부터 나온 불, 그리하여 제단에 늘 타고 있는 불을 사용하여야 했었습니다. 그러나 그것을 무시하고 인간적으로 불을 만들어서 사용할 때 재앙을 받아서 죽게 된 것입니다. 여기에서도 하나님으로부터 불이 임하였습니다.
이것은 하나님으로부터만 올 수 있는 거룩한 역사를 인간적으로 작위적으로 만들려고 할 때 재앙을 경험할 수 있다는 경고인 것입니다.
이와 같이 하나님께로부터 나온 불이 심판의 도구가 되는 것은 다단과 아비람이 모세의 지도력에 반기를 들었던 사건에도 적용됩니다.

레위의 증손 고핫의 손자 이스할의 아들 고라와 르우벤 자손 엘리압의 아들 다단과 아비람과 벨렛의 아들 온이 당을 짓고 이스라엘 자손 총회에 택함을

받은 자 곧 회중 가운데에서 이름 있는 지휘관 이백오십 명과 함께 일어나서 모세를 거스르니라
그들이 모여서 모세와 아론을 거슬러 그들에게 이르되 너희가 분수에 지나도다 회중이 다 각각 거룩하고 여호와께서도 그들 중에 계시거늘 너희가 어찌하여 여호와의 총회 위에 스스로 높이느냐 (민16:1-3)

모세는 그들의 주장에 대하여 하나님께서 직접 임하시고 판단하시도록 맡기자는 입장을 취합니다. 각자가 불을 담은 향로를 취하고 하나님께서 어느 쪽을 취하시며 어느 쪽을 선택하시고 응답하시는지를 보자고 한 것입니다.

모세가 듣고 엎드렸다가 고라와 그의 모든 무리에게 말하여 이르되 아침에 여호와께서 자기에게 속한 자가 누구인지, 거룩한 자가 누구인지 보이시고 그 사람을 자기에게 가까이 나아오게 하시되 곧 그가 택하신 자를 자기에게 가까이 나아오게 하시리니
이렇게 하라 너 고라와 너의 모든 무리는 향로를 가져다가 내일 여호와 앞에서 그 향로에 불을 담고 그 위에 향을 두라 그 때에 여호와께서 택하신 자는 거룩하게 되리라 (민16:4-7)

결국 모세는 오직 하나님만이 말씀하실 것이며 스스로 변명하지 않겠다고 다짐합니다. 하나님이 직접 불로써 응답하실 것이라는 것입니다. 그리고 그 마지막은 결국 하나님께서 직접 불로써 임하시고 심판하시는 것으로 끝이 납니다.

그 주위에 있는 온 이스라엘이 그들의 부르짖음을 듣고 도망하며 이르되 땅이 우리도 삼킬까 두렵다 하였고 여호와께로부터 불이 나와서 분향하는 이백오십 명을 불살랐더라 (민16:34-35)

물론 모세를 대적하는 이들도 자기 확신이 있었을 것입니다. 자기들도 모세 못지않게 은사도 많이 받고 능력도 많이 임했는데 모세만 혼자서 일방적으로 독재를 하는 것이 아닌가 하는 마음이 있었기 때문에 대적을 했던 것입니다.

많은 이들이 그들의 주장에 공감하고 동참한 것을 보면 그들도 능력자이며 세력이 있는 자였을 것입니다.

그러나 하나님께서 불로써 확실하게 응답하시는 데는 아무도 토를 달 수 없었습니다.

그처럼 불은 예물을 받았다는 의미도 되며 또한 심판의 도구가 되기도 하며 하나님의 임재와 뜻을 명백히 보여주는 것이었습니다.

사사기에도 비슷한 사건이 나타납니다. 이스라엘이 미디안에게 시달리며 고통을 겪고 있었을 때 기드온에게 하나님의 사자가 나타납니다. 그리고 하나님께서 그를 사용하실 것이라는 메시지를 전하지요.

그러나 기드온은 미적거리며 그 사자의 이야기를 잘 믿지 않습니다. 자기는 별 볼일 하나도 없는 사람인데 무슨 말씀이냐는 것이지요.

그러면서 기드온은 정말 하나님의 사자가 맞느냐고 표적을 구합니다. 그러자 사자는 기드온이 가져온 예물에 지팡이를 대고 동시에 그 예물에 불이 붙어버립니다.

기드온은 깜짝 놀라고 다시는 그가 하나님의 사자인 것을 의심하지 않습니다.

여호와의 사자가 손에 잡은 지팡이 끝을 내밀어 고기와 무교병에 대니 불이 바위에서 나와 고기와 무교병을 살랐고 여호와의 사자는 떠나서 보이지 아니한지라

기드온이 그가 여호와의 사자인 줄 알고 이르되 슬프도소이다 주 여호와여 내가 여호와의 사자를 대면하여 보았나이다 (삿6:21, 22)

삼손이 이스라엘의 지도자로 선택되는 과정도 이와 비슷합니다. 삼손의 아버지 마노아에게 나타난 하나님의 사자가 삼손에 대하여 메시지를 전하자 마노아는 제물을 준비합니다. 그리고 사자는 불이 임하는 표적을 보이고 삼손의 부모는 이것이 하나님이 그들의 제물을 받으신 것으로 생각합니다.

이에 마노아가 염소 새끼와 소제물을 가져다가 바위 위에서 여호와께 드리매 이적이 일어난지라 마노아와 그의 아내가 본즉 불꽃이 제단에서부터 하늘로 올라가는 동시에 여호와의 사자가 제단 불꽃에 휩싸여 올라간지라 마노아와 그의 아내가 그것을 보고 그들의 얼굴을 땅에 대고 엎드리니라
여호와의 사자가 마노아와 그의 아내에게 다시 나타나지 아니하니 마노아가 그제야 그가 여호와의 사자인 줄 알고 그의 아내에게 이르되 우리가 하나님을 보았으니 반드시 죽으리로다 하니 그의 아내가 그에게 이르되 여호와께서 우리를 죽이려 하셨더라면 우리 손에서 번제와 소제를 받지 아니하셨을 것이요 이 모든 일을 보이지 아니하셨을 것이며 이제 이런 말씀도 우리에게 이르지 아니하셨으리이다 하였더라 (삿13:19-23)

이와 같이 불은 하나님의 임재와 응답을 보여주는 일반적인 표적이었습니다. 모세가 처음 하나님의 영광을 경험한 것도 떨기나무 가운데 불이 붙어서 사라지지 않는 장엄한 광경을 본 것이었습니다.

그러므로 이러한 많은 사례들을 보면 우리는 가인과 아벨의 예배에서도 하나님께서 어떻게 그들의 제물에 응답하셨을 지를 짐작할 수 있는 것입니다.
아벨의 제물은 하늘의 불로 인하여 태워져서 향기로운 냄새가 났을 것이요, 가인의 제물은 아무런 불도 변화도 없이 그대로 냉랭하게 있었을 것입니다. 그리고 가인은 아무리 시간이 지나가도 여전히 그 모습 그대로 있는

자신의 제물을 보고 그것이 열납되지 않았다는 사실을 곧 알게 되었을 것입니다.

자, 이제 우리는 하나님께서 우리의 예배를 받으시는 표징이 불로 임하셔서 바쳐진 제물을 태우시는 것이라는 것을 알게 되었습니다. 그렇다면 오늘의 현실에는 어떨까요? 오늘날에도 여전히 하나님께서는 예배를 드리는 곳에 불로써 임하셔서 우리의 제물을 태우실까요? 그것은 눈에 보이는 불일까요? 그렇다면 과연 제물은 무엇일까요?

예를 들어서 우리가 흔히 말하듯이 예배 시간에 드리는 헌금이 제물이라면 예배 중에 불이 임해서 헌금 봉투가 다 타버리는 것일까요? 만일 그렇다면 우리는 더 이상 종이로 된 돈을 헌금으로 드릴 수 없을 것입니다.

잘 알고 있듯이 구약은 하나의 모형과 그림을 우리에게 보여줍니다. 구약의 사건들은 신약에서 그리고 현재의 시점에서 영적인 해석을 할 수 있다는 것이지요.

예를 들면 이스라엘이 애굽에서 종살이를 하다가 바로왕에게서 벗어나 애굽을 탈출하게 되고 광야에서 많은 연단과 훈련을 거쳐서 약속의 땅 가나안으로 가는 여정을 성도들의 영적 성장의 여정으로 해석하는 것입니다. 그처럼 구약은 하나의 모형을 우리에게 제시하고 있지요.

자, 그렇다면 불로써 예배에 임하셔서 제물을 받으시는 것을 신약적인 관점으로는 어떻게 적용하고 해석해야 할까요?

우리는 오늘날도 하나님께 예배를 드리고 예물을 드립니다. 그러나 구약과 같이 양과 소를 드리지는 않습니다. 그러한 희생 제물은 그리스도의 대속을 예표로 보여주는 것이며 이제 그리스도는 십자가에서 구속 사역을 마치셨기 때문에 더 이상 그렇게 상징적으로 제사를 드릴 필요는 없는 것입니다.

그러므로 마지막 희생 제물은 바로 주 예수 그리스도입니다. 그렇다면 신약의 제물은 무엇일까요? 예수 그리스도가 마지막 희생제물이 되었기 때문에 그것으로 충분한가요?
그렇지 않습니다. 우리는 오늘날에도 여전히 하나님께 제물을 드립니다. 그렇다면 그 제물은 무엇일까요? 오늘날 우리는 예배를 드리면서 돈으로 예물을 드리는데, 그것이 신약의 제물인 것일까요?

어떤 이는 고백하기를 자신이 교회에 가서 예물을 드릴 때 항상 두 가지 예물을 드린다고 합니다. 하나는 물질로 예물을 드리는 것이요, 다른 하나는 전도한 영혼을 하나님께 바친다는 것입니다.
그것은 자기 나름대로의 신앙 고백으로 이해할 수는 있습니다. 그러나 정확한 바른 의미라고 할 수는 없습니다.
신약에 있어서의 제물은 바로 우리 자신, 우리의 생명입니다. 곧 우리 자신이 예배의 제물이라고 할 수 있는 것입니다. 로마서 12장 1절은 신약의 참된 제물, 참 예배란 무엇인가를 잘 보여줍니다.

그런즉 형제들아 내가 하나님의 모든 자비하심으로 너희를 권하노니 너희 몸을 하나님이 기뻐하시는 거룩한 산 제물로 드리라 이는 너희가 드릴 영적 예배니라 (롬12:1)

성경의 메시지는 분명합니다. 우리는 우리 자신을 산 제물로, 예물로 하나님께 드리는 것입니다.
우리 자신, 우리의 마음과 심령.. 그것이 바로 신약 시대인 오늘날 하나님께 드리는 살아있는 제사이며 예배입니다.
그렇다면 오늘날 우리가 드리는 예배에서 하나님이 우리의 예배를 받으셨다는 것을 우리는 어떻게 확인할 수 있을까요?
그것은 간단합니다. 우리 자신이라는 신약의 제물도 구약과 동일한 방법으로 하나님은 받으시고 역사하시는 것입니다.

구약의 예배에서 하나님이 제물 가운데 불로써 임하셔서 그 제물을 태우셨듯이 오늘날에도 하나님은 제물인 우리에게 불로 임하셔서 태우십니다. 그 불은 제물을 받으시는 불입니다.

그렇다면 그 불은 어디에 임하시는 것일까요? 실제로 예배를 드리면서 우리의 몸이 화상을 입는 것일까요?

물론 아닙니다. 그 불은 우리의 몸에 임하시는 것이 아니라 심령 가운데에 임하십니다. 그리하여 그 거룩한 불이 우리의 심령을 활활 타오르게 하며 태우시는 것입니다.

제물에 임하시는 불, 우리의 심령에 임하시는 그 불은 우리의 더러움과 악을 소멸하는 힘을 가지고 있습니다.

우리 하나님은 소멸하는 불이심이라 (히12:29)

하나님으로부터 임하시는 그 불은 우리의 악과 더러움을 소멸하며 또한 우리의 완악하고 냉랭한 심령을 주님께 대한 사랑과 열망과 그리움으로 불타오르게 합니다. 그러므로 하나님이 받으신 예배는 반드시 그 내적인 변화가 심령에 나타나게 됩니다. 그것이 예배에 임한 불의 결과입니다.

성도는 냉랭하고 지치고 힘든 상황에서 집회에 올지 모릅니다. 그러나 예배 가운데 하나님이 불로써 임재하시고 역사하실 때 모든 것은 새로워지기 시작합니다.

그러므로 하나님이 예배를 받으실 때 예배자는 그 심령이 뜨거워지며 하나님의 영으로 새롭게 사로잡혀지게 되는 것입니다.

그렇다면 실패한 예배, 하나님이 그 제물을 받지 아니하신 예배는 어떠한 것일까요?

거기에는 불이 없습니다. 아무런 능력도 불도 예배에 역사하지 않습니다. 제물은 불에 태워지지 않으며 그냥 그대로 있을 뿐입니다.

예배는 단순히 형식과 절차에 지나지 않게 되고 예배자는 예배를 시작할 때와 끝이 났을 때 아무런 변화가 없는 것입니다. 그의 마음은 처음에도 냉랭하고 끝이 난 후에도 여전히 냉랭하며 세상의 근심과 유혹으로 여전히 가득합니다.

그러한 예배는 아무리 많이 드려도, 아무리 오랜 시간을 교회에서 보내었다고 해도 성공한 예배라고 볼 수 없습니다. 그 예배에 불이 임하였는지, 하나님이 임하셨는지, 그래서 산 제물인 자신이 태워지고 열납이 되었는지.. 그것은 자신이 가장 잘 알 수 있는 것입니다.

우리는 앞에서 열납되지 않은 가인의 예배를 보면서 예배에 실패한 것은 곧 인생에 실패한 것이며 예배에 불이 임하지 않고 제물이 받아들여지지 않은 것이 모든 비극의 시작인 것을 보았습니다.

또한 그러한 불의 임하심은 오직 하나님으로부터 오는 것이며 아론의 아들 나답과 아비후처럼 인위적으로 그러한 불을 만들어내는 것은 하나님이 바라시는 것이 아니라는 것을 보았습니다.

그러므로 오늘날 수많은 예배가 있으나 감격과 사랑과 열정을 좀처럼 찾아보기 어려운 것은 엄청난 비극이 아닐 수 없습니다.

기도의 시간이 있고 찬양의 시간이 있고 설교의 시간이 있고 그렇게 해서 모든 순서를 다 마쳤다고 하더라도 그 예배에 하나님의 불과 임재가 임하고 그리하여 심령이 태워지고 불이 붙고 새로워지지 않는다면 그것은 실패한 예배이기 때문입니다.

그리고 예배의 실패는 사업에서 실패하고 시험에서 실패하는 것보다 훨씬 더 비참하고 무서운 일이기 때문입니다.

예배의 중심은 하나님의 임재입니다. 성경의 중심이 하나님의 임재 경험이듯이 예배도 마찬가지입니다.

살아있는 예배, 받아들여진 예배에는 하나님의 영이 운행하시고 역사하십니다. 그것은 외적으로 강력한 역사일 수도 있고 내면의 고요하고 잔잔한 역사일 수도 있습니다. 그러나 분명한 것은 그 영의 역사, 그 임재의 영광을 경험한 이는 그것을 알게 된다는 사실입니다.

오늘날 많은 그리스도인들은 별 기대가 없이 일요일이 되면 교회에 갑니다. 예배에서 어떠한 일이 일어날 것도 기대하지 않습니다.

그래서 이 우주의 왕 되신 그분을 높이고 그 이름을 부르면서도 지극히 당연한 것처럼 아무 일 없다는 듯이 자리에 앉아 있다가 집으로 옵니다. 사망과 저주 속에 있다가 주의 이름으로 구원받고 하나님의 자녀가 되고 그 영광을 바라보는 특권을 가진 것이 시시한 복권에 당첨된 것만큼도 대단치 않은 일로 여깁니다. 그것은 진정한 예배라고 할 수가 없습니다.

예배의 핵심은 하나님의 임재입니다.

지금 그 자리에 임하시는 하나님의 영광의 구름이며 불이며 임재입니다. 그리고 그 임재가 그 공간에 임할 때 예배자 모두는 새롭게 됩니다. 그들은 더 이상 예전처럼 살 수 없습니다.

의심하던 삼손의 아버지도 기드온도 그 불의 임함을 보고는 거꾸러졌습니다. 중간에서 머뭇거리던 이스라엘 백성들도 엘리야를 통한 불을 보고는 그 자리에 엎드려져 "여호와, 그는 하나님이시로다!, 여호와 그는 하나님이시로다!" 하고 외쳤습니다. 그 불의 역사는 하나님의 실존을 너무나 선명하게 보여주었습니다.

우리는 그러한 예배를 추구하여야 합니다.

예배 인도자는 자신이 인도하는 예배 가운데 하나님의 강렬한 임재가 나타나기를 사모해야 합니다. 이를 위하여 자신의 삶 가운데 하나님의 임재를 방해하는 것이 있는지 조심스럽게 살펴야 합니다.

예배의 참석자들은 자신이 참석하는 예배 가운데 하나님의 놀라우신 임재가 나타나기를 기대해야 합니다. 오늘 하나님이 어떻게 자기에게 말씀하시고 안아주시고 역사하실 지를 기대해야 합니다. 그리고 그 임재를 방해하는 것이 있는지 예배에 참석하기 전에 기도하고 주님께 물어야 합니다.
예배의 중심은 하나님의 임재입니다.
하나님은 오늘도 예배 가운데 임하시기를 원하십니다. 강력한 불로 예배의 제물인 성도의 심령에 임하시고 사로잡기를 원하십니다.
예배에 성공하여 그 심령에 하나님의 영광스러운 임재를 맛보는 이들은 행복한 사람들입니다. 그는 모든 인생에 성공한 것입니다.
그는 점차로 하나님의 사람이 되어갈 것입니다.
그의 심령에는 항상 하나님의 불이 타오르고 있으며 하나님께서는 더욱 더 강렬하게 그의 심령 속에 거룩한 불을 일으키실 것입니다.

예배의 중심은 하나님의 임재입니다.
이것이 분명해진다면 많은 예배들은 바뀌게 될 것입니다. 사역자들은 좀 더 많은 깨달음을 주기 위해서 설교 준비에 그리 많은 몸부림을 치지 않게 될 것입니다. 감동적인 예화 거리를 찾느라고 고생하지 않아도 될 것입니다.
많은 메시지가 있어도 하나님의 임재가 없으면 성도들은 변화되지 않으며 아주 단순하고 간단한 메시지에도 그 예배에 하나님의 임재가 있으면 그 단순한 메시지가 성도들의 심령에 꽂혀서 활활 불타오르게 된다는 것을 사역자들이 충분히 이해한다면 그들은 좀 더 하나님의 임하심을 위해서 기도할 것입니다.

나는 집회를 하면서 주님의 임재와 풍성함이 집회 가운데 부어질 때 사람들이 말할 수 없는 감동 속에서 쓰러지고 울고 통곡하는 것을 많이 보았습니다.
마치 심령이 폭발하는 것 같은 강력한 하나님의 임재하심, 거기에 사로잡히게 될 때 사람들은 그저 고꾸라지고 통곡할 수밖에 없는 것입니다.
절규, 통곡, 눈물, 웃음, 몸부림,, 그것은 어쩌면 부질서해 보이는지도 모릅니다. 그러나 그 세계 속에 들어간 이는 그 희열과 충격을 잊을 수 없습니다.

나는 집회를 마치고 난 밤이면 심령에 꿀처럼 흐르는 달콤함과 벅찬 감격으로 인하여 좀처럼 잠을 이루지 못했던 많은 순간들을 기억합니다.

그리고 집회에 참석했던 이들이 오랜 시간이 흘러도 그 순간을 잊지 못하고 다시금 그러한 집회를 사모하고 열망하고 있는 것을 많이 보았습니다.

그 이유는 무엇일까요? 그것은 하나님의 영광스러운 임재는 사람이 누릴 수 있는 최대의 행복이며 그 임재의 순간 모든 시간은 정지해버리고 우리는 영광의 세계에 들어가기 때문입니다.

예배의 중심은 하나님의 임재입니다.
하나님의 임재가 나타난 예배는 성공한 예배이며
하나님의 임재가 나타나지 않는 예배는 실패한 예배입니다.
성공한 예배는 사람들을 하나님께로 가까이 이끌며
실패한 예배는 여전히 사람들이
육적이고 자기중심적인 삶을 살게 합니다.
예배에 하나님이 임재하시고 그리고 제물들이 태워지기 시작할 때
진정한 천국은 시작될 것입니다.
그리고 모든 것은 바뀌게 될 것입니다.

10. 교회의 중심

앞에서 성경의 중심은 곧 하나님의 실제적인 임재하심이라는 것을 나누었습니다. 예배의 중심도 하나님의 임재하심이라는 것을 나누었습니다.
또한 교회에도 하나님의 임재하심이 가장 중심적인 가치입니다. 찬양의 중심도 역시 찬양 가운데 임하시는 하나님의 임재입니다.
기도의 중심도 역시 현존하시는, 지금 이곳에 임하시는 하나님의 체험이 그 핵심요소라고 할 수 있을 것입니다.

기독교는 결코 이론이 아닙니다. 그것은 실제입니다. 저 멀리 계시는 하나님이 아닌 바로 이곳에서 실제적으로 볼 수 있고 느낄 수 있고 경험할 수 있도록 임하시는 주님을 누리고 맛보는 것입니다. 그러한 실제적인 하나님 체험이 아니고는 우리는 승리와 자유가 충만한 열매 맺는 삶을 경험할 수 없습니다.
이스라엘 자손은 약속의 말씀을 가지고 있었습니다. 그리고 택하신 백성이라는 긍지도 가지고 있었습니다.
그러나 그들도 역시 현존하시는 하나님의 권능을 직접 경험하기 전까지는 이방의 노예에 불과했습니다.
그 약속의 주인이 직접 나타나시고 임하실 때 모든 회복은 이루어지기 시작했습니다.

기독교 신앙의 중심은 살아 계신 하나님의 실제적인 역사입니다. 그러므로 목회의 중심도 그 하나님의 실제적인 임재가 되어야 합니다.
사역자는 개인적으로 하나님의 임재를 항상 경험하며 자신의 사역 속에 하나님의 임재를 경험하는 비전을 가지고 있어야 합니다. 아직 그 하나님의 실재를 경험했든 안 했든 일단 그러한 비전과 목표를 가지고 있어야 합니다.

초대교회는 변변한 건물조차도 없었습니다. 그저 초라하게 가정에서 모였을 뿐입니다. 그러나 그들은 조직도 없었고 돈도 없었지만 그들의 모임은 항상 풍성했습니다. 그들은 생기와 역동성을 가지고 있었습니다.

그들은 그들의 모임 가운데 항상 운행하시는 주의 영의 임재를 가지고 있었습니다. 그리고 적어도 그들에게는 그것이 당연한 일이었습니다.

사도행전에서 베드로는 사람들에게 말했습니다.

> **하나님이** 오른손으로 예수를 높이시매 그가 약속하신 성령을 아버지께 받아서 **너희** 보고 듣는 이것을 부어주셨느니라 (행2:33)

그는 주님의 임재 현상에 대하여 '너희가 지금 눈으로 보고 듣고 있는 이것'이라고 표현했습니다.

베드로에게, 그리고 베드로의 말을 듣고 있는 사람들에게 그것은 확실한 실체였습니다. 그들은 성령님의 역사, 주님의 임재를 선명하게 보고 있었습니다.

그것을 좋아할 수도 있고 거부할 수도 있으나 분명한 것은 그것이 눈에 보이고 나타나는 확실한 현상이었다는 것입니다.

그러한 주의 임하심의 확실성은 사도행전에서 계속 언급되고 있습니다.

> 베드로가 이 말을 할 때에 성령이 말씀 듣는 모든 사람에게 내려오시니 (행10:44)

오늘날 사람들은 성령이 말씀을 듣고 있을 때 사람들에게 내려온다고 하면 이상하게 생각할 것입니다. 하지만 그들에게 있어서 그것은 아주 실제적이고 선명한 일이었습니다.

주를 섬겨 금식할 때에 성령이 이르시되 (행13:2)

두 사람이 성령의 보내심을 받아.. (행13:4)

제자들은 기쁨과 성령이 충만하니라 (행13:52)

성령과 우리는 이 요긴한 것들 외에는 아무 짐도 너희에게 지우지 아니하는 것이 옳은 줄 알았노니 (행15:28)

그들은 주님의 영과 그 임재를 아주 선명하게 경험하고 있었습니다. 그들에게 있어서 그것은 일상적이고 자연스러운 일이었습니다.
돈이 없고 조직이 없고 유력한 후원자가 없었어도 주의 실제적인 임재가 충만하게 운행되고 있었다는 것, 그것이 초대교회가 가지고 있는 역동성의 중심이었습니다.

오늘날 이 시대에 하나님의 임재는 모호하기만 합니다. 예배나 모임에서 그것을 기대하는 이들 자체도 별로 없는 것 같습니다.
그러나 사역자가 그러한 비전과 목표 속에서 교회를 세우고 사역을 해나갈 때 그는 분명히 실제적인 주의 임하심을 경험하게 될 것입니다. 단순히 어떤 체험 자체나 능력이나 기적 자체보다 그 주님 자신을 실제적으로 구하고 경험하며 그분의 소유가 되기를 기대할 때 그 영은 임하실 것입니다. 그리고 놀라운 일들이 생기기 시작할 것입니다.

오늘날 교회에 많은 모임들이 있습니다.
기도 모임도 있고 회의도 있습니다. 그러나 실제적으로 어떤 회의에서 주의 임재를 구하며 기다리는 경우는 드문 것 같습니다. 주기도문이나 사도신경을 외우기는 하지만 형식 이상의 의미가 있지는 않은 것 같습니다. 그러한 의식이 끝나면 사람들은 아무도 주님께 묻지 않고 자신의 의견을 이야기하기 시작합니다.
만일 그러한 회의나 모임이나 기도 모임에서 그렇게 주의 임재를 기다리고 구하며 그 안에서 기도한다면 어떤 일이 생길까요?
아마 많은 변화들이 생기기 시작할 것입니다.

어떤 전도사님이 나의 이러한 메시지에 많은 충격을 받았습니다. 예배와 교회와 모든 것의 중심은 바로 하나님의 임재하심이며 사역자는 모든 모임에서 집회에서 그 하나님의 임재하심을 선포해야하며 그것을 인도하고 가르쳐야 한다는 메시지를 받고 감동을 받았습니다.
전도사님은 매 주마다 몇 분의 여 집사님들을 모시고 기도 모임을 인도하고 있었는데 이 모임에 그러한 주의 임재를 초청하고 구하고 시인하는 것을 적용해보려고 마음을 먹었습니다.
그는 기도를 하면서 별로 자신은 없었지만 지금 주님이 이 자리에 계신다는 것을 선포하였습니다. 그리고 그분의 임재를 기다리고 그분이 자신을 만져주시기를 기대하라고 말했습니다.
그리고 주님의 임재가 잘 느껴지지 않는 분들은 상상을 사용하여 바로 주님이 옆에 계시다는 것을 믿고 받아들이고 상상하라고 하였습니다.
그리고 얼마 지나지 않아서 집사님들은 울기 시작했습니다. 그 공간에는 달콤하고 아름다운 기운이 흐르기 시작했고 사람들은 주의 임재에 사로잡히기 시작했습니다. 기도모임이 전과 완전히 다른 모임이 된 것은 당연한 일이었습니다.

전도사님은 놀라서 내게 전화를 하였습니다. 자기 같이 부족한 사람이 이렇게 인도를 해도 되냐고, 주제 넘는 것은 아닌지 내게 조언을 요청했습니다. 나는 웃으며 그에게 용기를 주었습니다.
그것은 우리의 믿음이나 탁월함에 의해서 역사히는 것이 아니라 주님의 원하심으로 역사하는 것이라고, 주님은 우리에게 가까이 오셔서 우리를 만지시고 채우시고 충만하게 하기를 원하신다고, 그러나 다만 사람들이 기대하지도 않고 기다리지도 않으며 사역자들이 그렇게 준비시키지도 않기 때문에 오시지 못하고 안타까워하시는 것이라고.. 전도사님은 이야기를 들으면서 감격을 금치 못하는 것이었습니다.

주님의 임재는 단순히 어떤 육체의 즐거운 느낌을 얻기 위한 것이 아닙니다. 마약과 같은 황홀경을 누리기 위한 것도 아닙니다.
어떤 능력을 얻고 소원을 성취하며 문제를 해결하기 위한 것도 아닙니다. 그것은 주님을 가까이 알고 사귀고 경험하기 위한 것입니다. 그리고 그 임재 가운데에는 주님의 거룩하심과 성품과 생명과 모든 아름다움과 풍성함이 나타납니다. 그러므로 그 임재 자체가 바로 천국의 임함인 것입니다.

오늘날 찬양의 붐이 많이 일어나고 있습니다.
그것은 좋은 현상입니다. 그러나 그것도 역시 그 중심에 하나님의 임재라는 목표를 벗어나게 해서는 안 됩니다. 찬양도 역시 하나님의 임재를 향하여 나아가는 과정에 있는 것입니다. 바깥 뜰에서 성소를 거쳐 지성소로 나아가는, 하나님의 깊고 아름답고 강력한 임재로 나아가는 과정.. 그것이 곧 찬양인 것입니다.
찬양은 단순히 박자를 즐기고 음악을 즐기며 분위기를 즐기는 것이 되어서는 안 됩니다. 그것은 하나님의 영광과 임재에 가까이 나아가는 것이 목적이 되어야 합니다.
그러므로 찬양의 성공은 바로 주님을 개인적으로 깊이 맛보게 하는 것이며 그 결과 그 사람은 변화되는 것입니다. 그는 더욱 더 주를 사랑하는 사람이 되며 주를 구하며 주의 뜻 가운데 거하기를 열망하는 사람으로 바뀌게 됩니다.
교회도 모임도 집회도 찬양도 예배도 그 모든 것은 하나님의 임재를 얻기 위한 것이어야 합니다. 복음이란 곧 살아계신 하나님의 임하심입니다. 그것은 개념이 아니며 그것이 실제로 오기 시작할 때 비로소 어둠의 왕국은 깨어지고 빛이 오기 시작합니다.

오늘날의 교회는 많은 것들을 가지고 있으나 하나님의 임재에 대하여 너무나 가난합니다. 많은 지식과 이론이 있으나 그것이 실제적인 임재를 동반하는 것이 아니라면 그것은 죄에서의 해방과 실제적인 승리의 삶을 가져다주지 못합니다.

교회는 단순히 하나님에 대하여 가르치고 설명하는 곳이 아닙니다. 교회는 하나님을 보여주는 곳입니다.

예배도 하나님에 대하여 가르치고 설명하는 시간이 아닙니다. 예배는 하나님을 보여주는 것입니다. 살아 계신 하나님이 어떠한 분이시며 그분이 어떻게 역사하시는지에 대하여 보여주고 맛보게 하는 것입니다. 그리고 그것을 보고 느끼고 경험하는 사람들은 주님의 손에 사로잡혀가기 시작합니다.

오늘날의 교회는 하나님의 임재를 회복해야 합니다.

임재는 모든 것의 중심입니다. 이 사실이 분명해질 때, 모든 모임에서 기도회에서 예배에서 교회에서 하나님의 임재를 추구하기 시작할 때 우리는 도처에서 놀라운 일들이 일어나는 것을 보게 될 것입니다.

하나님의 임재하심.. 그것은 아름답고 놀라운 모든 변화의 시작입니다.

11. 자연스러운 임재

나는 주님을 가까이 경험하기 위하여 참으로 많은 집회에 참석을 했었습니다. 내가 혼자서 개인적으로 누릴 수 없는 것들을 경험하기 위하여 기도원이나 유명한 집회에 많이 사모하여 찾아다니곤 했습니다.
그러나 대부분의 집회에서 나는 실망감만을 안고 돌아오곤 했습니다. 많은 집회에 열정이 있었고 또 은혜가 있었지만 주님의 아름답고 거룩하신 임재를 맛보기는 어려웠기 때문입니다.

보통의 집회들은 너무나 냉랭했습니다. 그것은 심령을 만족시켜주지 못했습니다.
그러나 부흥회 스타일의 집회는 너무 거칠었습니다. 그것은 뭔가 억지스러운 데가 있었으며 아름답고 포근하지 않았습니다. 그것 역시 심령에 불편함을 주었습니다.

한국 사람들은 열정적입니다. 그러나 인격적인 면에는 부족한 측면이 있습니다. 그래서 열정적으로 애를 쓰기는 하지만 자연스러움이 결여되어 있고 집회 가운데서도 주님과의 따뜻한 만남을 공급하기보다는 거칠고 격한 모습이 나타나는 것을 많이 보았습니다.
오래 전 어떤 기도원의 집회에 참석하고 있었을 때의 일입니다. 인도자는 좀 이름이 알려져 있는 사람인 것 같았습니다. 그는 자신의 과거의 집회에 얼마나 하나님의 놀라우신 능력과 은혜가 임하였는지에 대하여 열심히 이야기했습니다. 그리고 이 시간에도 그러한 은혜가 임할 것이라고 이야기했습니다. 그것은 가슴이 뛰는 이야기였습니다.
그러나 그는 조건을 달았습니다. 주님의 은혜가 임하려면 많이 울어야 힌다는 것이었습니다. 그는 사람들에게 열심히 울라고 시켰습니다. 그것은 다소 억지스럽고 부담스러운 일이었습니다.
별로 우는 사람들이 없자 그는 화를 냈습니다. 그러면서 왜 이리 심령이 강퍅하냐고 꾸짖었습니다. 순진한 성도들은 울기 위해서 애를 쓰기 시작했습니다.
나이가 오륙십 정도로 보이는 여성도님은 "아버지.. 앙앙앙.." 하면서 애를 쓰기 시작했습니다. 그러다가 그녀는 결국 우는 것에 성공을 하였습니다. 그리고 그녀를 따라 몇 분이 울기 시작했습니다.

그렇게 고통스러운 시간이 지나가고 나는 바깥으로 나왔습니다. 억지스러운 예배를 간신히 마쳐서 그런지 기도원의 바깥바람은 아주 쾌적하고 산뜻하게 느껴졌습니다. 나는 방금 예배를 마치고 나온 두 명의 자매가 소곤거리며 이야기하는 것을 들었습니다.
"얘, 나는 정말 마음이 강퍅한가봐. 강사님이 아무리 울라고 그러서도 눈물이 하나도 안 나오는 것 있지."
"사실은 나도 그래. 왜 그리 나는 완악할까.."
나는 그녀들의 이야기를 들으며 마음이 아팠습니다. 저런 식으로 성령의 역사를 억지로 만들어내려고 하는 것은 이러한 죄책감을 일으킨다는 것을 알 수 있었습니다.

이러한 비슷한 경우를 수련회 등의 집회에서는 더러 볼 수 있었습니다.
청년 시절 내가 다니던 교회에서 여름 수련회가 있어서 참석한 적이 있었습니다.
강사는 영적 각성을 일으키는데 경험이 많은 분이라고 들었는데 그의 방법도 앞서 소개한 강사의 스타일과 별반 다르지 않았습니다.
수련회의 마지막 날 밤까지 별로 감동의 물결이 흐르지 않자 그도 간곡하게 눈물을 호소하기 시작했습니다.

울어야 성령님이 오시는데 우는 사람이 없다는 것입니다. 그의 언사는 좀 더 노골적이었습니다.
"여러분, 한 사람만 울면 됩니다. 한 사람만 울면 그것이 퍼지기 시작합니다. 누가 제물이 되시겠습니까? 누가 지금 제물이 되겠습니까?"
그것은 너무나 부자연스럽고 어색했습니다. 하지만 역시 말을 잘 듣는 자매들이 울기 시작했습니다. 그리고 그렇게 눈물이 퍼져나가기 시작했습니다.
잠시 후 만족한 강사는 기도했습니다.
"오, 주님.. 이렇게 강하게 역사해주시니 감사합니다.."

나는 예배당을 빠져 나왔습니다. 나는 그것을 주님의 임재나 역사라고 볼 수 없었습니다. 그것은 그저 인간적으로 억지로 쥐어 짜낸 눈물과 흥분에 불과한 것이었습니다.
그렇게 해서 마음에 잠시 카타르시스가 될 수는 있겠지요. 그러나 그러한 식의 억지는 부작용을 낳기 마련입니다. 눈물을 흘린 후에는 더 공허해지게 되며, 무엇보다도 그러한 육의 작용은 거룩하고 사랑스럽고 행복하고 아름다운 주님의 임재를 소멸시킨다는 것입니다. 그것은 결국 우리 영혼의 더 깊은 침체를 가져옵니다.

우리에게는 주님의 깊은 터치가 필요합니다.
우리는 그것을 사모합니다. 그러나 그것은 억지로 되는 것이 아닙니다.
주의 영의 운행하심은 항상 부드럽고 아름답고 자연스럽습니다. 억지스러운 방법은 주의 영의 임재를 제한합니다. 열정은 좋은 것이지만 그것은 다스림을 받아야 합니다.
우리는 울려고 애쓸 필요가 없습니다. 또한 웃으려고 애쓸 필요가 없습니다. 어떤 이들은 일부러 웃으려고 애를 씁니다.
성령의 임하심의 결과로 웃음이 터진다는 이야기를 듣고 내심 그런 것들을 경험하고 싶어서 웃으려고 애를 씁니다. 물론 그것도 자연스럽지 않습니다.

성령님의 역사를 그런 식으로 규정하고 만들어내려고 하는 것은 아론의 아들 나답과 아비후가 하나님이 명하시지 않는 인위적인 불을 만들어내는 것이나 비슷합니다. 당연히 거기에는 후유증이 있습니다.

우리는 그저 자연스럽게 주님께 나아가야 합니다. 우리는 굳이 울어야 하는 것도 아니고 웃어야 하는 것도 아닙니다. 우리는 우리 자신을 주님께 맡기며 그분이 우리에게 임하시기를 기다립니다.

눈물이 나면 울 수도 있습니다. 굳이 그것을 막으려고 할 필요는 없습니다. 웃음이 나면 웃을 수도 있습니다. 굳이 안 웃으려고 할 필요도 없습니다.

주님의 역사는 자연스러운 것입니다. 주님은 무엇이 우리 각자에게 필요한 것인지 아십니다. 남들에게는 필요한 것이지만 우리에게는 필요하지 않은 것일 수도 있습니다.

그러므로 주님의 역사하심을 어떤 천편일률적인 잣대로 보아서는 안 됩니다.

우리가 긴장이 풀리고 자연스러운 상태가 될수록 우리는 주님의 임재에 예민해지게 되며 그 임재를 경험하기 쉬운 상태가 됩니다. 사실 많은 이들이 그들과 가까이 계시는 주님을 경험하지 못하는 이유는 주님이 그들을 싫어하시거나 멀리 계시기 때문이 아니라 그들이 긴장하고 있기 때문입니다.

그러므로 우리는 긴장을 풀고 자연스럽게 주님께 나아가야 합니다.

우리는 어떤 현상 자체를 추구하는 것이 아닙니다. 어떤 눈에 보이는 것을 추구하는 것이 아닙니다.

우리가 구하는 것은 오직 주님 자신인 것입니다.

우리는 주님이 우리에게 가까이 임하시며 그분의 넘치는 긍휼과 사랑을 우리에게 부어주시기를 기대하는 것입니다.
그렇다면 어떻게, 어떤 방법으로 주님이 임하시든 그것은 그리 중요한 것이 아닌 것입니다.

이 땅에 많은 이들이 주님을 원합니다. 그리고 구합니다.
그리고 그것은 좋은 일입니다. 그러나 다 자연스러운 방법으로 구하는 것은 아닙니다. 오히려 억지스러운 방법으로 하기도 합니다.
그러나 그러한 비인격적이고 자연스럽지 않은 노력은 오히려 주님의 아름다우신 영의 흐름을 방해하는 것입니다.
주님은 자연스러우신 분입니다.
그리고 따뜻하고 아름다우신 분입니다. 그러므로 억지를 부리지 말고 자신의 감정이 자연히 흘러가도록 내버려 두어야합니다.

주님을 구하며 자신의 마음을 주께 드릴 때 눈물이 나오면 울고 웃음이 나오면 웃고 아무런 움직임이 없으면 그저 조용히 놔두십시오.
일부러 무엇인가를 만들어낼 필요는 없습니다.
감정도 몸도 마음도 자연스럽게 되어야 합니다.
우리가 자연스러워질수록 우리는 쉽게 그분을 경험하게 됩니다.
억지로 만들어내는 것이 아니라 내 영의 감동을 따라 부드럽게 그분을 신뢰하고 기대하면서 나아갈 때 우리는 주의 임하심과 만지심을 경험하게 될 것입니다.
그리고 그 주님의 풍성하심을 많이 경험하게 될 것입니다.

12. 무기력의 원리

십 년쯤 전의 어느 날 나는 교회에서 어떤 여집사님을 기도해주고 있었습니다. 개인적인 문제를 가지고 상담을 해주다가 기도로 마치려는 중이었습니다.
그런데 기도를 받던 그녀가 몸이 조금 이상해지는 것 같다고.. 몸이 묵직해지고 힘이 빠지면서 자꾸 뒤로 넘어지려고 한다는 것이었습니다.
그녀는 앉아서 기도를 받던 중이었는데 몸이 자꾸 뒤로 젖혀지니까 앉아 있기가 어려운 것 같았습니다.

나는 그 현상에 대하여 잘 이해할 수 없었지만 아마 주님이 임하시는 가보다 생각하고 그녀에게 자연스럽게 몸을 맡기고 저항하지 말라고 권면했습니다. 그러자 그녀는 자연스럽게 몸이 뒤로 눕혀지더니 땅 바닥에 달라붙은 듯 움직이지 않았습니다. 그리고 3시간 정도를 그런 상태로 있었습니다.
보통 같으면 딱딱한 바닥에 그렇게 꼼짝하지 않고 누워있는 것이 좀 고통스럽게 느껴졌을 것입니다. 그러나 그녀는 그러한 몸의 감각이 없는 것인지 얼굴에는 평화로운 미소를 띠고 있었습니다.

그녀는 3시간이 지난 후 일어났습니다. 그녀는 굳어진 몸이 풀리지 않아서 간신히 일어날 수가 있었습니다. 그녀는 3시간 동안 누워있었으나 의식이 없는 것 같지는 않았습니다. 그녀는 몸이 굳어져서 움직이기가 어려울 뿐 다만 평화로운 의식의 상태에서 조용히 안식을 취하고 있었던 것 같았습니다.
나는 그녀가 3시간동안 어떠한 상태에 있었는지, 그리고 어떠한 경험을 하였는지가 궁금하였습니다. 그러나 그녀는 별로 특별한 경험을 하지는 않은 것 같았습니다.
나는 이후로 이 경험이 그녀에게 어떠한 변화를 가져올지가 궁금했습니다. 그저 단순히 기분만 좋은 상태일까요? 나는 무엇보다도 그녀의 영에 어떠한 변화가 생기는지에 대하여 알고 싶었습니다.

조금 시간이 지난 후에 나는 그녀에게 그 이후의 변화에 대하여 물어보았습니다. 몇 시간동안 몸이 무력하게 쓰러져 있었던 경험 이후에 기도 생활이나 신앙생활에 있어서 어떤 변화가 있는지에 대하여 말입니다.
그녀의 대답은 간단하지만 몹시 인상적이었습니다.
"무엇보다도 기도 생활이 달라졌어요. 전에는 5분을 기도해도 지겹게 느껴졌는데 지금은 한 시간을 기도해도 금방 지나가고 아주 달콤하게 느껴지거든요."

나는 그 이야기를 듣고 그녀가 아무 요동이 없이 그저 가만히 누워있는 몇 시간 동안에 눈에 보이지는 않지만 그녀의 영에 어떠한 변화가 일어나고 있었다는 것을 인식할 수 있었습니다.
그것은 일종의 영적인 수술과 같았습니다. 의식이 선명하고 몸도 정상적인 상태에서는 할 수 없는 내적인 처치가 그러한 무기력한 상태에서 이루어진 것 같았습니다.
그것은 육체의 수술과 비슷한 측면이 있는 것 같습니다. 사람들은 몸이 아플 때 병원에 갑니다. 그리고 치료를 받지요. 조금 아플 때는 주사를 맞고 약을 먹고 집으로 오지만 병이 심할 때는 수술을 하기도 합니다.
수술을 할 때는 마취를 시킨 후에 하지요. 그래서 환자는 수술을 하는 동안 잠에 빠지게 됩니다. 그렇게 잠이 든 사이에 환자는 몸의 나쁜 부분을 치료받게 되는 것입니다.
만약 환자가 자신의 몸을 수술하는 동안 의식이 깨어있다면 어떨까요? 그것은 치유에 방해가 될 것입니다. 그런 육체의 수술과 같이 성령님께서 어떤 이를 강력하게 만지시고 치유하시기 위해서 그를 일시적으로 무기력하게 만드시는 것 같습니다. 그리고 그가 그러한 무기력 상태에 빠져 있을 때에 그의 영과 몸 안에서 어떤 신비한 치유와 회복이 이루어지는 것 같습니다.

나는 이와 비슷한 사례를 반복하여 경험하게 되면서 그러한 몸의 무기력한 현상, 쓰러지는 현상에 대하여 긍정적인 인식을 가지게 되었습니다. 차츰 사람들에게 기도하고 안수하여 그들이 비슷한 경험을 가지도록 돕는 것을 즐기게 되었습니다.
그러나 이제 많은 시간이 흘러서 돌이켜 생각해보면 나의 그러한 태도가 별로 바람직한 것은 아니었다는 생각이 듭니다. 왜냐하면 차츰 주님 자신보다 외적으로 나타나는 쓰러지는 현상 자체에 몰두하게 되었기 때문입니다.
주님께서 어떤 이에게 임하시고 그를 만지시는 것은 참으로 놀라운 일입니다. 그러나 주님께서 어떤 이에게 역사하셔서 그의 내부에 어떤 일을 행하시고 계시는지 우리는 알 수 없습니다. 그러므로 자연히 외부적으로 어떤 현상이 나타나는지 바깥에 일어나는 일에 대해서 주목을 하게 됩니다. 그러나 그것은 별로 좋은 일이 아니었습니다.
나는 차츰 사람들에게 안수를 하면서 그가 쓰러지는 것을 기대하게 되었습니다. 또한 사람들도 나에게 기도를 받으면서 쓰러지기를 기대하였습니다. 물론 이러한 것은 주님의 역사를 제한하는 면이 있는 것입니다.

집회에서 기도를 받고 쓰러지거나 어떤 현상을 경험하는 이들은 대체로 긍정적인 변화가 생기는 것을 보게 되었습니다. 그러나 아무런 현상이 일어나지 않는 이들도 간혹 있었습니다. 그리고 그러한 것은 시험거리가 될 수 있었습니다.

왜 주님께서 누구에게는 역사하시며 누구에게는 임하시지 않는가? 주님도 사람을 차별하시는가? 영적인 사람은 따로 있는가? 이런 의문들이 일어날 소지가 있었습니다. 물론 그러한 의문들을 통해서 새로운 것들을 하나씩 배워 가는 것은 그리 나쁜 것만은 아닙니다.

나의 아내는 조금 둔감한 쪽에 속했습니다. 그녀는 많은 기도를 받았지만 한 번도 쓰러지거나 어떤 영적인 느낌을 받지 못했습니다. 그래서 사람들이 성령께 사로잡혀서 쓰러지고 울며 아수라장이 되었을 때도 혼자서 맹숭맹숭한 상태로 있을 때가 많이 있었습니다.

나는 몹시 안타까웠습니다. 그러나 그녀를 어떻게 도와야 할지 방법을 알 수 없었습니다. 나는 그저 아내는 영적으로 민감하지 않은 체질인가 보다 하고 생각했습니다.

그러던 어느 날 아내가 몸살이 심하게 걸렸습니다. 그녀는 열이 많이 나고 탈진해서 몸을 움직일 수가 없어서 집에서 힘없이 누워 있었습니다.

그녀는 식사를 준비할 수가 없어서 우리는 저녁 식사로 중국집에 자장면을 시켰습니다. 주문한 식사를 기다리면서 나는 그녀에게 기도를 해주었습니다.

축 늘어져 있는 그녀가 몹시 측은해서 나는 그녀의 두 손바닥에 내 손을 가볍게 댄 상태에서 '오, 주님.. 그녀에게 임재하여 주십시오.' 하고 기도했습니다.

난리가 시작된 것은 그로부터 1분도 되지 않았을 때였습니다. 조금 전까지 힘없이 늘어져 있던 그녀는 갑자기 벌떡 일어났습니다. 그러더니 있는 힘을 다해서 손바닥으로 방바닥을 마구 치기 시작했습니다. 그러더니 '주님.. 살려 주세요..' 하고 난리를 치면서 기도를 하는 것이었습니다.

나는 놀랐습니다. 그녀의 손은 심하게 부들부들 떨리고 있었습니다. 그녀는 이렇게 손바닥을 치고 난리를 치면서 기도를 하는 스타일이 전혀 아니었습니다.

그러한 기도는 그녀와 아주 거리가 먼 것이었지요.. 그러나 지금 그녀는 아주 놀란 상태에서 비명을 지르듯이 기도를 하는 것이었습니다.
도대체 그녀에게 무슨 일이 일어난 것일까요?
나는 그녀에게 물어보았습니다.
그랬더니 그녀는 울먹이면서 손목에서 갑자기 감각이 마비가 되는 것 같은 느낌이 오기 시작하더니 강하게 진동이 오면서 팔까지 그것이 점점 올라가고 있는데 손과 팔이 너무나 무겁고 아프고 떨리는데 너무 무섭다는 것이었습니다.
그러면서 손이 이런 상태에서 아이들을 어떻게 키우느냐고 하면서 울먹이는 것이었습니다. 나도 많이 놀란 상태인지라 나는 악한 영을 결박하는 기도를 했습니다. 나는 '마귀야. 나가라!' 하고 기도했고 아내는 울먹이면서 '아멘' 하였습니다.

그런데 그렇게 시간이 조금 지나가고 진정이 되자 이것이 마귀의 역사가 아니라는 생각이 들었습니다. 방금 전에 주님께 기도를 드렸는데 마귀가 올 리가 없다는 느낌이 들었습니다.
그러면서 이것은 성령님의 역사인데 그녀가 이러한 경험이 별로 없으니까 놀란 것에 불과하다는 결론을 내리게 되었습니다.
나는 그녀를 안심시켰습니다.
"여보. 걱정하지 마. 이것은 마귀의 역사가 아니야. 성령님이 강하게 역사하시는 것인데 당신이 처음 경험이니까 놀란 것 같아."
여전히 울먹이던 그녀는 비로소 얼굴을 조금 폈습니다.
"응? 그럼 좋은 거예요?"
그러다가 시간이 조금 지나자 그녀는 진정되었고 난리는 가라앉았습니다. 그러는 중에 자장면이 도착해서 우리는 식사를 했습니다.
배가 고팠었고 또 난리를 치는 바람에 우리는 몹시 시장했습니다.
그러나 아직 아내는 손을 제대로 움직일 수 없었습니다.

그녀는 간신히 나무젓가락을 사용하여 자장면을 먹었는데 손이 너무 흔들리는 바람에 자장면으로 얼굴에 범벅을 하고 말았습니다. 우리는 그 모습을 보면서 한참 서로 웃다가 긴장된 마음이 다 풀어지고 말았습니다.
그 사건 이후로 그녀는 많은 내적인 변화를 경험하게 되었습니다.
그 전까지 아내는 은혜의 세계에 대하여 잘 몰랐습니다. 집회 가운데 주의 영이 강력하게 임하여 사람들이 울고불고 해도 그녀는 별 다른 감동이 없었습니다. 그녀가 기도를 하면 거의 어떤 흐름도 느낄 수가 없었습니다.

그러나 그 이후에 그녀에게 기도를 시키면 그녀의 기도에서는 어떤 힘이 흘러나왔습니다. 이상하게도 그녀의 기도를 들으면 감동을 받고 눈물을 흘리게 되었습니다. 그녀는 자신이 아픈 부분에 손을 대고 기도하면 마치 손이 빨판과 같이 아픈 곳에 붙어버리는 듯한 느낌을 갖게 되었습니다. 아무튼 그 사건 이후로 그녀는 영감이 아주 예민해지게 되었습니다.
그 사건은 기도의 결과로 주님의 기름부으심이 임하신 것이라는 것을 나중에는 분명하게 알 수 있었습니다.
사실 그녀의 그러한 영적 경험은 그리 특별한 것은 아니었습니다. 스타일이나 강력함의 차이는 있겠지만 주의 영의 임하심을 구하고 초청하면 비슷한 현상은 항상 있었습니다.

그러나 이 사건에 대하여 이해가 가지 않는 것이 있었습니다. 그녀는 그 전까지 그러한 현상을 경험한 적이 없었기 때문입니다. 영적 현상에 대하여 둔감한 편이었던 그녀가 갑자기 거의 발작에 가까운 모습으로 강렬한 임재를 경험하게 되었습니다.
그것은 도대체 어떤 이유 때문이었을까요? 나는 알게 되었습니다. 그녀에게 주의 영이 임하신 상태, 그것은 그녀가 몸살이 나서 아무 힘이 없이 쓰러져 있던 상태였습니다. 그리고 그러한 육체의 무기력한 상태는 주의 영이 임하시기에 아주 좋은 상태였던 것입니다.

아내는 평소에 아주 활동적인 사람이었습니다. 그녀는 조용히 앉아있고 묵상하는 스타일이 아니었습니다. 그래서 그녀는 항상 몸에 긴장이 있었습니다. 그리고 그러한 긴장의 상태는 주님의 깊은 임재와 기름부으심이 부어지기는 어려운 조건이었던 것입니다.

주님의 영은 항상 우리의 곁에 있습니다. 그리고 우리에게 임하시기를 원하십니다.

그러나 우리가 준비되어 있지 않고 또 주의 영을 구한다고 하더라도 주의 영이 임하기 어려운 조건인 긴장상태에 있다면, 그분은 영이시고 영의 특성을 가지고 계시기 때문에 우리에게 임하실 수가 없는 것입니다.

나는 이 사건을 통하여 안식의 중요성이 얼마나 놀라운 것인지 깨닫게 되었습니다.

오늘날 많은 이들이 쓰러지는 현상에 대하여 관심을 가지고 있습니다. 그리고 그러한 쓰러지는 경험을 하기 위하여 비행기를 타고 미국이나 캐나다로 가서 영성 집회에 참석하기도 합니다.

그러나 나의 생각으로는 굳이 미국이나 캐나다에 가서 쓰러지지 않더라도 지금 이 곳에서 조용히 안식을 하고 있으면 그것은 우리의 아주 가까운 곳에 계시는 주님의 영이 임하시는 데에 도움이 된다는 것입니다.

또한 안수를 받는 것을 좋아하시는 분들이 마치 볼링장의 핀처럼 쓰러졌다 일어섰다를 반복하는 것보다 주님의 임재 속에서 충분히 누워있게 된다면 그는 그 시간에 많은 영적인 변화들을 경험하게 될 것입니다.

이러한 무기력의 상태가 주님의 영이 임하실 수 있는 좋은 조건이라는 것은 아주 인상적이고 놀라운 발견이었습니다. 나는 그 이후로 많은 열정적인 기도에 못지않게 고요한 안식의 상태에서 많은 은혜와 풍성함이 임하는 것을 경험할 수 있었습니다.

그러한 무기력의 상태가 주의 영이 임하시는 좋은 상태가 된다는 것은 몸에만 국한되는 것이 아닌 것 같습니다.

우리의 마음도 아주 지치고 피곤하고 절망과 낙담 속에서 그 전에는 알지 못했던 주님의 풍성하신 임재와 은총을 경험하는 경우가 흔하게 많이 있습니다.
우리의 절망이 주님의 시작이라는 것은 수많은 사람들이 이미 간증하고 있는 것입니다. 사람들은 원래 섭리적으로 누구나 몸도 마음도 다 지치고 망가지고 힘들고 한계가 왔을 때만 주님을 받아들일 수 있는 상태가 되는 모양입니다.

주님은 마치 이렇게 말씀하시는 것 같습니다.
자, 이제 너는 스스로는 아무 것도 할 수 없다는 것을 알았느냐?
이제 모든 것을 나에게 맡기겠느냐?
네가 지금까지 수없이 노력하고 애써왔다면
이제 내 안에서 안식을 누리지 않겠느냐?
그러면 이제까지 네가 네 힘으로 할 수 없었던 많은 것들을
이제 너는 할 수 있게 될 것이다.
그리고 경험하게 될 것이다.
왜냐하면 너는 아무 것도 할 수 없지만
오직 나를 의지하고 나에게 나아올 때
나는 모든 것을 네 안에서 할 수 있기 때문이다.

무기력과 안식의 원리는 주님의 임재를 누리는 데에 있어서
너무나도 중요한 원리입니다.
고요히 모든 것들을 내려놓고 주님을 구하는 자에게
주님은 언제나 임하실 것입니다.
그리고 그러한 주의 임재 속에서
우리는 그의 한없는 사랑과 풍성하신 자비를
맛보게 될 것입니다.

13. 가까이 계신 주님께 기도함

기독교는 근본적으로 체험의 종교입니다. 체험이 없는 지식만으로는 우리의 영혼이 만족을 누리지 못합니다.
기독교는 말씀의 종교입니다. 그러나 그 말씀은 단순한 지적 이해를 넘어서 직접 누리고 체험해야 합니다. 말씀의 체험이란 곧 하나님의 임재 체험을 통하여 구체적으로 이루어지는 것입니다.
그러나 적지 않은 이들이 직접적인 주님의 경험, 영성적인 경험에 대하여는 거리를 두고 있는 듯이 보입니다. 유명한 영성 저술가의 글에서 이러한 내용이 있는 것을 보았습니다.
'우리는 하늘에 계신 하나님께 기도하여야 하며 그 방안에 계시는 하나님께 기도해서는 안 된다. 만약 우리가 그렇게 하면 그 영들은 우리에게 갖가지 체험을 줄 것이다.'
이러한 내용은 방 안에 가까이 있는 영이 주의 영이 아닌 다른 미혹의 영이라는 뉘앙스를 풍기고 있습니다. 이러한 글이나 가르침에 접하게 되면 사람들은 주님을 가까이 경험하는 것에 대하여 의심이나 두려움을 갖게 될 것입니다.

이러한 가르침은 바람직하다고 할 수 없습니다. 오히려 하나님을 저 멀리 계시다고 믿게 함으로써 우리의 심령을 어둡고 낮은 상태에 머물러있게 하는 것입니다.
나는 그와 반대로 주님이 바로 곁에 계시다고 믿고 기도하는 것이 얼마나 놀랍고 풍성한 열매를 가져오는지 수없이 경험하였고 그 열매에 대한 간증을 들었습니다. 가까우신 주님, 우리에게 가까이 임하시는 주님.. 바로 여기에 주의 영의 놀라우신 기름부으심의 비결이 있는 것입니다.

주님은 우리가 인식을 하든 못하든 항상 우리의 곁에 계십니다. 그리고 바로 옆에 계신 그 분을 인식하기 시작할 때 우리의 영혼은 기쁨과 감동과 새로움을 경험하기 시작합니다. 그것은 우리의 기도를 피상적인 것에서 실제적이고 아름다운 것이 되게 합니다.

나는 단지 주님이 바로 곁에 계시고 그들의 어깨에 손을 올려놓고 계시다는 상상을 하도록 인도하기만 해도 그들이 엄청난 충격을 받으며 놀라운 주님의 임재와 사랑에 빠지는 것을 보았습니다.

그것은 사람들이 흔히 이야기하는 것처럼 정신력의 힘, 혼의 힘에 불과한 것일까요? 그렇지 않습니다. 그러한 이야기는 주님의 은혜와 사랑을 모독하는 것입니다.

우리는 그러한 믿음과 상상을 통하여 우리의 영혼을 일으켜 깨우게 됩니다. 우리 영혼은 주님의 임재를 경험하게 되며 그것은 우리를 이산가족이 오랜만에 서로 만난 것과 같은 기쁨과 행복감 속에 잠기게 합니다. 그것은 영적인 것이며 결코 인위적이거나 부자연스러운 것이 아닙니다.

주님은 결코 멀리 계시지 않습니다. 그분은 우리와 바로 가까이 계십니다. 우리가 누군가를 사랑한다면 우리는 멀리서 바라보는 것만으로 만족하게 되지는 않을 것입니다. 우리는 그에게 가까이 가기를 원할 것입니다. 그리고 그와 친밀한 교제를 나누고 싶어 할 것입니다.

마찬가지로 주님은 우리와 가까이 사귀기 위하여 영으로 가까이 오셨으며 우리가 그분을 알아보는 것을 원하십니다. 그리고 우리가 그렇게 그분에 대하여 반응할 때 그분은 기뻐하시며 우리의 영혼에도 지각 변동이 일어나게 되는 것입니다.

주님과의 그러한 가까운 교제를 나누게 된 이들은 반드시 변화될 수밖에 없습니다. 그의 심령은 새로워지며 그는 이전에 하지 못했던 것들을 할 수 있게 되고 죄에서 해방되며 가치관과 생각들이 바뀌기 시작합니다.

그런 의미에서 가까운 주님에 대하여 왜곡되게 가르치는 것은 주의 영의 역사를 현저하게 제한하는 것입니다. 그것은 불필요한 두려움을 낳습니다. 저 멀리 계신 주님께 기도하지 마시고 바로 당신의 곁에 계신 주님께 기도하십시오. 당신은 그 주의 영이 당신에게 가까이 임하시며 말씀하시는 것을 경험하게 될 것입니다. 당신의 기도는 달라질 것이며 당신은 당신의 안에서 무한대의 풍성하신 역사가 이루어지는 것을 알게 될 것입니다. 그것은 아름다운 일이며 하나도 신기한 일이 아닙니다.

지적으로나 사회적으로 지도적인 위치에 있으나 직접적인 주의 영의 역사를 경험하지 못한 이들은 그러한 경험들에 대하여 의심의 눈길을 보냅니다. 그들은 자신들과 같이 신실한 이들에게 주님이 임하시지 않고 별로 세련되지도 않고 지적으로도 보잘 것이 없어 보이는 이들이 주의 영을 경험했다고 할 때 불쾌감을 느낍니다. 그래서 그들은 '당신들은 악령을 받은 것이 아닌가..' 하는 질문을 던지곤 하는 것입니다.

어떤 영성 사역자가 여러 지역을 다니며 영성 집회를 인도하고 있었습니다. 그 지역에서 사역을 하던 사역자가 집회가 끝난 후의 사역자 모임에서 날카로운 질문을 던졌습니다.

"당신은 당신네들만이 주님의 영, 성령을 가지고 있다고 생각하는 겁니까?"

질문을 받은 사역자는 순간 당혹했습니다. 그것은 호의적이 아닌 질문이었습니다. 알고 싶어서 하는 질문이 아니었고 항의를 위한 질문이었습니다. 난처한 사역자는 망설이다가 이러한 이야기를 하였습니다.

"아닙니다. 우리는 똑같은 주님을 모시고 똑같은 말씀과 동일한 믿음, 그 영을 가지고 있습니다. 우리가 가지고 있는 것과 당신들이 가지고 있는 것이 똑같습니다. 그러나 이런 차이가 있는 것 같군요.

우리 집 냉장고에 고기를 넣어두면 아무도 그것을 알지 못합니다. 하지만 그것을 불 위에 올려놓고 굽기 시작하면 이야기가 다르지요. 바깥에서 놀고 있던 아이들이 집으로 달려오기 시작합니다. 그리고 이렇게 말하지요. '와! 엄마! 냄새가 아주 좋은데! 빨리 한 점 먹어보고 싶어요..' 라고요. 우리가 가지고 있는 주의 영이 불 위에서 지글지글 타면서 맛있는 냄새를 풍기고 있는 고기라면 당신들이 가지고 있는 것은 똑같은 고기이기는 하지만 냉장고 안에 들어있는 고기와 같다는 느낌이 드는 군요."

이것은 인상적인 답변입니다. 우리는 특별한 주님, 특별한 성령, 특별한 말씀을 알고 있는 것이 아닙니다. 우리는 동일한 주님, 동일한 성령, 동일한 말씀을 가지고 있습니다. 그러나 우리는 그 말씀, 그 영, 그 주님이 저 멀리 계시지 않고 바로 이 자리에 있다고 믿습니다. 바로 우리의 곁에 계신 주님을 믿으며 바로 그분께 기도를 드립니다.
우리의 가정에, 우리의 침상에, 우리의 사무실에, 우리가 있는 모든 곳에 계시는 그분을 인지하며 그분께 기도를 드리는 것입니다. 그렇게 할 때 우리는 그의 영과 임재를 실제적으로 맛보고 경험하게 됩니다.
저 멀리 계신 주님께 기도할 때는 막연하게 기도할 것입니다. 그러나 곁에 계신 주님께 기도할 때는 '오, 주님. 안녕하세요?' 하면서 마치 친구와 대화하듯이 기도를 드리게 될 것입니다.

그러한 주님과의 친밀한 교제는 우리의 삶을 빛나게 합니다. 우리의 가슴을 벅차게 합니다. 피곤하고 지치고 힘든 세상에서도 넉넉히 이기는 삶을 살 수 있게 하는 것입니다.
우리가 가까우신 주를 부르며 그 영의 실제를 경험하게 될 때 그것은 가스 불 위에서 타고 있는 고기와 같아서 그 멋진 냄새가 사방에 퍼지게 될 것입니다. 그리고 많은 이들이 그 냄새를 맡게 되고 그 영의 풍성함을 사모하게 될 것입니다.
더 이상 멀리 계신 주님께 기도하지 말고 당신의 아주 가까이 옆에 계신 주님께 기도하십시오. 그것은 당신의 영과 믿음 생활을 풍성하게 아주 새롭게 변화시켜줄 것입니다.

14. 실제적인 조언들

주님의 임재를 경험하는 특별한 방법이 따로 있는 것은 아닙니다. 주님을 기다리고 그분과 친밀한 교제를 나누는 것은 쉬운 일이며 아주 자연스러운 것입니다. 여기에 대하여 몇 가지 실제적인 조언을 나누고 싶습니다.

그러나 어떤 방법이나 순서가 중요한 것은 아닙니다. 다만 그 원리를 이해하고 충분히 반복하는 것이 필요합니다. 나의 저서 『주님의 임재를 경험하는 길』에는 좀 더 구체적인 방법들이 많이 제시되어 있습니다. 그것을 참고하면 좋을 것입니다.

적절한 공간과 시간을 선택하십시오

우선 첫 번째 필요한 것은 주님의 영을 경험할 수 있는 실제적인 공간입니다. 그리고 아무에게도 방해받지 않는 시간입니다.

당신이 어느 정도 이러한 기도에 익숙해지면 당신은 어느 곳에서든지, 사람이 많거나 복잡한 상황에서도 주의 영의 임재를 유지할 수 있을 것입니다.

그러나 그것이 익숙해지기 전이라면 당신은 먼저 혼자만의 공간이 필요합니다. 가능하면 조용하고 아무도 없는 교회와 같은 곳이 좋겠지요.

누울 장소가 있다면 더 좋습니다. 기도하다가 주님의 임재를 누워서 기다려야 할지도 모르니까요.

너무 밝지는 않은 곳이 좋습니다. 약간은 어두운 곳이 영의 움직임에 도움이 됩니다. 또한 당신이 울거나 어떤 현상이 생길지 모르니까 다른 사람들이 있는 곳에서는 신경이 쓰이게 될 것입니다.

그러한 공간을 얻기가 어렵다면 자신의 방에서 해도 상관은 없습니다.

이 경우에는 방을 조금 어둡게 하고 조용한 찬양을 틀어놓는 것이 좋겠지요.

긴장을 푸십시오

당신은 기도를 시작하기 전에 먼저 온 몸과 마음의 긴장을 풀 필요가 있습니다. 어떤 긴장이든 긴장은 영의 흐름을 방해하는 면이 있으니까요.
긴장은 경직됨을 일으킵니다. 그래서 긴장하는 사람은 분노를 쉽게 터트리게 되고 여러 가지 질병에 노출되지요. 긴장을 하는 사람은 쉽게 실수를 하기 때문에 시험이나 여러 어려운 상황에서 능력을 발휘할 수 없습니다. 또한 긴장은 기도에도 아주 방해가 되지요.
기도를 드리기 전에 몸의 긴장을 풀기 위해서 부드럽게 몸을 체조하듯이 움직이는 것도 좋습니다. 온 몸을, 팔과 다리를 아주 천천히 유연하게 돌리십시오. 그리고 조용히 앉거나 누워서 온 몸에게 긴장을 풀고 편안하게 쉬라고 이야기하십시오.
어깨에게, 허리에게, 그리고 눈에게, 뇌에게.. 이제 긴장하지 말고 아무런 걱정을 하지 말라고 이야기하십시오. 몸은 우리의 말을 들으며 우리의 몸은 곧 부드러운 상태로 안식을 하게 됩니다.

믿으십시오

남에게 방해를 받지 않고 기도하기에 적당한 교회를 찾기가 아마 그리 쉽지 않을 테니까 당신의 방이라고 생각하고 이야기를 계속하겠습니다.
방해받지 않는 시간이라면 아무래도 밤, 잠자리에 드는 시간이겠지요.
조용히 당신의 방에 기도할 수 있는 분위기를 만들어 놓고 조용히 앉거나 피곤하면 침상에 누울 수도 있습니다.
기도하다가 잠이 들 수도 있는데 그렇다고 염려하시 마십시오. 별로 상관이 없습니다. 기도하다가 잠이 드는 것은 참으로 축복스러운 일이며 주님께서는 당신의 침상에서 당신을 만지시고 치유하실 것입니다.
중요한 것은 당신이 바로 그 방에 계신 주님의 실제를 믿어야 한다는 것입니다.
당신은 여태껏 많은 기도를 해왔을 것입니다. 그러나 살아 계신 주님과 얼굴을 맞대고 이야기하는 그러한 기분으로 기도하기 보다는 아마 혼자서의 독백과 같이 일방적인 기도를 드렸을 것입니다. 그것은 참 재미가 없는 기도였지요.
그러나 이제는 그 방에 주님이 계시다는 것을 인식하고 지금 그분의 얼굴을 보면서 친구와 이야기하듯이 대화를 시작하는 것입니다.
그것을 믿으십시오. 주님은 당신의 안에 계시며 또한 그 방안에 계십니다. 바로 당신의 그러한 반응을 기다리면서 오랫동안 기다리셨지요..
그동안 당신은 그 방에서 주님의 임재를 의식하지 않고 여러 행동들을 했을 것입니다.
이제 실제적인 교제를 시작하면서 당신은 그러한 당신의 무례에 대하여 죄송하다고 사과를 해야 합니다. 그리고 앞으로는 주님을 무시하지 않겠다고 고백해야 합니다. 아마 당신은 그러한 고백을 하면서 감동과 눈물이 흘러내리는 것을 느끼게 될지도 모릅니다.

상상하십시오

주님은 바로 그 자리에 계십니다. 그러나 당신의 영은 그것을 잘 못 느끼고 감지하지 못할 수도 있습니다. 그러므로 당신의 영을 돕기 위하여 상상력을 사용하십시오.
지금 당신이 계신 바로 그 자리에 주님이 계시는 모습을 마음속으로 상상하십시오. 눈을 감고 말입니다. 의자가 있다면 그 의자에 앉아 계시는 주님을 상상하십시오.

주님의 얼굴을 상상하십시오. 당신을 바라보시는 그분의 표정을 느껴보십시오. 그분의 사랑이 가득한 따뜻한 미소를 바라보십시오.
상상을 할수록 선명해지기 시작할 것입니다.
당신이 몹시 슬프거나 지쳐있다면 주님께서 당신의 어깨에 손을 올려놓고 있는 모습을 상상하십시오. 또는 당신의 눈물을 닦아주시는 모습을 상상하십시오.
처음에는 당신이 상상을 주도하게 됩니다. 그러나 어느 순간이 되면 저절로 상상이 움직여지며 당신이 이끌리게 되는 것을 느끼게 될 것입니다.
주님의 그 손으로부터 치유의 광선이 당신에게 임하는 것을 상상하십시오. 그 빛이 당신의 온 몸에 천천히 스며들어서 당신의 심령, 온 몸을 부드럽게 하고 깨끗하게 치유하는 것을 상상하십시오.
주님으로부터 흘러나오는 영적인 흐름이 당신을 포근하게 감싸고 충만하게 하는 것을 상상하십시오.

이제 당신은 그 방안에서 벗어날 수도 있습니다. 당신의 상상은 당신이 미처 생각하지 못한 곳으로 당신을 데리고 갈 수도 있습니다.
어떤 이는 어린 시절로 돌아가서 주님과 함께 다니기도 하고 어떤 이들은 특별한 장소에 가기도 합니다. 중요한 것은 반드시 주님과 같이 다녀야 한다는 것입니다.
상상의 기도를 하다보면 각자가 참으로 다양한 경험을 하게 되는데 그것은 주의 영이 특별한 치유와 어떤 기름부으심을 위하여 그렇게 인도하시는 것 같습니다.
상상의 기도를 하다 보면 자신에게 상처가 되었던 과거의 상황으로 가기도 하는데, 놀라운 것은 그 과거의 장면에서 주님이 그 자리에 계셨던 것을 발견하게 되는 경우가 많이 있다는 것입니다.
그것은 상상을 통하여 스스로 주님의 모습을 발견하려고 노력하지 않아도 자연스럽게 경험하게 되는 일이었습니다. 상상하는 기도를 통한 이러한 경험들은 주님께서 우리 삶의 모든 순간에 우리와 함께 하신다는 것을 선명하게 깨닫게 해주는 것 같습니다.
이러한 체험들은 주님께서 과거뿐만 아니라 오늘 현재의 순간에도, 그리고 미래와 영원에서도 우리와 같이 하실 것이라는 인식을 분명하게 해 줍니다. 그와 같은 인식이 우리의 실제의 삶에서 주님을 가까이 경험하고 친밀하게 느낄 수 있게 하는 것은 분명한 일입니다.

상상의 기도는 결코 단순한 공상이 아닙니다. 그것은 영적인 현실입니다. 그것은 주님께서 그러한 도구를 통하여 역사하시는 것입니다.
어떤 이는 몸의 감각이 예민하여 여러 은사적인 경험들을 합니다.
어떤 이들은 정서적으로 풍부하여 많은 느낌을 가집니다.
그러나 뇌가 발달한 사람들은 합리적이고 냉철하여서 그러한 영적인 경험을 하기가 쉽지 않습니다. 나는 그러한 이들에게 상상의 기도를 많이 사용하라고 권하고 싶습니다.
그들은 그러한 상상의 기능을 통하여 영의 감각이 많이 발전하게 되며 그 기도의 결과 많은 변화를 체험하게 됩니다. 처음에는 이에 대하여 의심을 가지게 될지 모르지만 나중에는 그러한 주님의 임재를 아주 즐기게 될 것입니다.

대화하며 물으십시오

이 기도는 교제의 기도이며 따라서 일방적인 기도가 되어서는 안 됩니다. 그러므로 당신은 친구에게 이야기하듯이 당신의 마음속에 있는 이야기를 한 마디씩 해야 합니다.
친구와 대화를 하면서 상대방의 표정을 살피지도 않고 혼자서 일방적으로 이야기를 한다면 당신은 친구의 마음을 상하게 할 것입니다.
그러므로 지금 주님과 대화를 하는 것도 혼자서 일방적으로 하지 말고 주님의 표정을 읽으려고 하면서 대화하십시오. 주님께서 어떻게 느끼시는 지를 보려고, 느끼려고 하십시오.

당신이 어느 정도 대화하는 기도에 익숙해졌다면 당신은 당신이 있는 곳에서 주님의 임재를 느끼고 있을 것입니다.

바로 곁에 주님이 서 계시는 모습, 앉아 계신 모습, 그 표정, 분위기.. 등을 어느 정도 느끼게 될 것입니다.

그것은 어슴푸레하고 선명하지 않을지도 모릅니다. 그러나 당신은 뭔가 따스하고 부드러운 힘이 그 곳에 있는 것을 느끼게 될 것입니다. 그 체취와 분위기 속에서 부드럽게 다정하게 이야기해 보십시오.

당신이 대화를 할 때 주님이 어떻게 느끼고 말씀하시는지 조용히 들으십시오. 당신은 그것을 노트에 기록할 수도 있습니다.

예를 들어 당신이 '주님.. 당신과 이렇게 함께 있는 것이 너무나 좋군요..' 하고 말한다면 당신은 주님께서 '그래, 나도 이 시간을 얼마나 기다렸는지 모른단다..' 하고 말씀하시는 것을 느끼게 될 것입니다.

그것은 귀로 들을 수 있는 음성은 아닙니다. 그러나 그러한 느낌을 얻을 수 있습니다. 당신은 그런 식으로 대화를 나눌 수 있으며 그러한 시간이 반복될 때 당신의 영혼은 측량하기 어려운 평화와 기쁨으로 가득 차게 될 것입니다.

또한 당신은 주님과 대화를 하면서 평소에 자신이 알고 싶어 하는 것을 주님께 물을 수 있습니다.

'주님, 지금 이 시간에 당신이 저에게 원하시는 것이 무엇인지요?' 하고 물을 수 있습니다. 그리고는 주님의 대답을 기다리는 것입니다.

어떤 감동이나 느낌이 올 수 있으며 그러면 다시 좀 더 구체적으로 묻고 답을 기다리면 됩니다. 처음에는 익숙하지 않겠지만 당신은 점점 더 주님의 대답과 음성이 구체적인 것임을 알게 될 것입니다.

주님께서 우리의 모든 질문에 대답하시는 것은 아닙니다. 그분은 단순히 우리의 호기심을 만족시키시는 분은 아닙니다. 그러한 경우에는 자신의 삶에 혹시 주님이 기뻐하시지 않는 것이 있는지, 숨겨진 죄들이 있는지를 돌아보아야 합니다.

기도하며 기다리는 가운데 주님은 우리에게 필요한 적절한 답과 지혜를 주실 것입니다. 그리고 그것은 우리의 영혼에 커다란 만족을 줄 것입니다. 일방적이 아닌 이러한 대화식의 친밀한 기도가 얼마나 깊은 만족감을 주는지는 경험하지 않고는 이해하기 어려울 것입니다.

나는 기도 모임에서 듣는 훈련을 많이 시켰었습니다. 특별한 비법이 있는 것이 아니고 그냥 그렇게 주님을 바라며 기다리는 것입니다.

처음에 아내는 그렇게 주님의 음성을 듣는 데에 서툴렀습니다. 그러나 이것을 반복하면서 점차로 선명한 대답이 떠오르고 바로 주님께서 옆에서 불러주시는 것 같은 감동을 자주 받게 되었습니다. 평소에는 상상도 못하던 메시지가 느껴지게 되자 아내는 몹시 놀랐습니다.

그리고 기도가 이렇게 재미있는 것인지 몰랐다고 하였습니다. 아마 당신도 시도해 보시게 되면 비슷한 결론을 내리게 될 것입니다.

방해물을 제거하십시오

주님과 개인적인 친밀한 교제가 잘 이루어진다면 이것은 몹시도 아름답고 흥분되는 일입니다. 그러나 당신은 이렇게 시도를 해 보아도 그저 답답하고 잘 안 된다고 느낄지도 모릅니다.

거기에는 여러 요인들이 있을 것입니다.

우선 영성이 어느 정도 훈련되어야 합니다. 성령 세례의 경험을 통하여 방언기도를 어느 정도 해본 분들이면 그다지 어려움을 느끼지는 않을 것입니다. 방언기도 만큼 영감을 발전시키는 기도도 없기 때문입니다. 또한 평소에 분명한 발음으로 발성기도를 훈련하신 분들도 어느 정도 이러한 주님의 임재에 대한 경험을 어렵지 않게 할 것입니다. 그러한 분들은 이미 우리 안에 모시고 있는 주의 영을 풀어놓을 수 있습니다.

그러나 그러한 경험이 부족하다면 주의 임재와 그 영의 감동을 받는 것에 다소 어려움이 있을지 모릅니다. 그들의 영은 별로 움직이고 운동을 한 적이 없기 때문에 어느 정도 영을 훈련해야 할 필요가 있습니다. 그리고 발성 기도는 영을 움직이는 가장 쉬운 방법입니다.

또한 성경을 소리 내어 읽는 것도 영을 충만하게 하고 흘러나오게 하는 좋은 방법입니다.

어떤 이들은 임재의 기도를 시작하려고만 하면 머리에 각종 혼란스러운 생각이 떠오르며 가슴이 답답해지고 힘들어지기도 합니다.

그러한 것은 악한 영들이 방해하고 있는 것입니다. 그럴 때에는 눈을 부릅뜨고 소리를 내어서 악한 영을 꾸짖어야 합니다. 이러한 증상이 심할 때에는 부르짖는 기도가 필요합니다.

이런 이들은 교회에서나 집회에서 강력한 기도의 훈련이 먼저 되어야 합니다. 그러한 부자유함 속에서 듣는 기도나 기다리는 기도 등의 수동적인 기도를 하는 것은 그리 바람직하지 않습니다.

그러나 대체로 특별한 문제가 있는 것이 아닌 이상, 어느 정도의 발성기도와 대적하는 기도를 통해서 그러한 문제들은 극복됩니다.

방안에서 조용히 악한 세력을 대적하면 그 혼란은 사라지게 되며 그러한 싸움을 통해서 성도의 영혼은 강해지고 분별력이 생기게 됩니다.

대체로 임재의 기도를 드리는 데 있어서의 어려움들은 그다지 심각한 것은 아닙니다.

주님이 그러한 이들에게 임하시지 않는다는 것이 아니라 바로 옆에 계시고 말씀하시고 감동하시지만 그들의 영감이 둔하고 준비되어 있지 않아서 잘 깨닫지 못하는 것뿐이기 때문입니다.

그러므로 그러한 이들도 낙심하지 않고 계속 기도하고 시도하고 기다리면 영감이 증가될 것이며 점차로 선명한 주님의 감동과 기름부으심을 경험하게 됩니다.
기도가 잘 되지 않을 때 주님께 이렇게 물어보십시오.
'주님.. 제가 주님을 경험하는 데에 뭔가 방해되는 것을 가지고 있습니까? 주님을 서운하게 해드린 것이 있습니까? 그러면 말씀해주십시오.'
그렇게 기도한 후에 조용히 내적으로 떠오르는 느낌을 기다리십시오.
어떤 구체적인 죄에 대하여 떠오를 수도 있습니다. 그럴 때도 그런 부분에 대하여 죄송하다고 고백하고 도우심을 구해야 합니다.

그러나 그러한 죄의 고백은 그리 심각한 것은 아닙니다.
어떤 이들은 잘 모르면서 주님의 영의 역사하심을 마구 비난하고 방해하는 분들도 있습니다. 그런 이들의 경우에 영의 흐름이 막혀있으며 주의 임재를 경험하기가 조금 어려운 것이 사실입니다.
그러나 그것은 무지에 기인한 것이며 주님 자신을 싫어하는 것은 아니기 때문에 잠시 주님께 용서를 구하면 주의 영이 바로 임하십니다.

우리의 잘못을 깨우쳐 달라는 기도를 드릴 때 가장 많이 떠오르는 감동은 항상 우리의 곁에 계시고 우리와 함께 삶을 살기 원하시는 주님을 무시한 것에 대한 것입니다.
우리가 알든 모르든 주님은 항상 우리와 같이 동행하셨습니다. 그러나 가까이 계신 그분에 대해서 반응하고 그분을 의식하면서 사는 이들은 아주 드뭅니다. 그래서 주님의 마음에는 버림받은 서운함과 슬픔으로 가득합니다.
그래서 '주님.. 제가 뭔가 주님께 잘못하고 있는 것이 있습니까? 하고 물을 때 많이 떠오르는 감동이 '나는 고독하다..' 하는 감동입니다.
'나는 항상 너를 사랑하며 같이 있기를 원한다. 그러나 너는 나를 바라보지 않는 구나..' 하는 주님의 안타까운 마음이 전달될 때가 많이 있습니다. 때로 이러한 감동은 우리 안에서 눈물과 슬픔을 동반하기도 합니다.
그것은 주님의 마음에 대하여 우리의 영이 반응하는 것입니다.
그럴 때는 단순히 내적으로 흘러나오는 그러한 눈물과 감동을 그대로 표현해야 합니다.
시간이 흐르면 눈물과 슬픔은 멈추고 깊은 속 안에서 주님의 평강과 기쁨이 넘쳐나기 시작합니다.
특별하게 영적인 사람이 아니더라도 주님은 우리 모두와 교통하기를 원하시기 때문에 어떤 막힘이 있을 때 그 이유에 대하여 주님께 물어보면 대체로 어떤 메시지가 떠오릅니다.
초신자들도 충분히 주님의 감동과 메시지를 받습니다. 오히려 어려운 이들은 오래 동안 믿은 분들이며 어떤 틀 속에서 주님을 제한하고 있는 이들입니다. 이들은 주님을 경험하기 전에 먼저 사고의 틀이 좀 유연해져야 합니다.

이렇게 기도하다보면 불편한 관계에 있는 어떤 사람이 떠오르기도 하고 자신의 집착이나 욕심, 염려, 두려움.. 등이 떠오르기도 합니다.
어떤 구체적인 두려움이나 염려에 대하여 주님은 그렇게 말씀하고 계신 것입니다.
'너는 그 문제에 대하여 너무 근심을 하고 있구나.. 하지만 그것을 내게 맡겨주지 않겠니? 지금은 그저 모든 것을 잊어버리고 나와 교제하자꾸나..'
하고 말입니다.
주님의 음성을 듣고 그 감동을 받는 것은 그리 어려운 것은 아닙니다.
주님은 우리에게 세계의 모든 비밀을 가르쳐 주시지는 않지만 우리가 주님께 가까이 나아가는 데 필요한 부분은 충분히 지적해주십니다. 그러므로 우리가 그 감동 속에서 주님께 나아갈 때 우리는 더욱 더 실제적인 주님의 사랑과 향취를 경험할 수 있게 될 것입니다.

호흡하십시오

호흡은 우리가 살아가면서 날마다 하는 행위입니다. 그러나 평소에 하듯이 무의식적으로 하는 것이 아니고 의식을 가지고 주를 바라보면서 하는 호흡은 하나의 기도입니다.

주님은 영이십니다. 그리고 영은 호흡, 바람, 기운 등과 같은 동의어입니다. 즉 영의 움직임은 호흡과 밀접한 관계를 가지고 있습니다.

흔히 단전호흡은 건강에 좋다고 알려져 있습니다. 그러나 많이 행해지고 있는 특별한 호흡 훈련은 영적인 세력과 관련이 있는 것입니다. 물론 그 영은 속이는 영이며 주의 영은 아닙니다. 그러므로 우리는 이방의 어떤 호흡 훈련에 대해서도 마음을 열어서는 안 됩니다.

우리는 주를 의식하며 기도하며 예배하는 자세로 호흡을 해야 합니다.

깊이, 잔잔하게 숨을 들이마시며 주님에게서 나오는 그 빛과 생명의 기운이 내게 임하시기를 기도합니다.

마음속으로 '예수.. 충만..' 이렇게 기도하면서 숨을 들이마실 수 있습니다. 또한 자신이 좋아하는 용어를 사용해서 '예수.. 사랑..' 그렇게 고백하면서 숨을 들이마시고 뱉을 수도 있습니다.

숨을 들이마실 때는 주님의 영과 그 생명의 충만함을 마시는 마음으로 호흡합니다. 그리고 내쉴 때는 내 속의 모든 악한 기운들이 빠져나가기를 기대하고 내쉽니다.

이것은 아주 단순한 행동입니다. 그러나 이 호흡 기도는 많은 풍성함의 경험을 우리에게 줍니다.

영적 감각이 둔한 사람은 호흡 기도를 꾸준하게 함으로써 주님의 임재와 영의 흐름에 많이 예민해지게 됩니다.

그는 말로만 듣던 주님의 그 사랑의 흐름, 기운을 조금씩 느끼게 되기 시작하는 것입니다.

이 기도는 여러 현상을 동반할 수 있습니다. 쉽게 주님의 아주 달콤한 기운을 마시는 이들도 있고 또는 고통을 느끼는 사람도 있습니다.
속에서 구역질이 나거나 악한 영들이 쫓겨나는 과정에서 발작이나 전율 등이 일어나기도 합니다. 그러한 현상들은 하나의 정화 과정이라고 할 수 있으며 이를 통해서 우리의 영성은 아름답고 깊게 발전할 수 있습니다.

주님의 임재를 기다리는 기도를 드릴 때 이 호흡기도는 아주 유익합니다. 호흡 기도를 드릴 때 영의 감각이 민감해지기 때문에 주님께서 바로 옆에서 계시거나 말씀하시는 것을 느끼게 되기 쉽습니다.
호흡 기도를 하다보면 영이 많이 맑아져서 어떤 장소에 가거나 어떤 사람을 만나게 될 때 그 장소에 있는 나쁜 영이나 기운들, 사람들에게 붙어있는 나쁜 기운이나 영들을 쉽게 감지하게 됩니다.
물론 영이 맑다는 것은 동시에 고통을 동반하기도 합니다. 그러나 주님의 임재를 추구하는 과정에서 이 기도는 많은 도움을 줍니다.
당신의 방에서 혼자서 조용히 기도하면서 또는 누워서 잠을 자면서 이 호흡으로 주를 마시며 기도하십시오.
당신이 아주 피곤한 상태에서 잠이 들었을지라도 아침에는 아주 맑고 행복한 느낌으로 잠자리에서 일어나게 될 것입니다.

기다리십시오

주님의 임재를 기다리는 기도는 얼마나 중요한지 모릅니다.
그것의 중요성은 아무리 강조해도 지나치지 않습니다. 많은 이들이 주님의 풍성하고 놀라우신 임재에 들어가지 못하는 이유는 대부분 주님을 충분히 기다리지 않기 때문입니다.
그들은 주님 앞에 나아가서 많은 이야기를 하지만 주님께서 임하시고 말씀하시고 그들의 기도에 응답하시는 것을 기다리는 시간은 별로 갖지 않습니다. 그저 혼자 푸념하고 넋두리하다가 지쳐서 집으로 돌아갈 뿐입니다. 그러나 주님은 우리가 기도하는 그 장면에 그 장소에 같이 계십니다. 그리고 우리와 구체적으로 교제하기를 원하시며 우리를 만지기를 원하십니다. 그러므로 우리는 이 기다림의 기도를 통하여 기도의 은총을 맛보아야 합니다.

조용히 편안한 자세로 주님의 임재가 당신에게 임하기를 기다리십시오. 앉아서 기다릴 수도 있고 또 누워서 온 몸의 긴장을 풀고 있는 자세도 주님의 임재를 맛보기에 좋습니다.
사람들은 대체로 무릎을 꿇는 자세가 기도하기에 좋은 자세이며 경건한 태도라고 생각합니다. 그러나 그것은 우리가 주님께 나아가기에는 좋은 자세일지 모르지만 주님의 영을 받아들이고 누리기에는 너무 긴장된 자세입니다.
그처럼 육체에 힘이 들어가는 자세로는 영이 활발하게 움직일 수 없습니다. 영이란 육이 안식할 때 움직이며 육이 긴장할 때는 영은 움직일 수 없기 때문입니다.
그러므로 주님을 기다릴 때 몸의 긴장을 부드럽게 풀어주는 것이 필요합니다. 경험적으로 보면 주님의 임재와 기름부으심을 경험하는 데에는 서 있거나 누워있는 것이 좋은 것 같습니다. 앉아있는 것은 그에 비하여 조금 떨어지는 면이 있는 것 같습니다.

아무런 의식이 없이 그저 수동적으로 주님을 기다릴 수도 있습니다.
그러나 특별하게 어떤 부분을 의식하면서 기다릴 수도 있습니다.
그러면 그 부분에 대하여 기름부으심이 임하게 됩니다. 편안한 자세로 손을 위로 들거나 아니면 가볍게 낮게 든 상태에서 주님의 기름부으심이 손에 임하시도록 기도하며 기다리십시오.
기도하면서 기다리면 대체로 손에 능력이 임하는 것을 느끼게 됩니다.

그것은 곁에 계신 주님이 당신의 손을 잡아주시는 것입니다.
손을 통한 권능의 기름부으심이 증가되도록 손을 주님께 맡기십시오. 많은 경우 신유의 은사는 대체로 손을 통하여 시작됩니다.
그러므로 그리스도인들이 손을 통한 기름부으심을 계속 받을 때에 좀 더 많은 치유의 역사들이 일어나게 될 것입니다.

당신은 그 기름부음이 어깨에도 계속 임하도록 기다릴 수 있습니다. 어깨도 주님의 권능이 임하는 곳이며 당신은 어깨에 묵직한 느낌을 받을 수 있습니다. 물론 모든 이들이 같은 경험을 하는 것은 아니며 정도의 차이는 있게 마련입니다.
머리에도 주님의 임재와 만지심이 임하도록 기도하며 기다리십시오.
이것은 쉽지 않은 기도이지만 영이 예민한 이들은 머리가 시원해지며 맑아지는 것을 경험할 수 있습니다. 이러한 머리의 기름부음을 계속 받게 되면 지혜와 깨달음의 은혜가 많이 오게 됩니다.

당신의 눈에도 주님의 빛과 능력이 임하도록 기다리십시오. 당신은 시간이 얼마 지나지 않아 눈이 묵직하거나 시원하거나 여러 느낌들을 받게 됩니다. 주님의 치유와 만지심이 눈에 임하게 되면 영적으로 많은 자유함들을 누리게 됩니다. 악한 영들에게 시달리는 이들은 대체로 눈에 빛이 없습니다. 그러므로 그들에게는 눈에 임하는 기름부음이 필요합니다.
당신의 심장에 집중을 하고 그 부위에 주님의 임하심을 기다리십시오.
호흡 기도를 하면서 기다릴 수도 있습니다. 이 기도는 심장에 방해되는 세력이 없을수록 강렬한 은총을 맛보게 됩니다.
방해 세력이란 당신의 마음속에 미움이나 분노나 용서하지 않는 마음 등이 자리 잡고 있는 경우에 주님께서 당신의 심장에 깊이 임하실 수 없다는 의미입니다. 그러므로 심장 기도를 위해서는 먼저 그러한 것들을 내려놓아야 합니다.

배에도 기름부으심을 기다릴 수 있습니다. 배에 주님의 뜨거운 불이 임하도록 기다리며 기도하십시오. 주의 영이 임하시면 배가 불이 난 것처럼 뜨겁게 됩니다. 배의 뜨거움은 기쁨과 평강과 자신감을 일으킵니다.

또한 주님께로부터 어떠한 메시지가 올 것을 기대하면서 기다릴 수도 있습니다.

이 경우에 포괄적으로 주님께서 원하시는 메시지를 달라고 기도할 수도 있으며 구체적으로 어떤 부분에 대해서 묻고 대답을 기다릴 수도 있습니다.

온 몸을 주님께 맡기면서 그 주의 임하심과 영의 흐름에 따라서 몸을 움직이는 것도 좋은 기다림의 훈련입니다.

10여 년 전 나는 어느 날 내 방에서 기다림의 기도를 하고 있었습니다.

나는 밤중에 혼자 깨어서 조용히 일어나서 내 손을 주님 앞에 높이 들고 있었습니다.

나는 주님께 기도했습니다.

"주님, 나에게 임하시옵소서."

그 자세로 가만히 기다리고 있었는데 시간이 조금 지나자 갑자기 내 손이 움직이기 시작하는 것이었습니다.

나는 깜짝 놀랐습니다. 잘 알다시피 손이라는 것은 머리가 명령하는 대로 움직이는 것입니다. 그러나 내 의식과 상관없이 혼자서 움직이는 것을 보니 놀라지 않을 수가 없었습니다.

손은 천천히 원을 그리며 움직이기 시작했습니다. 나는 그것을 보면서 내가 미친 것은 아닐까.. 하고 생각하면서 조용히 내 몸의 움직임을 관찰하고 있었습니다.

손은 아주 천천히 원을 그리고 돌더니 나중에는 온 몸이 움직이기 시작했습니다. 허리가 상하로 움직였고 다리가 움직이기 시작했습니다.

나는 한동안 관찰을 한 후에 그것이 무슨 행동인지 알게 되었습니다.

그것은 경배의 움직임이었습니다. 두 손은 하늘 높이 올라가고 머리와 허리는 앞을 향해 숙여졌습니다. 다리는 무릎을 꿇기도 하고 일어나기도 하면서 주님을 찬양하고 있었습니다.

나는 원래 춤이나 그런 비슷한 것과는 담을 쌓은 사람이었습니다. 그러나 이 일 이후에 나는 사람들 앞에서는 못하지만 혼자서는 개인적으로 주님께 경배를 드리고 춤을 추게 되었습니다.

그리고 그렇게 나의 몸을 풀어놓는 것을 통해서 얼마나 많은 풍성한 자유를 맛보게 되었는지요! 그것은 단순히 몸의 자유함이 아니고 정신적인, 심령적인 자유함을 동반하는 것이었습니다.

정서적으로도 소극적인 사람들은 손을 들고 기도하는 것이나 박수나 율동 등의 표현을 하는 데 있어서 참 많은 부자유와 어색함을 가지고 있는 것이 보통입니다. 그리고 그것은 영적인 묶임과도 많은 관련이 있는 것이지요. 그러므로 그러한 이들이 몸을 통하여 영을 표현할 때 그러한 묶임에서 자유롭게 되는 것은 아주 자연스러운 일인 것입니다.

우리가 우리의 온 몸을 맡기고 기다릴 때 주의 영은 임하십니다.
그리고 우리의 몸을 사용하실 수 있습니다. 그 결과 우리의 영은 기뻐하며 해방되며 아름다운 주님의 통로가 되어 갑니다. 우리의 온 몸은 좀 더 주님께 드려지고 사로잡혀가게 되며 주님의 사랑과 능력을 나타낼 수 있는 통로가 됩니다. 우리의 온 몸과 영과 정신과 모든 것이 조금씩 주님께서 사용하실 수 있도록 양도되는 것입니다.

기다림의 기도는 참으로 놀라운 기도입니다.
단순히 수동적으로 기다리는 것, 그 시간에 그 장소에 주님이 계셔서 우리를 치유하시며 만지시며 사랑하신다는 것.. 그것을 직접 경험할 수 있는 놀라운 기도인 것입니다.

나는 이러한 기다림의 기도를 통해서 삶과 신앙이 바뀐 많은 간증을 접하였습니다. 아마 당신도 곧 그렇게 될 것입니다.

15. 임재의 현상과 열매들

우리가 저 멀리 계신 주님께 기도하는 것이 아니라 우리와 여기에 함께 계시는 주님을 접촉하고 교제하게 되면 우리는 많은 영적 현상과 변화들을 경험하게 됩니다.

하나님은 영이십니다. 사람도 영으로 창조되었습니다. 그것은 사람이 영이신 하나님을 체험하고 교통할 수 있게 하기 위한 것입니다.

그러므로 우리의 영이 살아계신 하나님의 영을 경험하게 되면 다양하고 놀라운 변화와 역사들이 생기게 됩니다. 그리고 그것은 아주 자연스러운 일입니다.

오랫동안 신앙생활을 하면서도 별로 변화되지 않는 것은 사람들이 영의 실제를 경험하지 않고 개념과 형식에 만족하는 신앙생활을 하고 있기 때문입니다. 그러나 기독교는 단순한 관념이 아니며 살아있고 생생한 실제입니다.

초대교회의 모습을 보면 그들은 화려한 건물도 조직도 돈도 없었지만 놀라운 생동력을 가지고 있었습니다. 그들 가운데는 항상 주님의 임재하심이 있었으며 많은 변화와 열매들이 있었습니다. 또한 초신자가 변화되어 주님께 사로잡힌 사람이 되는 데 별로 많은 시간도 걸리지 않았습니다.

사도행전 16장에 보면 바울이 기도처를 찾다가 우연히 루디아라는 여성을 전도하는 장면이 나옵니다. 기도할 장소를 찾던 바울과 잠시 이야기하다가 루디아는 마음을 열고 바울의 전도를 받아들입니다. 그리고 세례를 받습니다.

지금의 관점으로 보면 루디아는 분명히 초신자입니다. 그녀가 하나님에 대한 관념을 가지고 있었던 것은 사실이지만 그녀는 구체적인 복음에 대하여 몰랐습니다. 그러므로 그녀는 세례를 받고 새로운 신앙고백을 합니다.

그런데 그 초신자인 루디아는 자신의 집을 개방합니다. 그래서 그녀의 가정이 빌립보를 전도하는 전초기지가 됩니다. 전도자들이 그녀의 집에 머무르면서 복음을 전하게 된 것입니다.

그녀가 이제 갓 복음을 받아들인 초신자인 것을 볼 때 그녀의 이러한 헌신적인 태도는 놀라운 것입니다. 오늘날의 기준으로 보면 교회에서 몇 년 동안 온갖 훈련을 받아도 어느 정도의 지식은 가지게 되지만 복음과 주를 위하여 자신을 내던지는 모습은 그리 보기가 쉽지 않습니다.

그러나 초대 교회 당시에는 초신자들도 생생한 주님의 임재와 실제를 가지고 있었습니다. 그러므로 그들은 영적으로 빠른 성장과 변화를 보였던 것입니다.

신앙의 중심은 하나님 체험입니다. 그 체험이 없이는 아무리 오랫동안 신앙생활을 해도 별로 사람이 바뀌지 않습니다.

자신의 신앙이 아주 좋은 것으로 생각했던 사람이 막상 인생의 위기에 부딪쳤을 때 자기가 알고 있고 붙잡고 있다고 생각했던 주님과의 관계가 아주 피상적이었다는 것을 깨닫는 경우도 적지 않습니다.

그러한 인생의 경험은 그에게는 새로운 신앙이 시작되는 계기가 될 것입니다. 그는 새롭게 만난 하나님을 통하여 새 신앙, 새 삶을 시작하는 것입니다.

하나님 체험은 여러 국면에서 다양하게 진행됩니다. 삶 속에서의 체험이 있고 지적인 깨달음의 체험도 있으며 몸과 영 자체에 임하는 다양한 체험이 있습니다.

그것은 각자의 기질과 상태에 따라서 경험하게 됩니다. 어떠한 상태가 가장 영적이고 좋은 것이라고 할 수는 없습니다. 그러나 분명한 사실은 그러한 하나님 체험을 통하여 신앙은 실제적이 된다는 것입니다.

지금 이 곳에서 임하시는 주님에 대하여 기도하면서 기다리면 실제적으로 주님이 임하시며 그 과정에서 다양한 현상들이 나타나게 됩니다.

손과 팔에 묵직한 느낌이 오기도 합니다. 강력한 에너지가 손위에 얹혀있는 것이 느껴지기도 합니다. 뜨겁거나 시원한 느낌이 올 수도 있습니다.

이것은 영적인 힘이 임하는 것입니다.

사역자가 집회를 인도하기 전에 이렇게 손에 강한 기름부음을 경험하고 집회에 서면 성도들은 쉽게 영적으로 회복되고 충전됩니다. 사역자는 그저 단순하게 하나님의 말씀을 전하지만 그는 자신의 입에서 나오는 메시지에 강력한 힘이 있으며 그것이 신자들의 마음에 부딪치는 것을 느끼게 됩니다. 그처럼 손에 임하시는 영적인 기름부음은 권능과 연관이 있습니다.

손이나 팔 뿐 아니라 어깨와 온 몸 전신과 배에 뜨거운 힘이나 압력감이 느껴지기도 합니다. 그 강도와 넓이는 각 사람마다 다 다를 것입니다.

이것 역시 영적인 능력이 임하는 과정입니다. 이러한 경험이 반복될수록 영적인 힘이 강건해지며 자신감이 넘치게 됩니다.

불안, 초조, 긴장, 두려움.. 등은 대부분 영적인 미약함에서 기인하는 것이며 악한 영들에게 눌리는 것인데 그러한 연약함들이 점차로 사라지기 시작합니다.

주님을 기다리면서 발성으로 부르짖거나 호흡 기도를 하게 되면 구토 증상이나 침이 나오기도 하고 몸의 진동, 발작 등의 현상이 나올 수 있습니다. 또한 깊은 통곡과 슬픔이 밀려오기도 하며 허무감과 좌절, 분노 등이 나오기도 하는데 이것은 치유의 과정으로서 영혼이 정화되는 것입니다.

심장에 주님이 임하실 때 아주 따뜻하고 부드럽고 섬세한 달콤함을 경험하게 되기도 합니다. 이러한 경험이 반복되면 그는 점차 사랑의 사람이 됩니다. 까다롭고 이기적인 사람들, 단점이 많은 사람들을 대할 때 이상하게도 사랑스럽게 느껴지게 되며 그들을 이해하고 받아주는 것이 쉬워지게 됩니다. 대체로 심장에 임하는 기름부으심은 몸에 임하는 여러 가지 정화 과정을 어느 정도 통과한 후에 오는 것이 보통입니다.

기도 중에 머리가 열리는 느낌, 눈이 환해지고 열리는 느낌, 갖가지 환상이나 여러 이미지들이 느껴지고 보일 수 있습니다.

이러한 경험들에 대해서는 지나치게 갈망하거나 또는 반대로 두려워할 필요는 없습니다. 그저 자유롭게 놓아두는 것이 좋습니다.

신비한 경험 자체는 우리의 목표가 아닙니다. 그저 주님이 우리에게 필요한 부분들을 터치하시도록 맡기면 됩니다. 임하는 것을 굳이 피하려고 애쓸 필요는 없고 또한 어떤 특별한 것을 경험하기 위해서 애를 쓸 필요도 없습니다.

이러한 현상 외에도 다양한 현상이 올 수 있습니다. 이에 대하여 두려워할 필요가 없습니다. 주님은 평화로우신 분이시며 사랑으로 가득하신 분이십니다. 그러므로 그러한 경험들은 평안과 기쁨, 자유함을 동반하는 것이 보통입니다. 만약에 불안감이나 불쾌한 느낌을 가지게 된다면 그것은 조심할 필요가 있습니다.

일시적으로 구역질이나 진통을 느낄 수도 있는데 그것은 우리 안에 이미 들어온 죄와 악한 기운과 세상의 영들이 토해지고 나가는 과정입니다. 그러므로 그러한 경험 후에는 곧 평안과 기쁨에 잠기게 됩니다.

나는 과거에 집회를 인도하면서 사람들이 주님의 임재를 기다리도록 하는 시간을 가지곤 했었습니다. 그렇게 주님을 기다리면 때로는 강력한 주님의 임하심이 느껴져서 사람들이 울고 웃고 쓰러지고 요란을 떨기도 했고 어떤 때는 그저 조용하기만 할 뿐 아무런 일도 일어나지 않는 것 같은 느낌이 들 때도 있었습니다.

나는 처음에는 외적으로 강력한 현상이 나타나는 것이 주님의 충만하신 역사라고 생각했었습니다. 그래서 어떤 때는 조금 실망스럽기도 했습니다. 그러나 나는 나중에 알게 되었습니다.

겉으로 보기에는 아무런 일이 일어나지 않은 것 같아도 주님의 임재를 초청하기 전과 후의 영적 상태는 너무나 다르다는 것을 느끼게 되었습니다. 임재를 초청한 후의 영적인 분위기는 완전히 바뀌어져 있었습니다. 똑같이 찬양을 드려도 주님의 임재를 초청하기 전과 후는 전혀 분위기가 달랐습니다.

밋밋하게 찬양을 드리다가도 주의 임재를 구한 후에는 동일한 그 찬양이 갑자기 너무나 달콤해지고 심령 깊은 곳에서 감동과 기쁨으로 드려지게 되는 것을 알았습니다. 어떤 면에서는 겉으로 보기에 강렬한 역사가 있는 것처럼 보이는 것보다 오히려 조용한 상황에서 더 내적인 깊은 평화와 만족감이 흐르는 것 같이 느껴졌습니다.

분명한 것은 간절히 주님을 부르고 그 분의 임재를 기다릴 때 실제적으로 그분이 임하신다는 것입니다. 그리고 어떤 변화가 생기기 시작한다는 것입니다.

오래 전 어떤 형제가 우리 교회에 왔었습니다. 나는 그에게 성령님의 임재가 임하도록 기도해 주었습니다. 그는 특별한 현상을 느끼지는 않았고 그냥 몸에 힘이 쭉 빠진다고 했습니다. 그래서 나는 잠시 누워서 안식을 하라고 했습니다.

그 형제는 약 30분 정도 누워서 꼼짝하지 않은 상태로 있었습니다. 단순히 그것뿐이었지만 그 형제는 그 짧은 시간을 통하여 많은 변화를 경험하게 되었습니다.

그 형제는 그 체험 이전에는 생각이나 가치관이 별로 주님 중심이라고 보기 어려웠습니다. 한 예를 들면 결혼관에 대해서도 '결혼을 꼭 믿는 자매와 해야 하나.' 하는 생각을 가지고 있었습니다. 그는 성경을 읽기는 했지만 삶의 모든 중심에 주님을 두었다고 볼 수 없었습니다.

그러나 그 경험 이후로 형제는 주님께 온전히 헌신하게 되었으며 한 때 가졌었던 선교의 열정을 되찾게 되었고 헌신한 후에 외국으로 선교훈련을 받기 위하여 떠나기도 했으며 같이 주님께 헌신된 자매를 만나서 결혼하게 되었습니다.

잠시 주님의 임재 속에서 힘없이 누워있었던 것뿐인데 그것이 형제의 가치관을 변화시키는 중요한 계기가 되었던 것입니다. 주님의 임재 속에서 조용히 안식하고 있을 때 그것은 겉으로 보기에 아무 일도 일어나지 않는 것 같지만 그 순간에도 주님께서는 그의 안에서 많은 일을 하고 계신 것입니다.

다시 언급하지만 체험 자체에 몰두하는 것은 바람직하지 않습니다. 그것은 우리의 목표가 아닙니다. 중요한 것은 이와 같은 내적인 변화들, 그러한 체험이 동반하는 결과의 열매입니다. 우리는 변화와 열매를 얻기 위하여 주님과의 실제적인 접촉을 구하는 것입니다.

이러한 주님과의 대면, 영의 접촉은 여러 가지 다양한 열매들을 가져다 줍니다. 교회를 오래 다녀도 사람들은 문제가 있을 때만 주님을 찾을 뿐 주님을 애타게 사모하며 추구하지는 않습니다.

그러나 실제적인 주님과의 교제를 맛보면 맛볼수록 그 사람은 그 무엇보다도 더 주님 자신을 추구하게 됩니다. 주님이 주시는 선물이 아닌 주님 그분을 열망하게 됩니다. 그는 주님이 이 세상에서 가장 아름답고 놀라우신 분이심을 직접 경험했기 때문입니다.

주님의 임재를 깊이 경험해갈수록 그 사람은 변화됩니다. 사람들은 대체로 인식을 하든 못하든 많은 묶임의 노예가 되어 있으나 그의 임재를 맛본 이들은 점차로 많은 부분에서 자유로워지기 시작합니다.

그들은 다른 사람들의 평가나 시선에서 자유로워집니다.

영적인 감각이 깨어나면서 사람들은 사랑에 대하여 새로워지게 됩니다. 가족들이니 가까운 이들에 대하여 그들은 새롭게 애정을 느껴가게 됩니다. 이상하게도 전에는 별로 좋아하지 않던 이들, 아주 가까이 있으면 싫게 느껴졌던 이들도 그리 힘들게 느껴지지 않습니다. 그것은 사랑이 바로 주님의 마음과 성분이기 때문입니다. 그러므로 그분의 임재를 누리다 보면 자연스럽게 그러한 현상이 나타나게 되는 것입니다.

또한 영적인 세계에 대한 지각도 전보다 많이 발전하게 됩니다. 그는 기도의 중요성을 더 많이 느끼게 되며 영적인 전쟁에 대하여 그리고 우리에게 주어진 영적 권세에 대하여 많이 알게 됩니다. 그러므로 어떤 일을 추구하는 데 있어서 무조건 애를 쓰지 않고 기도하면서 주님의 섬세한 인도를 받으며 영감으로 살려고 하게 됩니다.

무엇보다 더 아름다운 것은 주님의 임재를 경험하는 이들은 말로 표현하기 어려운 만족감을 가지게 된다는 것입니다.

오늘날 명예를 가지고 있고 돈을 가지고 있고 많은 것들을 가지고 있는 사람들은 많지만 실제적으로 행복감을 느끼며 만족감 속에서 사는 이들은 거의 없다고 할 수 있을 것입니다.

그러나 주님의 임재를 경험한 이들은 주를 가까이 경험하면 할수록 만족감을 느낍니다. 그는 사나 죽으나 가난하나 부요하나 바깥일에 상관이 없이 만족감, 밀려오는 행복감에 사로잡히게 됩니다.

그것은 인간이 오직 하나님의 영을 경험할 때만이 얻을 수 있는 것입니다. 하나님께서 사람을 그렇게 설계하셨기 때문입니다.

주의 영의 임재는 영감을 민감하게 하며 묶인 감정도 자유롭게 하기 때문에 그는 감정의 표현에 있어서도 많이 자유롭게 됩니다. 쉽게 눈물이 흐르기도 하고 또 애정의 표현도 어렵지 않게 하게 됩니다. 그 안에 계신 분이 자유롭게 흘러나오고 말하고 하시기 때문에 자연히 그러한 고백을 하게 되는 것이며 그러므로 그가 있는 곳은 자연히 천국과 비슷하게 되어 가는 것입니다.

주님의 임재가 가져다주는 또 하나의 놀라운 선물은 정결한 느낌, 거룩한 느낌입니다. 사람들은 누구나 정도의 차이는 있지만 죄책감을 가지고 있습니다. 누구나 다 자신이 옳지 않다고 느낍니다. 더러운 느낌, 정결하지 않은 불쾌한 느낌을 깊은 속으로는 다 가지고 있습니다. 분노나 미움, 다른 이들에 대한 비난이나 정죄.. 등도 대부분 자신의 안에 내재된 이러한 죄책감에서 기인하는 것입니다.

그러나 주님의 그 따뜻하고 포근한 사랑의 물결에 사로잡히고 접하게 되면 가장 먼저 자신이 정결해진 느낌을 받게 됩니다. 자신의 더러움이 용서되고 씻겨진 거룩한 느낌을 받게 되며 그로 인하여 참 기쁨과 행복을 느끼게 됩니다.

아무런 영적인 감동이 없이 주님의 온전한 용서와 죄사함을 믿으려고 애쓰는 것과 그러한 사랑과 은총이 부어지는 감격 속에서 경험하는 자유와는 분명한 차이가 있습니다. 적어도 그것은 노력하는 신앙에서 누리고 즐기는 신앙으로 변화시켜 주는 것입니다.

주님의 영을 구체적으로 가까이 경험하게 되었을 때 얻어지는 삶의 환희와 변화의 열매들은 직접 경험하지 않고는 이해하기가 쉽지 않습니다. 분명한 것은 그러한 임재를 경험하기 시작할 때 그는 행복한 사람이 된다는 것입니다. 그는 짧은 시간에 많은 변화를 가지게 됩니다.

오늘날 오래 동안 온갖 신앙의 훈련을 받으면서도 변화되지 않는 이들이 많습니다. 말씀을 가르치고 말씀을 삶의 모든 가치와 기준의 중심으로 삼게 하는 것은 아주 중요하고 아름다운 일입니다.

그러나 그러한 말씀훈련이 지적 이해로 그친다면, 그리고 의지적으로 말씀을 수행하려고 애쓰는 것으로 그친다면 그것으로는 풍성한 열매를 얻을 수 없습니다. 오히려 그 영이 차갑고 냉랭해지며 정죄적이고 여유가 부족해질 수도 있습니다. 말씀과 함께 말씀의 영성을 경험해야 합니다. 말씀을 기록하신 서사이신 성령의 감동 속에서 말씀을 접하고 경험해야 합니다.

그렇게 해야 말씀이 머리에서 머무르지 않고 심령에 스며들어 온 몸과 영혼을 충만하게 변화시킬 수 있습니다. 말씀의 주인이신 주님 자신을 경험할 때 그분의 말씀과 능력이 신자를 사로잡게 됩니다.

주님은 살아계신 분이십니다. 그분의 임재는 너무나 아름답고 선명한 것입니다. 그분의 임재에서 풍겨나는 향취는 너무나 풍성하고 사랑스러워 이를 경험하는 이들은 변화되지 않을 수가 없습니다.
진리는 아주 단순합니다. 하나님은 사랑이십니다. 그러므로 우리가 그 거룩하신 임재를 경험하게 되면 사랑의 바다, 평강의 바다에 빠지게 되며 세상의 허무한 것들로부터 만족을 구하지 않게 됩니다.

우리는 그분을 체험해야 합니다.
아주 단순한 기도를 통하여 그의 임재를 체험할 수 있습니다.
그 어느 누구든지, 그분을 방해하지만 않는다면 그 아름답고 놀라운 임재로 들어갈 수가 있습니다.
왜냐하면 주님께서 그것을 기뻐하시기 때문입니다. 그분은 어떻게 해서든지 그분의 선하신 자비와 은총을 그분의 자녀들에게 베풀어주시기를 원하시기 때문입니다.
부디 이 살아계신 주님의 임재를 경험하십시오.
더 깊이 체험하십시오.
그분은 멀리 계시지 않습니다.
지금, 이 순간에
바로 가까이 계시는 주님을 의식하고 구하십시오.
당신은 그분의 영광에 들어가게 될 것입니다.
그리고 당신은 행복하게 될 것입니다.

16. 지속되는 임재

주님은 오랫동안 당신의 곁에 계시면서 당신과의 교제를 기다리셨습니다. 그분은 당신이 기쁠 때에도 슬플 때에도 외로울 때에도 항상 당신의 곁에 계셨습니다.
그러나 당신은 바로 곁에 계신 그분께 반응하지 않았으며 외로울 때에도 바로 곁에 계신 주님을 구하지 않고 다른 데에서 위안을 찾았을 것입니다. 그리고 모든 길이 막히고 한계가 올 때에만 비로소 주님을 찾았을 것입니다.
그러나 그렇게 주님께 기도하는 순간에도 주님이 당신을 만지시고 말씀하실 기회를 드리지 않고 혼자서 일방적인 이야기를 퍼부었을 것입니다.
그러한 당신의 태도는 주님의 마음을 몹시 고독하게 하고 아프게 했다는 것을 당신은 기억해야 합니다. 짝사랑을 하고 상대방으로부터 전혀 관심을 받지 못한 경험을 한 적이 있는 이들은 그것이 어떠한 것인지 알 수 있을 것입니다.

이제 당신은 주님과 동행해야 합니다. 아니 주님의 그 아름다운 향취를 맛보게 되면 주님과 같이 이 삶을 걸어가는 것 외에 다른 것에서 더 깊은 만족과 행복을 얻을 수 없게 될 것입니다.
사람들은 대체로 외로운 것과 심심한 것을 참지 못합니다. 그래서 은행 같은 곳에서 잠시 기다리려면 잡지나 신문들을 쳐다보고 있어야 합니다. 집에 도착하기가 무섭게 TV를 켜놓는 것은 보통입니다.
그러나 주님의 임재를 알게 되면 혼자 있는 시간을 더 이상 외로워하거나 심심해하지 않게 됩니다. 그는 사람들과 같이 있다가 혼자가 되면 즉시 이렇게 말하게 됩니다.

'주님. 이제 우리 둘 뿐입니다.'
사랑에 빠진 연인들은 제3자가 옆에 있으면 언제 그 사람이 가나.. 하고 몹시 눈총을 줍니다. 그리고 그가 사라지면 기뻐하며 말합니다.
'와.. 이제 우리 둘 뿐이네..'
주님의 임재를 아는 이들은 바로 그렇게 되는 것입니다.
그는 혼자 있게 되면 가슴이 뜁니다. 그리고 주님의 만지심과 임재를 누리기 시작합니다. 그렇게 천국이 시작되는 것입니다.

이 임재를 위한 편안한 시간은 잠을 자는 시간입니다. 밤에 잠이 드는 시간에 온 몸이 편안한 자세로 누운 다음에 '오, 주님.. 지금 임하여 주십시오.' 하고 기도하면서 기다리면 됩니다.
그러면 그는 실제적으로 주님이 가까이 임하시는 것을 감지하게 될 것입니다. 어떤 이들은 부드러운 바람이 그를 감싸는 것을 경험하기도 합니다.
어떤 자매는 언니와 함께 침대에서 잠을 자는데 이 기도를 배운 후에 밤마다 그렇게 기도를 하곤 했습니다. 그러면 침대에서 몸이 마구 흔들렸기 때문에 언니가 옆에서 '너 지금 무슨 일이니? 하고 묻기도 했습니다. 옆에 누군가가 있다면 조금 방해가 되기는 하겠지만 그래도 주님의 가까운 교제를 누릴 수 있습니다.

아침에 잠이 깨어서도 그렇게 기도할 수 있습니다.
'오, 주님. 오늘 하루를 승리할 수 있는 강한 기름부음을 주십시오.'
그러면 역시 주님의 임재가 온 몸에 임하는 것을 감지하게 됩니다.
우리는 혼자 조용히 있을 수 있는 시간과 공간이 있다면 언제 어디서나 이 기도를 드릴 수 있습니다.
은행에서 기다릴 때에도 우리는 잡지에 손을 대는 것 보다는 조용히 앉아서 주님의 임재를 기다릴 수 있습니다. 그리고 그 곳에서도 주님은 임하십니다. 우리는 그 만지심을 느끼고 경험할 수 있습니다.

또한 우리가 업무를 보고 있는 순간에도 그것이 깊은 집중력을 필요로 하는 일이 아닌 한 주님의 임재와 만지심을 구할 수 있습니다. 특히 지혜가 필요한 일에는 더욱 좋습니다. 우리는 주님과 같이 공부하고 일을 할 때 주님이 일에 필요한 깨달음이나 아이디어를 주시며 더 재미있고 효율적이 되는 것을 경험하게 될 것입니다.

물론 차를 운전하면서 주님의 강한 임재를 구하는 것은 곤란할 것입니다. 그러한 때는 주님과 대화를 할 수는 있겠지만 깊은 임재를 구해서는 안 됩니다.

우리가 어느 곳에 있든지 우리를 주님의 영으로 덮어주시고 보호해주시기를 기도하면 우리는 실제로 그러한 장막이 우리 위에 덮이는 것을 감지할 수가 있습니다. 이것은 악한 영향력이 있는 장소를 방문해야 하는 상황에서 취할 수 있는 좋은 방법입니다.

이러한 기도의 경험을 계속 누리다보면 우리는 주님과의 교제와 임재 속에서 사는 것이 천국의 삶인 것을 차츰 깨닫게 됩니다. 그리고 그러한 임재를 가능하면 벗어나고 싶지 않게 됩니다.

어떤 사모님의 체험에 대하여 들은 적이 있습니다. 이 사모님은 주님의 임재를 간절히 간구하였습니다.

그녀는 어느 날 갑자기 집으로 가는 엘리베이터 안에서 주님이 바로 옆에 계시는 것을 느꼈습니다. 그녀는 너무나 놀랐는데 집에 들어가 보니 주님이 소파에 앉아 계시는 것이 갑자기 선명하게 감지가 되는 것이었습니다. 물론 주님은 그녀가 그렇게 주님을 발견하기 전부터 그녀와 같이 계셨습니다. 다만 어느 시점이 되었을 때 그녀의 영이 열렸고 그녀는 그것을 감지하게 되었을 뿐입니다.

주님은 그 때부터 그녀에게 아주 구체적으로 말씀하시기 시작하셨습니다. 그녀는 항상 냉장고에 먹을 것을 가득 채웠는데 주님은 그것을 지적하셨습니다. 그녀는 남편을 조금 무시하는 면이 있었는데 주님은 그것에 대해서도 말씀하셨습니다. 그녀가 주님의 감동을 받으면서부터 그녀의 삶이 모든 면에 있어서 변화되기 시작한 것은 당연한 일이었습니다.

나는 언젠가 어느 집사님에게 임재의 기도를 가르쳐주고 해준 적이 있습니다. 그녀는 그 날 밤에 깊은 주님의 만지심을 경험하였습니다.

그녀는 주님이 자신의 얼굴을 만지고 온 몸에 기름부음이 임하게 되자 몹시 놀랐습니다. 그래서 '주님, 정말 맞으세요?' 하고 물었습니다.

나중에 내게 그녀가 자신의 체험에 대하여 이야기했을 때 나는 그녀에게 그러한 체험을 하고 있을 때의 느낌에 대하여 물었습니다.

그러자 그녀는 너무나 마음이 평화롭고 감미로웠다고 합니다. 그래서 나는 그녀에게 걱정하지 말라고 대답했습니다. 처음 경험하는 이들에게 그것은 신기하기도 하고 두려움이 들기도 하겠지만 그것은 자연스러운 일이며 별로 신기한 일은 아닙니다.

나는 언젠가 이런 이야기를 들은 적이 있습니다. 이 분은 시골에서 사셨는데 어느 순간 주님의 임재하심을 선명하게 느끼게 되었습니다. 주님이 너무나 분명하게 그의 옆에 계신 것을 보고 느끼게 된 것입니다.

그는 그 이후로 주님과 같이 계속 걸어 다녔습니다. 그런데 그가 사는 곳이 농촌이라 좁은 논둑길을 걸어갈 때가 많았는데 그가 길 위에서 걸으면 주님은 길옆의 진창에 빠지셔야 했습니다. 그래서 그는 한 동안 주님이 길 위에서 걸으시도록 하고 그는 길 밑의 진창에서 걸어 다녔습니다.

그는 6개월을 그렇게 걸어 다녔는데 사람들의 눈에는 옆에서 걸으시는 주님이 보일리가 없으므로 그가 미쳤다는 이야기를 듣는 것은 아주 당연한 일이었습니다.

이것은 보기 드문 이야기입니다. 또한 주님의 임재가 아주 선명하게 나타나는 경우도 있지만 대체로 그것은 아주 오래 유지되지는 않습니다.

어떤 이들은 그렇게 24시간 주님과 가까이 동행하면서 아주 사소한 일도 주님께 묻고 그에 따라서 움직이는 것이 영적인 것이라고 보기도 합니다.

그러나 그러한 것은 그리 바람직한 것은 아닙니다. 자칫하면 극단적으로 갈 수 있습니다.

식당에 가서 '오. 주님.. 오늘은 무엇을 먹어야 합니까?' 하거나 시장에 가서' 오, 주님.. 제발 대답해 주세요. 오늘 반찬은 무엇으로 할까요?' 하고 항상 묻는 것을 영적인 삶이라고 할 수는 없습니다. 주님은 우리와의 친밀한 교제를 기뻐하시는 것이지 우리를 로봇으로 만드는 것을 원하시는 것은 아닙니다.

주님은 우리가 모든 상황에서 주님을 의식하며 주님을 사랑하는 마음으로 모든 것을 선택하고 나아가는 것을 기뻐하십니다. 그러나 그것은 우리의 중심 동기가 주님을 향하도록 하라는 것이지 명령을 수행하는 로봇처럼 기계적으로 살아가는 것을 의미하는 것은 아닙니다.

우리가 주님의 임재를 경험해갈수록 우리는 거기에서 기쁨과 평화를 누리게 되며 그 임재를 소멸하기를 싫어하게 됩니다. 그리고 주 안에서 그의 임재 안에서 살아가기를 원하게 됩니다.

하지만 우리가 그렇게 주님을 붙잡고 살아갈 때에 어느 순간 주님의 영이 소멸되는 것을 느끼게 됩니다. 그것은 우리에게 심각한 고통을 줍니다. 갑자기 해가 진 것과 같은 허무감이 옵니다.

어떤 때에는 누군가를 비난하다가 갑자기 주님의 임재가 소멸됩니다.
어떤 때에는 주님의 감동에 순종하지 않을 때 그 임재가 소멸됩니다.
어떤 때에는 세상의 즐거움을 취하다가 그 임재가 소멸됩니다.
어떤 때에는 특별한 이유가 없이 그 임재가 소멸되기도 합니다.
그 임재의 기쁨과 영광을 맛본 이들은 이것을 견디기 어렵습니다.
그래서 그는 다시 순종하고 회개하며 주의 영의 임재가 돌아오기를 기다립니다. 어떤 때는 즉시로, 때로는 조금 시간이 지난 후에 주의 임재는 다시 회복됩니다.

신자는 이러한 훈련을 반복하면서 살아 계신 주님의 마음과 원하심을 구체적으로 느끼게 되고 알게 되는 것입니다. 그에게 있어서 주님은 결코 성경 속의, 역사 속의 인물이 아니며 그와 아주 밀접하게 삶을 나누는 아름다운 연인이며 사랑인 것입니다.

하나님의 임재 훈련은 결코 한 순간의 황홀경을 즐기는 수준에서 머물러 있으면 안 됩니다. 우리는 주님의 임재를 추구하면서 우리의 전 삶과 전 인격이 모든 순간에 주를 사모하며 추구하는 삶으로 나아가야 하는 것입니다. 경험이 쌓일수록 우리는 주님의 임재가 바로 천국의 상태인 것을 알게 되며 그리하여 우리의 모든 삶에서 그 천국을 누리게 되기를 원하게 되는 것입니다.

할 수 있는 모든 순간에 우리는 그의 임재를 구하여야 합니다. 주님과 같이 기도하고 주님과 같이 대화하며 주님과 같이 일하고 주님과 같이 가정으로 돌아옵니다. 주님의 감동 속에서 자녀들을 가르치며 사랑하며 삽니다. 그리고 그것이 곧 천국입니다.

신앙의 성숙이란 곧 이와 같이 좀 더 많은 순간에, 삶의 영역에서 좀 더 많은 부분이 주님의 임재 속에서 이루어져 주님의 통로가 되는 것이며 주님을 보여주는 것입니다.

신앙이 성숙할수록 우리는 삶과 죽음의 극한 상황에서도 마음의 평정을 잃지 않으며 주님의 실존을 보여주게 됩니다.

이 세상의 많은 것들은 다 지나갑니다. 승리도, 성공도, 명예도, 돈도, 안락한 삶도 다 일시적인 것입니다.

그러나 주님은 바로 천국이며 영광이며 영원입니다. 그러므로 이 주님의 임재, 그분의 실체를 경험하는 이들은 바로 천국의 영광을 미리 맛보고 있는 것이며 살아있는 동안 할 수 있는 한 모든 순간에 그 영광 속에서 살기를 원하게 되는 것입니다.

17. 사역자의 준비

사역자는 성도들을 주님 앞으로 가까이 인도하는 사람입니다. 사역자는 성도들에게 주님을 보여주는 사람입니다. 살아계신 주님이 어떠한 분인지 눈으로 확인시켜주는 것이 사역자의 본분입니다.
성도들은 주님에 대하여 단순히 배우는 것만으로는 주님의 실제를 맛볼 수가 없으며 그러므로 사역자의 사역을 통하여 살아계신 주님을 경험하게 되는 것입니다.
이러한 역할을 감당하기 위해서는 사역자가 주님의 임재와 실상을 분명하게 충분히 경험하고 누려야 합니다. 사역자가 개인적으로 주님과의 충분한 교제와 접촉을 가지고 있지 않다면 그는 자신이 자유롭지 못할 뿐만 아니라 사역에 있어서도 고생과 수고만 할 뿐 사역의 열매도 별로 기대할 수 없을 것입니다.

사역자는 심방을 가기도 하고 성도들의 여러 필요를 도와주기도 합니다. 그러나 가장 중심적인 역할은 예배 인도자로서의 역할일 것입니다.
사역자는 예배를 통하여 하나님의 살아계심을 보여주어야 합니다. 예배란 단순히 좋은 교훈을 가르치는 시간은 아닙니다. 인생을 사는 데에 도움이 되는 지혜들은 어디서나 들을 수 있습니다. 누구나 세상을 어느 정도 살고 삶의 경험이 있다면 어느 정도 깨달은 것이 있기 마련입니다. 그러나 그러한 일반적인 깨달음과 영적 생명에 속한 은혜는 비교할 수는 없는 것입니다.
사역자는 예배를 통하여 하나님의 실재와 살아계심을 보여주는 것입니다. 그 영광의 세계, 그 영광의 하나님을 나타내는 것입니다. 그 거룩과 사랑의 물결과 감동 속에 들어가면 아무도 하나님을 그리워하고 사모하지 않고는 살아갈 수 없을 것입니다. 그러므로 사역자의 가장 중요한 준비는 예배를 위한 준비입니다.

사역자들은 예배에 하나님의 임재가 나타나도록 기도하고 준비해야 합니다. 그것이 예배의 가장 중요한 요소이며 성도들이 살아있는 신앙인이 될 수 있게 하는 중요한 요소입니다.

오늘날 사역자들은 교회를 성장시키기 위하여 갖은 방법들을 사용하고 있습니다. 여러 가지 다양한 세미나, 훈련들, 제자 훈련, 영성 훈련, 치유를 위한 각종 심리적인 방법이나 대체의학의 기법을 사용하기도 하는 등 사람들의 관심과 필요를 채울 수 있는 다양한 노력을 기울입니다.

그러한 노력과 열심은 대단한 것이지만 그러나 그러한 것들은 사람의 영혼 속에 있는 본질적인 갈망을 채워주지는 못합니다. 설사 교회의 외형을 크게 하는 데에 성공했다고 하더라도 신자의 진정한 변화를 기대하기는 어렵습니다.

사람들은 그 영혼이 오직 하나님의 살아 계신 임재를 경험할 때에만 진정한 만족감을 얻을 수 있습니다. 그들의 영이 열리고 민감해져서 하나님을 경험하고 그 영광과 사랑과 한량없는 은총을 맛보고 경험한 후에야 사람들은 진정한 영혼의 평화를 얻으며 그 주님을 추구하게 됩니다.

주님의 임재를 경험한 이들은 다시는 세상의 허무한 것들을 추구하지 않습니다. 그들에게는 오직 주님과 주님의 뜻, 주님의 기뻐하시는 것이 삶의 목표가 되며 자신의 성취와 영광과 만족을 위하여 더 이상 살고 싶어 하지 않습니다.

사역자들은 오랫동안 열심을 기울여 사역을 했음에도 불구하고 성도들이 잘 변화되지 않는 것을 보면서 절망하고 낙담합니다. 그들은 성도들이 많은 설교를 들어도 그것을 도무지 삶에 적용하지 않으며 변화되지 않는다고 낙심합니다.

그러나 그렇게 고민하는 사역자 자신도 사실 별로 변화되지 않습니다. 사람들은 오직 그 영이 깨어서 주님의 영을 맛보고 경험할 때만 변화되게 되어 있습니다. 이론과 지식은 단순히 머리만 만족시킬 뿐 사람을 변화시키지 못합니다.

성도들이 주의 영의 임재를 경험하게 되면 사역자들은 더 이상 성도들에게 변화되라고, 주님을 붙잡으라고 강변할 필요가 없습니다. 그들은 저절로 그렇게 될 수밖에 없기 때문입니다.

주님의 임재를 아는 성도들은 오직 그 놀라우신 주님만을 붙들기 원하기 때문입니다. 그들은 병으로 아파서 죽어도 주님을 구하고 기뻐할 것입니다. 그들은 가난하고 삶이 힘들어도 주를 구할 것입니다. 주님의 임재는 그 어떤 보화와도 비교할 수 없기 때문입니다.

오늘날 사역자들은 설교 준비에 많은 시간들을 사용합니다. 많은 자료들을 구하며 예화를 찾고 준비합니다.

그러나 사역자들이 가장 많이 준비해야할 것은 주님의 깊고 아름다운 임재 속에 사로잡히는 것입니다.

그리고 그 충만한 임재 속에서 집회에 나아가서 그 영광의 주님의 빛을 사람들에게 나누어주는 것입니다.

나는 집회가 있을 때 집회에 가기 전에 항상 그러한 주님의 기름부으심을 받기 위해서 준비합니다. 그리고 집회에 나갑니다. 기름부음이 임하면 집회에서 전할 내용에 대한 감동을 같이 주시기 때문에 메시지의 준비에 별로 많이 시간을 사용하지 않습니다.

집회를 하러 갈 때 나는 때로는 어떤 영적인 능력이 나를 둘러싸고 있는, 온 몸에 마치 두꺼운 옷을 입은 듯한 느낌으로 가기도 합니다. 때로는 심장에 아주 섬세하고 달콤한 사랑의 느낌을 충만하게 가진 상태에서 집회에 가기도 합니다.

그리고 그런 상태에서 집회를 하게 되면 성도들은 집회를 하는 가운데 강력하고 충만하거나 달콤하고 섬세한 주의 임재와 기름부으심을 경험하게 됩니다.
집회는 자연히 울음바다가 되고 성도들은 주의 영 가운데 사로잡힙니다. 그들은 천국이 어떠한 것인지, 은혜 가운데 사로잡히는 행복과 감동이 어떠한 것인지 맛보게 됩니다.

하지만 집회 전에 마귀의 방해도 많고 준비도 부족해서 기름부음을 별로 받지 못하여 그러한 주님의 임재로 덧입혀지지 않은 상태라면 집회를 진행하는 것도 힘들며 억지로 인도해도 별로 은혜가 없습니다.
그러나 주님의 강력한 임재를 유지한 채 집회에 나가면 사람들은 찬양을 시작하는 그 순간부터 울기 시작합니다. 그리고 아주 평범한 메시지를 전해도 사람들은 충격을 받고 그 메시지에 거꾸러집니다. 그것은 바로 영의 전달, 임재의 전달 때문입니다.

나는 지금 목회를 하고 있지 않지만 가끔 집회를 하게 되면 잠시 하루의 집회를 위해서 멀리 부산, 포항, 강원도 등지에서 사람들이 몰려오는 것을 보았습니다.
며칠간 여름 수련회를 했더니 전국에서는 물론 미국, 호주, 일본, 홍콩 등에서 그 집회를 위하여 오는 것을 보았습니다. 일체의 광고를 하지 않고 홈페이지에 광고를 올렸을 뿐이고, 장소도 찾아오기 이려운 곳인데 짧은 기간에 예상 인원이 배 이상으로 차서 예정된 공간에 수용을 할 수가 없어서 어쩔 수 없이 참석의 신청을 마감해야했습니다.
그들은 단순히 주님의 살아계신 임재에 굶주리고 있었습니다. 단순한 의식적인 집회가 아닌 주님, 그분 자신의 만지심과 체취를 누리고 맛보기를 열망하고 있었습니다.
집회를 참석한 이들이 눈물로 그 때를 회상하고 그리워하는 것은 바로 주님 자신의 임재, 그 사랑의 물결과 행복감 때문이었습니다.
오늘날 사람들은 부흥의 시대가 지나갔다는 이야기를 많이 합니다. 그러나 그렇지 않습니다. 지금은 새로운 부흥을 준비하는 시기입니다. 오늘날 그 심령이 메마른 그리스도인들은 간절히 간절히 주님의 살아계신 임재 가운데 들어가게 되기를 소원합니다. 그리고 그러한 집회에 참석하기를 소원하고 있습니다. 주님의 임재는 사람의 영혼 깊은 곳을 만족시킵니다. 그러므로 성도들은 그러한 예배를 기다리는 것입니다.

오늘날 사역자의 가장 중요한 준비는 주님의 임재하심에 가득 사로잡히는 것입니다. 사역자는 예배 전에 그 충만한 기름부음을 준비해야 합니다.
오늘날 사역자들은 너무 바쁩니다. 성도들은 사역자들에게 너무나 많은 것들을 요구합니다.
그러나 사역자들은 그러한 모든 요구를 도와주는 것 보다 자신이 많은 시간을 가지고 주님의 임재를 맛보고 훈련하는 것이 필요합니다. 그리고 그 받은 주의 임재를 성도들에게 나누어주는 것이 필요합니다.
그리하여 성도들이 직접 주의 사랑과 임재에 들어가게 되면 그들은 그다지 사역자의 도움이 필요하지 않게 됩니다. 바로 옆에 계신 주님을 의뢰하게 되고 그 영의 흐름을 같이 서로 교제하며 나눌 수 있기 때문입니다.

사역자는 주님의 임재를 훈련해야 합니다. 그것이 사역자의 가장 중요한 훈련이며 집회 인도에 있어서의 가장 중요한 준비입니다.
사역자가 이것에서 성공할 수 있다면 그는 외적인 부흥 이전에 이 세상에서 가장 행복한 자가 될 수 있을 것입니다. 주님의 사랑과 주님의 기쁨과 주님의 영광을 사람들에게 보여주고 나누어주는 가장 영광스러운 통로가 될 수 있을 것입니다.

3부

더 깊은 임재를 위하여

1. 의지를 굴복시킴

아브라함은 하나님의 음성을 들었습니다. 친히 하나님을 대면하였으며 약속의 말씀을 받았습니다.
그러나 삶 속에서 유혹이 오자 그는 쉽게 타협하고 말았습니다.
그는 하나님이 약속하신 땅에 기근이 오자 곧 그 땅을 떠나 애굽으로 갔으며 애굽에서 아내의 미모로 인한 위험이 닥치자 거짓말로 위기를 모면하려 합니다.
어떻게 그럴 수 있을까요? 어떻게 하나님의 살아계심을 경험하고 그 은총을 맛본 사람이 그렇게 쉽게 믿음이 무너질 수 있을까요? 이것은 한 번의 기름부음, 하나님과의 한 두 번의 접촉으로 인하여 사람이 완전히 변화되는 것은 아니라는 것을 보여줍니다.

기름부음은 대체로 처음에는 바깥의 영역에서 시작하여 차츰 안으로 임하기 시작합니다. 즉 몸의 영역에서 시작하여 점차로 생각과 감정, 내면 깊은 곳에까지 영향을 끼치게 되는 것입니다.
그리고 최초의 기름부으심과 접촉은 강렬하기는 하지만 그리 오래 지속되는 것은 아닙니다. 그러므로 우리는 더 깊은 교제, 더 깊은 기름부으심과 임재를 경험하여야 합니다.
최초에 임하는 기름부음, 몸에 임하는 기름부음은 인격적이기보다는 기계적입니다. 기계적이라는 것은 물리적인 법칙에 의하여 이루어진다는 의미입니다.
예를 들어 인격이 훌륭한 사람도 절벽에서 뛰어내리면 다칩니다. 인격과 물리적인 법칙은 서로 연관이 있는 것이 아닙니다. 그러므로 그 중심이 그리 성화되고 헌신되지 않은 사람이라고 해도 주의 영이 임하실 수 있도록 자신을 개방하면 주의 임재를 경험하게 됩니다. 다만 그것은 몸의 영역이며 은사의 영역이며 바깥뜰의 영역이기 때문에 우리는 좀 더 깊은 영역까지 그 기름부으심을 경험해야 합니다.

어떤 이들은 오랫동안 주님의 임재하심을 구하여 왔습니다. 그리고 오래 전부터 주님의 임하심을 어느 정도 경험하여 왔습니다. 그러나 이상하게도 어느 수준에서 더 깊이 나아가지 못하는 이들이 무척 많습니다.

그들은 손과 발에 어떤 강력한 힘을 느낍니다. 그리고 신유의 도구로 사용되기도 합니다. 때로는 강력한 불을 경험하기도 합니다. 그러나 그 이상은 나아가지 못합니다.

어떤 이들은 좀 더 강력한 주님의 기름부으심을 경험하기 위하여 세계를 돌아다니며 집회에 참석합니다. 주님의 풍성함이 임하신다는 곳을 열심히 쫓아다닙니다.

그러나 그 당시에 그들은 어느 정도 은혜와 감동 속에 있지만 그 이상으로 나아가지 못합니다. 수없이 쓰러졌다가 자리에서 일어나지만 더 깊은 영역으로 나아가지 못합니다.

그들은 기름부음을 받았습니다. 그러나 그 기름부음은 육체의 영역에 머물고 맙니다. 내면의 주님과 깊은 연합과 일치를 이루지는 못합니다.

그 이유는 무엇일까요?

그것은 그들의 영혼, 그들의 마음 상태, 영적인 상태가 내적으로 주님과 조화되지 않고 있기 때문입니다.

그렇게 주님과 조화되지 않은 가장 근본적인 이유는 무엇일까요? 그것은 인간이 하나님의 의지를 거스르고 그 영광을 떠나 제멋대로 산다는 것입니다.

이 우주 안에 있는 모든 피조물 가운데 조화가 깨어진 존재는 오직 인간밖에 없습니다. 모든 자연은 항상 평화롭습니다.

그러므로 우리는 심신이 피곤하고 지쳐있다가도 자연에 나가면 휴식과 회복을 얻게 되는 것입니다.

그렇습니다. 하늘도 땅도 식물도 동물도 그 모든 것이 하나님께 순복하고 그 권위 가운데서 움직입니다. 그러므로 그들은 평화롭습니다. 그러나 인간은 하나님을 떠나서 스스로 주인이 되었습니다. 그들은 주인이 될 능력이 없는 상태에서 주인이 되었기에 항상 불안하고 초조합니다.

사람들은 도둑질을 아주 큰 죄라고 생각합니다. 또한 거짓말이나 욕심을 나쁜 죄라고 생각합니다. 그러나 자신이 하나님께 굴복되지 않았다는 것에 대하여는 그리 대단하게 생각하지 않습니다. 그러나 그것이 가장 근본적이고 무서운 죄입니다.

그리스도인이 주님을 영접하고 그의 삶의 주인으로 모셨다고 해서 그 고백대로 당장 주님이 그의 실제적인 주인이 되시는 것은 아닙니다. 그것이 이루어지기까지는 많은 시간과 과정이 필요합니다. 사람은 수없이 많은 고통과 절망을 체험하지 않고는 스스로의 왕좌 자리에서 그리 쉽게 내려오지 않습니다.

자기 멋대로 산다는 것, 우리의 주인이신 주님께 온전하게 굴복되지 않은 것.. 이것이 바로 주님의 충만한 기름부으심을 제한하는 가장 중요한 요소입니다.

어떤 사람이 아무리 많이 기도하고 주를 구하고 금식을 하며 은혜를 사모한다고 해도 그의 의지가 주님께 충분히 드려지지 않았다면 그는 피상적인 은혜에서 더 이상 나아갈 수 없습니다.

우리 인생의 훈련은 바로 그렇게 굴복되지 않은 우리의 고집과 우리의 감각, 느낌, 우리 중심의 삶이 주님의 마음, 주님의 손에 굴복되기 위한 과정으로 주어지는 것입니다.

그러나 많은 훈련을 받으면서도 모든 이들이 훈련을 통과하는 것은 아닙니다. 많은 이들이 여전히 주님의 뜻 가운데 조화되지 않고 자신의 마음대로 삽니다. 그러기에 그들은 쉽게 불안과 근심과 염려에 빠지게 되는 것입니다.

그렇게 주님의 손에 굴복되지 않은 이들의 중요한 특성은 원망입니다. 어떤 이가 자신의 뜻이나 계획대로 일이 잘 풀려나가지 않을 때 쉽게 주님을 원망하는 사람이라면 나는 그가 아직 주님의 손에 잡히지 않은 사람이라고 이야기할 수 있습니다.

그러한 이들은 주님의 능력을 부분적으로 경험할 수는 있겠지만 아직 주님의 마음을 받을 수는 없으며 주님과 연합할 수 없습니다. 그들은 좀 더 많은 고통의 훈련을 통과해야 합니다. 그들은 온 세계를 다니며 기름부으심을 구해도 주님의 깊으신 임재를 맛볼 수는 없습니다.

우리는 요나의 모습을 통하여 이러한 원리를 확인할 수 있습니다.

요나 역시 하나님의 임재를 알고 있는 사람이었습니다. 그는 은혜를 받은 사람이었습니다. 권능의 세계를 알았고 하나님과 친히 교통하는 사람이었습니다. 그는 아주 강력한 성품의 사람이었습니다.

그는 거센 풍랑이 몰아치는 파도 앞에서도 죽음 앞에서도 까딱하지 않는 강한 사람이었습니다. 심지어 물고기 뱃속에 빠지는 고난을 겪으면서도 그는 여전히 당당하고 강건했습니다.

그러나 요나가 가지고 있는 대표적인 이미지는 그가 도망가는 사람이라는 것입니다. 하나님의 명령, 하나님의 사명, 하나님의 뜻을 피해서 도망가는 사람.. 이것이 요나의 모습입니다.

왜 그는 하나님의 뜻을 거역하고 도망갔을까요?

물론 많은 이유가 있을 것입니다. 앗수르는 그의 조국의 적대국입니다. 아마 앗수르 인들에 의해서 가족을 잃었는지도 모릅니다. 아무튼 그는 여러 이유를 들어 그의 행동에 대해서 하나님 앞에서 당당하게 따집니다.

하지만 중요한 것은 그가 하나님이 아니고 하나님의 종이라는 것입니다. 그는 이유야 어찌되었든 하나님의 뜻에 순종하고 굴복해야 했습니다. 개인적인 감정을 내세워서는 안 되는 것입니다.
그러나 요나서의 시작부터 끝까지 그는 여전히 잘난 사람이었고 할 말이 많은 사람이었습니다. 그는 끝까지 주님을 원망합니다. 그리고 굴복하지 않습니다. 이것이 그의 모습이었습니다.

이것은 광야의 훈련을 통하여 티끌처럼 낮아져서 온전한 하나님의 통로가 되었던 모세나 다윗이나 엘리야에 비하면 너무나 한심한 모습입니다. 하나님의 생명적인 권능은 온전히 그의 손안에서 다루어지고 굴복된 사람에게서만 나오는 것을 그는 아마 알지 못했을 것입니다.
요나는 하나님께 굴복되지 않았습니다. 그는 하나님께 화를 냈습니다. 그는 하나님께 원망했습니다. 그는 하나님의 영을 받은 사람입니다. 은혜를 체험한 사람입니다.
그러나 그는 더 깊은 곳으로 갈 수 없었습니다. 그는 배에 타고 있는 불신자들에게도 설교를 들어야 했습니다. 그는 깊은 주님의 통로가 되지 못했습니다.

오늘날 많은 이들이 주님의 은총을 맛봅니다. 그러나 아직 그들은 굴복되지 않았습니다. 그들은 감미로움을 경험하고 기뻐합니다. 그리고 능력을 받아서 세상에서 알려지고 성공하게 되기를 기대합니다. 그러나 그들의 그러한 기대가 좌절될 때 그들은 하나님께 원망하기 시작합니다.
이 단순한 죄, 바로 그 원망 때문에 이스라엘 백성은 약속의 땅에 들어가지 못하고 광야에서 다 죽었습니다.
그리고 오늘날 많은 은총을 받은 이들도 아직 그들의 중심이 주님과 조화되지 못한 고로 더 깊은 은총의 세계에 나아가지 못하고 그 상태로 삶을 마칩니다. 그것은 너무나 비극적인 일입니다.

오늘날 많은 이들이 하나님께 원망합니다. 도대체 일을 어떻게 하시는 거냐고 따집니다. 이럴 수가 있느냐고 항의합니다. 하나님 노릇을 제대로 하라고 원망합니다.

만일 우리에게 이러한 원망의 요소가 조금이라도 있다면 우리는 어둠의 영에게 틈을 주는 것이며 온전한 하나님의 평화를 맛볼 수가 없습니다. 우리는 우리의 생명이 살든 죽든 우리의 삶이 평탄하게 풀리든 말든 주님께 경배해야 하며 조용히 우리 자신을 주님께 내어드려야 합니다. 그것은 우리의 마땅한 자세입니다.

이스라엘 백성은 애굽에서 하나님의 놀라우신 기적들을 경험하였습니다. 그들은 크게 기뻐하였으며 바로와 그의 군사들이 홍해바다에 빠져 죽었을 때 미리암과 이스라엘 백성들은 춤을 추면서 하나님을 찬양하였습니다.

그러나 그들의 감사와 찬양은 그리 오래 가지 않았습니다.

그들은 기근에 부딪쳤습니다. 목이 마르고 배가 고프고 날마다 똑같은 음식인 만나만을 먹어야 했습니다. 그들은 원망하기 시작했습니다.

그들이 원했던 것은 이러한 것이 아니었습니다. 그들은 하나님을 믿기만 하면 만사가 형통하리라고 생각했습니다. 성공과 축복만이 있을 것이라고 믿었습니다. 당연히 그들은 꿈이 좌절되자 화를 내기 시작했습니다. 그들은 바로의 압제에서 벗어났고 환경의 재앙에서 벗어났지만 아직 그들의 심령은 주님께 굴복되지 않았습니다. 그들이 그들 인생의 주인이었습니다. 하나님 자신도 그들을 섬겨주어야만 했습니다.

그들은 그러한 상태에서 더 발전하지 못했습니다. 그리고 그렇게 원망하는 수준에서 죽었습니다.

오늘날 어느 정도 하나님의 임재와 은혜를 경험하지만 이 상태에서 더 발전하지 못하고 있는 성도들은 얼마나 많은지요! 그것은 너무나 비참한 일입니다.

어떤 이들은 방언을 합니다. 그러나 여전히 자기 성질대로 삽니다. 어떤 이들은 예언을 합니다. 그러나 여전히 환경이 자기 마음대로 풀리지 않으면 불평과 원망을 합니다.

어떤 이들은 놀라운 사랑과 기쁨의 체험을 하기도 합니다. 그러나 역시 많은 부분에서 그는 인생의 주인입니다. 그의 감정은 여전히 자기중심입니다. 그는 여전히 영광을 받기를 원합니다.

물론 이러한 상태에서는 더 주님께로 나아갈 수가 없습니다. 주님은 우주의 왕이시기 때문입니다.

사울은 충만한 기름부으심을 받았습니다. 그러나 그는 자신의 왕 자리를 내려놓으려고 하지 않았습니다. 그리고 그의 기름부으심은 소멸되었습니다.

삼손은 역사에 유례가 없는 엄청난 권능과 힘을 받았습니다. 그러나 그 역시 그 놀라우신 기름부으심을 소홀히 하였고 잃어버렸습니다.

그처럼 어느 정도 은혜를 경험하였으나 더 이상 나아가지 못하고 그것을 잃어버리는 이들은 무척 많습니다. 그리고 그것은 비극입니다.

더 깊은 은혜에 나아가기 위해서 우리는 주님의 손에 온전히 굴복해야 합니다. 우리의 겉 표면에서 가장 깊은 중심에 이르기까지 오직 주님께 대한 순복과 감사로 채워져야 합니다. 내가 주인이 되고 내 마음대로 하지 않고 매사에 주님의 뜻을 구해야 합니다.

이해할 수 없는 일을 겪었어도 우리는 이를 악물고 원망을 토해서는 안 됩니다. 우리의 인생에 절벽이 오고 상상하기 어려운 고난과 버림받음과 온갖 충격이 온다고 해도 우리는 입을 다물고 주님을 높여야 합니다. 우리의 세포 하나까지도 오직 주님께 순복해야 하며 온전히 그분께 드려져야 합니다. 그 때에 주님의 깊은 기름부으심은 우리 가운데 임하실 수 있습니다.

고난과 역경은 그 사람을 보여줍니다. 어떤 이들은 상황이 좋을 때 주님을 위하여 목숨을 걸겠다고 고백하지만 고난이 오면 쉽게 원망하고 도망갑니다. 어떤 이들은 고난이 올 때에 목숨을 잃더라도 주님을 버리지 않습니다.
그러므로 고난은 우리의 기름부으심을 강건하게 하기도 하고 소멸하기도 합니다.
고난에 대한 반응을 통해서 우리는 우리가 인생의 주인인지 주님이 진정한 주인이신지를 나타내주고 있는 것입니다.

우리는 결코 겉의 기름부음으로 능력으로 만족해서는 안 됩니다. 그저 몇 가지 신기한 것을 체험하고 기능을 체험하고 자족해서는 안 됩니다. 우리는 오직 주님의 사람, 그 자체가 되어야 합니다.
더 깊은 기름부음을 위하여 당신 자신을, 당신의 의지를 온전히 주님께 굴복시키십시오.
그리하여 그분의 뜻에 조화를 이루십시오.
그분이 당신을 통치하시는 데에 아무런 장애가 없게 하십시오.
그 때에 주님의 기름부으심은 그분이 원하시는 것만큼 한량없이 임하게 될 것입니다.

우리의 의지가 깊이 주님께 굴복될 때
삶이든 죽음이든 성공이든 실패든
명예든 버림받음이든
온전하게 주님께 드리고 내려놓을 때
우리는 더욱 더 충만하고 깊은 기름부으심 속으로 들어가게 될 것입니다.

2. 임재를 소멸시키는 분노

어느 날 아내는 내게 심각한 표정으로 이런 질문을 하였습니다.
"여보, 나는 주님의 강렬한 역사들을 여러 번 체험했잖아요. 그런데 왜 나는 그것을 계속 잘 유지하지 못할까요?"
나는 그녀를 물끄러미 바라보면서 여러 생각에 사로잡혔습니다. 그녀는 과거에 여러 은혜스러운 집회에 많이 참석하였고 찬양을 좋아해서 찬양집회를 많이 찾아 다녔습니다. 그리고 그 과정에서 주님의 신선한 은혜와 기쁨을 많이 누렸었습니다.
그러나 그녀가 직접적으로 강렬하게 주님의 임재에 사로잡힌 것은 그녀가 무기력한 상황에 있었을 때의 경험이었습니다.

그녀는 온 몸이 부서질 정도의 강력한 고통과 선명한 임재에 사로잡혔고 그녀는 자신이 미치는 줄 알고 놀라서 울었습니다. 그 경험 이후에 그녀의 기도 생활이나 영성 생활은 달라졌습니다.
기도하는 목소리만 잠깐 들어도 그녀의 기도에서 흘러나오는 강렬한 힘 때문에 변화를 금방 느낄 수 있었습니다. 그것은 누구나 느낄 수 있는 변화였습니다.
그 이후 그녀는 주님의 임재 현상에 대하여 예민해졌습니다. 한번은 공식 집회도 아니었고 교회에서 그저 몇 명이 모여서 기도를 하고 있었는데 주님의 강렬한 임재가 그녀에게 임했습니다. 그녀는 그 불에 사로잡혀 온 몸을 움직일 수 없었습니다.
나는 그녀가 그러한 상태인 줄 모르고 집에 가자고 했습니다. 기도하던 사람들이 다 나가던 상황이라서 나도 집으로 가려고 했던 것입니다.
그녀는 거의 몸을 움직일 수 없었습니다. 그러나 간신히 용을 써서 일어났습니다. 그녀는 집으로 걸어가는데 마치 구름 위를 걷는 것 같다고 하였습니다. 그녀는 다리가 꼬여서 도저히 걸을 수가 없었습니다. 그녀는 술이 취한 듯이 비틀거리며 아주 가까운 거리에 있는 집에 간신히 도착할 수가 있었습니다.

물론 그것은 별로 바람직하지 않은 일이었습니다. 그런 상황에서는 조용히 누워서 안식할 때 기름부으심이 더 깊이 임하고 증가되기 때문입니다.

그녀가 처음에 묻는 기도를 배울 때의 이야기를 기억합니다. 6-7년쯤 전 나는 사역을 하면서 금요일에 청년들을 데리고 듣는 기도를 훈련하고 있었습니다.

어떤 주제나 문제를 가지고 기도하면서 들려지거나 느껴지는 주님의 감동을 서로 이야기하도록 시키는 훈련이었습니다. 나는 청년들의 이야기를 들으면서 그들의 영들을 분별해주고 지적하고 방향을 제시하곤 했습니다.

아내는 처음에 이러한 부분에 대하여 서툴렀습니다. 그녀는 아무리 기다려도 아무 것도 느낄 수 없고 들리지 않는다고 말하곤 했습니다.

나는 그녀에게 기도해주고 좀 더 구체적인 방법을 제시해주었습니다.
조금 지나자 그녀는 어느 날 갑자기 너무나 선명한 메시지가 떠오른다고 신기해하기 시작했습니다.

그녀는 나의 조언에 따라 노트를 가지고 기도를 하기 시작했습니다. 어떤 사람에 대하여 이야기를 하면 주님께서 미처 알 수 없었던 메시지를 주시기 시작했고 그것은 상대방에게 아주 요긴하고 좋은 것이었습니다. 또한 구체적인 기도 제목에 대하여 주님께 물을 때 주님은 아주 선명한 대답들을 주시기 시작하셨습니다.

나는 그녀가 예언의 영을 받았다고 느꼈습니다. 유감스럽게도 얼마 후에 그것은 많이 소멸되었지만 말입니다.

그녀는 이 책의 첫 부분에 언급했던 수동 기도원 집회에서도 강력한 주님의 역사를 경험하였습니다. 그 경험은 집회에서가 아니고 같이 동행했던 집사님들과 십여 명이 소규모의 기도와 찬양 모임을 가지고 있을 때 임했습니다.

나는 가정에 심방을 가거나 소그룹 모임을 하면서 기타를 들고 찬양을 하며 기도를 인도하다보면 사람들이 울거나 쓰러지거나 데굴데굴 구르는 것을 많이 보았습니다.

아내는 남들을 많이 의식하는 편이기 때문에 그러한 감동이 있어도 자제하는 편인데 그 날은 성령의 역사가 강렬했던 새벽 집회에 이어진 모임이어서인지 저항하기 어려울 정도로 강력한 주님의 역사에 사로잡히게 되자 큰 소리로 비명을 지르며 울었습니다. 그녀는 온 몸이 데굴데굴 구르려고 하는 것을 이를 악물고 버티었습니다.

그렇게 절제하는 것은 그리 좋은 것이 아니었지만, 아무튼 그러한 경험들은 그녀의 심령의 감각을 열어주고 사로잡히게 하는데 중요한 계기가 된 것이 분명하였습니다.

그 경험 이후 한 동안 그녀는 아무 때나 찬양을 듣기만 하면, 기도를 하기만 하면 심령에 물밀 듯이 밀려오는 감동과 주님의 놀라우신 임재와 영광의 세계에 접하곤 했습니다.

문제는 이러한 경험들이 충분히 그리고 계속 더 깊은 곳으로 발전하지 못한다는 데에 있었습니다.

그와 비슷한 경험을 하는 이들은 많았습니다. 어떤 형제는 교회에서 하는 여름 수련회를 마치고 주일에 드리는 예배에서 폭발적인 주님의 임재에 사로잡혔습니다.

항상 한 번의 집회보다는 계속적으로 이어지는 집회에 더 강렬한 은혜가 임하는 것이 보통입니다. 그것은 그러한 영적인 힘이 계속 축적되기 때문이지요. 강렬한 수련회의 여파에서 충분히 벗어나기 전에 주일날 임재의 집회를 드리니 그 형제는 감당할 수 없었습니다.

모두가 조용히 '사랑해요 주님..' 이라는 곡을 부드럽게 부르고 있을 때 그는 강력한 불에 사로잡혀 데굴데굴 구르기 시작했습니다. 그는 몸부림을 치면서 살려달라고 주님께 외쳤는데 자신은 기억이 없는 듯 했습니다. 이 형제를 통해서 한 동안 교회에 영적인 열기와 에너지가 전달되었습니다. 형제는 주님의 사랑의 임재에 함몰되었고 오직 기도 속에서 살기를 원했습니다.

이 형제와 같이 기도하거나 이 형제의 손에 닿는 이들은 그러한 능력과 힘이 전염되었습니다.

어떤 이는 기도를 받은 후 온 몸에 안 아픈 데가 없을 정도로 영의 강력한 기름부음을 경험하기도 했습니다. 어떤 한 사람이 강력한 주의 기름부음을 경험하면 그것은 다른 이들에게 전달이 되는 것이 보통입니다. 특히 가까이 있는 이들은 그러한 영향을 많이 받게 되지요.

어떤 자매는 초신자에 가까웠는데 집회에 몇 번 참석했다가 그러한 강력한 성령님의 바람에 휩쓸리게 되고 쓰러져 구르면서 주님께 사로잡히게 되었습니다.

한 동안 그녀는 직장에서 근무가 어려울 정도로 영적 현상에 붙들려 고생을 했고 그녀가 손을 얹고 기도하는 이들은 갑자기 통곡을 하거나 주님의 임재 가운데 들어가거나 했습니다.

내가 이야기하고 싶은 것은 이것입니다. 그러한 경험들은 분명히 아름답고 놀라운 것이었습니다. 그러한 경험들은 단순히 하나의 즐거움에서 끝이 나는 것은 아니었습니다. 그 경험은 분명히 많은 변화들을 동반하였습니다.

강렬하게 주님께 사로잡힌 순간들이 시간적으로 그리 긴 것은 아니었다고 해도 그 과정에서 인생관과 사고방식이 뿌리째 바뀌어버리는 것은 보통이었으며 그것은 일생을 두고 주님을 사랑하고 추구하게 되는 계기가 되었습니다.

그러나 유감스러운 부분도 있었습니다. 그러한 강렬한 체험이 어느 정도 시간이 흐르면 자연히 부드럽고 자연스럽게 일상화되는 것이 당연하기는 했지만 또한 그 아름답고 따뜻한 영의 영향력은 서서히 약해지고 둔감해졌던 것입니다. 어떤 의미에서 그 아름답고 풍성한 영의 역사가 많이 소멸되는 측면이 있었던 것입니다.

왜 우리는 그것을 계속 유지할 수 없을까요? 그저 연애시절이나 신혼 때에만 사랑의 신선함을 유지하고 대부분의 결혼 생활은 그저 무덤덤하게 사는 것이 보통의 삶일까요? 물론 그렇지는 않을 것입니다.

나는 많은 이들이 처음의 그러한 강렬한 경험을 계속 유지하며 더 깊은 주님을 알아나가는 것을 봅니다. 그러나 또한 그 놀라우신 주님의 풍성함을 잃어버리고 마는 경우도 보았습니다.

아내의 경우 예언의 영이 많이 손실된 것은 아주 단순한 계기에서였습니다. 나는 새벽기도를 하지 않습니다. 신체리듬이 그러했습니다. 내 경우는 밤 시간이 기도하기에 좋고 아침에는 컨디션이 별로 좋지 않았습니다. 그래서 내가 교회사역을 할 때 나는 새벽기도를 하지 않았습니다.

그런데 그 즈음에 성도들이 자꾸 원해서 할 수 없이 새벽기도회를 인도하게 되었고 아내도 할 수 없이 따라 왔습니다.

아내는 졸면서 예배를 드리고 졸면서 기도를 드렸는데 한 동안 그렇게 하다 보니 그 영이 다 소멸되어 버렸습니다. 나중에는 주님께 무엇을 물어도 아무런 감각이 없는 상태가 되어 버렸지요.

나는 그 때에 처음으로 새벽기도를 하다가 영감이 소멸될 수도 있다는 것을 알았습니다.

새벽기도가 문제가 아니라 피곤한 상태에서 무리하게 기도를 드리는 것은 영의 민감성을 소멸시킬 수도 있는 것입니다.
어떤 이들에게는 새벽에 기도하는 것이 가장 좋은 시간일지 모릅니다. 그러나 어떤 이들에게는 그것이 맞지 않을 수도 있습니다. 그리고 자신에게 가장 맞는 시간과 방법을 선택하는 것이 좋은 것입니다. 분명한 것은 몸의 컨디션이 별로 좋지 않은 상황에서의 무리한 기도는 영감에도 지장을 줄 수 있다는 것입니다.
물론 그러한 이유가 영적인 소멸의 가장 중요한 이유는 되지 않을 것입니다. 아내는 나에게 물었지요..
"왜 나는 그 영의 충만함을 잘 유지하지 못할까요?"
나는 천천히 대답하였습니다. 그것은 우리 안에 임하신 주님을 편안하게 모시지 않았기 때문이라고, 우리의 중심에서 사시는 주님의 감동을 우리가 제한하고 방해했기 때문이라고..

주님이 임하실 때 우리는 우리의 가슴, 우리의 심령에서 이를 가장 예민하게 느낍니다.
우리는 죄를 지을 때 가슴이 답답해집니다. 주님께 순복하지 않고 우리 멋대로 행할 때 가슴이 답답해집니다. 악한 말과 행동을 할 때에 가슴이 답답해집니다. 그것은 우리의 언행이 우리 안에 임하신 주님을 괴롭히고 상하게 하기 때문입니다. 그래서 그분이 우리에게 그분의 답답함을 호소하시는 것입니다.
주님은 우리의 중심, 우리의 가슴에서 사시며 우리의 자세나 태도로 인하여 영향을 받고 소멸되십니다. 우리 안에 거하시기 때문에 우리에 의해서 영향을 받으시는 것입니다.
우리 안에 거하시는 주님이 소멸되시는 이유는 다양합니다. 그 중에서 가장 빨리 가장 쉽게 주의 영을 소멸하는 것은 분노일 것입니다. 분노와 짜증과 신경질은 우리 안에 계신 주님을 상하게 합니다.

우리 안에 임하신 주님은 아주 민감하고 섬세하신 분이며 그러므로 분노를 품거나 터뜨리는 순간에 바로 소멸되십니다.

분노는 바로 죽이는 것입니다. 누구를 죽이는 것일까요? 바깥에 있는 사람이나 분노의 대상이 아니라 제일 먼저 자신의 영, 자신의 심령 가운데 임재하시는 주님의 영을 소멸시킵니다.

그러므로 은혜와 감동을 아무리 강렬하게 많이 받았다고 하더라도 한번만 화를 내면 그 순간 그 모든 것들은 순식간에 사라져버리는 것입니다.

이 때문에 악한 영들은 어떤 이가 은혜를 경험하면 어떻게 해서든지 그 사람을 분노에 사로잡히게 하려고 애를 씁니다. 주변 사람을 자극하거나 환경을 움직입니다. 분노케 하는 것은 그의 영성을 떨어뜨리려고 하는 악한 영들의 술책입니다. 그러므로 분노하는 것은 그들에게 말려드는 것입니다.

분노하는 이들은 그러한 분노가 상대방에게 간다고 생각할지 모릅니다. 또는 자기가 당한 것이 너무나 억울하기 때문에 분노를 참을 수 없다고 생각할지도 모릅니다. 그러나 그것은 착각입니다.

분노를 터트림으로써 손해를 보는 이는 오직 자기 자신 밖에 없습니다. 그것은 자신의 영을 파괴하며 자신에게 임재하여 계시는 주의 영을 슬프게 하고 약하게 하고 소멸하는 것뿐입니다.

은혜를 받은 후에 그것을 소멸하게 되는 상황은 아주 많습니다. 어떤 이가 주님의 강렬한 임재에 사로잡히게 되면 그는 사람들의 냉소적인 반응에 접할 수도 있습니다.

또한 그가 깊은 감동을 경험하고 삶의 방식을 바꾸려고 할 때에 그것이 얼마나 가나 보자고 비아냥거리거나 시험을 하는 이들은 주변에 얼마든지 있을 수 있습니다.

이 때 그가 만일 그러한 시험을 견디지 못하고 분노를 터트린다면 그는 주님의 은혜와 임재를 유지할 수 없습니다.

그는 과거에 자주 짜증을 내는 사람이었는지 모릅니다. 쉽게 신경질을 부리는 사람이었는지도 모릅니다.
그러나 그것은 과거의 삶의 방식입니다. 이제 주님의 임재가 임한 후에도 그가 계속 그런 식으로 살아갈 수는 없습니다. 그래서는 도저히 그 실제적인 주의 영과 같이 살아나갈 수 없는 것입니다.
심령에 임한 주님의 영은 사랑의 영이며 아주 섬세하고 예민한 영입니다. 그러므로 분노가 들어오는 순간 그 영은 답답하여 견디지 못합니다.
얼른 회개하고 토함으로써 들어온 분노의 기운을 내보내지 않는 한 그 영은 견딜 수 없는 것입니다.
예배 인도를 맡은 사역자들이 가장 힘든 순간도 바로 그러한 것입니다. 사역자가 예배가 시작되기 전에 가정 일이나 아이들의 일 등의 사소한 일로 아내와 다투거나 하게 되면 그는 제대로 예배를 인도할 수가 없습니다. 억지로 웃고 할 수는 있을지 모르지만 깊은 속에서 전혀 기름부음이 임하지 않습니다. 그는 예배인도를 하기는 해야 하지만 너무나 고통스럽고 힘들게 느껴집니다.
심령의 평화가 깨진 상태에서는 예배 인도만큼 어려운 것이 없습니다. 그러므로 악한 영들은 예배를 방해하기 위해서 예배 직전에 많은 복잡한 상황들을 만들려고 하는 것입니다.

많은 이들이 주님의 강렬한 임재를 경험합니다. 많은 은혜들을 경험합니다. 그러나 이를 유지하고 더 깊은 곳으로 발전하는 것은 정말 쉽지 않은 일입니다.
무엇보다도 더 중요한 것은 분노를 다스리는 것입니다. 분노는 자신의 안에 이미 임재하시고 오신 그 분을 소멸시킵니다.
그것은 그분을 무시하는 행위이며 그 분에게 상처를 주는 행동입니다.
당신이 만일 쉽게 짜증을 내거나 화를 내는 사람이라면 당신은 그 놀라우신 기름부음을 유지할 수 없을 것입니다.

일반적으로 적극적인 사람들이 주님의 은사나 임재를 쉽게 빠르게 경험합니다. 그러나 그러한 적극적인 사람들은 성격이 급하고 충동적이 면이 있어서 화를 잘 내며 자신의 감정을 잘 조절하지 못합니다. 그러므로 자기 안에 임하신 주님을 잘 편하게 모시지 못합니다.

그들은 쉽게 화를 내고 그 영을 소멸합니다. 그리고는 후회하고 회개하며 다시 그 영의 임재를 회복합니다. 하지만 얼마 가지 않아서 그는 다시 화를 터뜨립니다.

가정주부들 중에서도 쉽게 짜증을 내는 이들이 있습니다. 그녀들은 아이들이 말을 잘 듣지 않고 속을 상하게 한다고 화를 냅니다.

하지만 그러한 상태로는 주님의 영을 유지할 수 없습니다. 그러므로 그들은 화가 치밀어 오르는 일이 생기면 그 즉시로 주님께 무릎을 꿇고 주님의 도우심을 구해야 하며 이 상황에서 무엇을 배워야하는지 주님께 물어야 합니다.

당신이 강렬한 주님의 임재를 경험하였다면 당신은 이제 더 이상 함부로 말하고 함부로 행동하며 함부로 화를 내서는 안 됩니다.

여인이 아기를 임신한 후에는 행동을 조심하듯이 당신은 이제 그 영과 그 영감을 유지하기 위하여 조심하고 깨어있어야 합니다.

주의 영은 아름다우신 영입니다. 그 영은 섬세하고 예민한 영입니다. 그러므로 그 영을 계속 누리고 유지하기 위해서 조심하고 또 조심하십시오.
당신은 아기를 기르듯이 그 영을 주의하여야 하며
당신의 분노를 주님 앞에 내려놓아야 합니다.
부디 조심스럽게 주님의 임재 가운데 거하십시오.
부디 당신의 마음이
아주 부드럽고 편안한 상태를 유지하도록 힘쓰십시오.
당신 안에서 주의 임재는 증가할 것이며
당신의 영도 자라가게 될 것입니다.

3. 사랑과의 조화

두 사람이 같이 대화를 하거나 식사를 하는 것은 어느 정도의 친밀함이 있으면 가능합니다. 그러나 결혼을 하려면 좀 더 깊은 친밀함이 필요합니다. 마찬가지로 몸에 주님의 임재와 권능의 기름부으심을 받는 데에는 약간의 관심과 사모함만 있으면 됩니다. 그러나 좀 더 깊은 연합을 위해서는 내적인 조화와 일치가 필요합니다.

그러므로 우리가 아무리 주님을 사모한다고 고백해도 우리 자신의 상태가 주님의 성품과 조화를 이루지 못한다면 그는 어느 정도 이상 친밀한 교제와 연합으로 들어갈 수가 없는 것입니다.

주님은 빛이시며 사랑이십니다. 그분의 본질은 사랑입니다.
능력과 권능은 사역적인 것이며 외적인 것입니다. 내면의 깊은 곳에는 들어갈수록 거기에는 사랑의 요소가 있습니다.
은사나 권능은 누구나 다 받을 수 있습니다. 그러나 그 사람의 중심에 사랑과 반대되는 것이 있으면 그는 주님으로부터 오는 천국의 빛을 견딜 수 없습니다.

성령의 권능이 처음에 몸에 임하고, 그리고 좀 더 깊은 부분에 임하는 과정에서 구토와 발작 현상이 나타나는 경우가 있습니다. 그러한 현상은 대체로 그 사람의 안에 있었던 미움과 분노와 용서하기 싫어하는 영들이 성령의 권능을 견디지 못하고 빠져 나오는 것입니다.
주의 영이 임하는 순간에 어떤 이가 '이 나쁜 놈아!' 하고 소리를 지르기도 하고 '절대로 용서할 수 없어!' 라고 외치는 것을 본적도 있습니다.
그런 경우에 본인은 몹시 놀라게 되지요. 그것은 그의 안에 숨어있었던 미움과 분노의 기운들이 주님의 그 사랑의 빛에는 더 이상 견딜 수 없고 살 수 없기 때문에 밖으로 표출되며 나가는 현상입니다. 그러한 현상들은 그에게 임한 빛이 그 안에 있던 어두움을 이기는 현상입니다.
만약 그의 안에 있는 어두움의 힘이 좀 더 강하다면 그 어두움은 밖으로 나가지 않을 것이며 오히려 고통을 느끼게 될 것입니다.
그는 그러한 성령의 능력이 임하는 집회에 참석했을 때에 오히려 극도의 답답함을 느끼거나 이상하게 화가 나고 짜증이 나는 것을 느끼게 됩니다. 그것은 그의 안에 있는 영들이 어떻게 해서든지 그 은혜의 현장에서 쫓겨나지 않고 살아남기 위하여 그의 마음을 충동하고 있는 것입니다.

어두움의 힘이 강하다는 것은 악령의 능력 자체를 언급하는 것은 아닙니다. 그것은 그 영이 그 사람을 장악하고 있는 힘을 의미하는 것입니다. 그것은 그 사람이 얼마나 그 악을 좋아하는가에 달려있는 것입니다.
예를 들어서 어떤 이에게는 도박이 아주 강한 능력을 가지고 있을 것입니다. 또는 술이 아주 강력한 힘을 가지고 그를 끌고 갑니다.
그러나 술이나 도박을 싫어하는 다른 이들에게 도박이나 술은 아무런 힘도 없습니다. 그처럼 어떤 영들의 힘은 그것에 예속되고 사로잡혀있는 이들의 취향과 선택에 달려있는 것입니다.

하나님의 본성은 사랑입니다. 그러므로 그분은 반대되는 성분이 있는 곳에는 오시지 않습니다.
주님은 마태복음 25장에서 가난하고 병들고 연약한 이들을 돌보는 것이 곧 주님을 돌보는 것이라고 말씀하셨습니다.
참으로 주의 영이 임하게 될 때 그는 연약한 이들을 보고 애정과 사랑을 느끼게 됩니다. 또한 가난하고 힘들고 약한 이들을 보고 애정을 품는 이들은 하나님의 영과 근본적으로 조화되기 쉽습니다.
물론 그러한 약자를 돕는 것이 자기 의가 되고 또한 그렇게 하지 않는 자들에 대한 적개심까지 동반하는 것이라면 그것은 하나님의 영과 대립하는 것입니다. 그것은 자기 스스로가 하나님이 된 것이기 때문입니다.

일반적으로 우리는 약한 이들을 위로하고 섬기고 도울 때 우리 안에서 주님의 기름부으심이 증가되며 참 기쁨이 일어나는 것을 느끼게 됩니다. 사랑의 행동은 우리의 영혼을 풍성하게 만들고 주님께로 가까이 이끄는 측면이 있습니다.

또한 반대로 다른 이들에게 불친절하게 대하거나 자신에게 상처를 준 이들을 미워하고 용서하지 않는 것은 하나님의 임하심을 방해하고 제한하는 측면이 있습니다.

그러므로 영성적인 집회에서는 반드시 관계가 막혀있는 부분을 고백하고 회개하고 그러한 부분을 내려놓는 시간을 가지게 되는 것입니다. 왜냐하면 그러한 어두움의 부분이 있을 때에 우리는 주님의 빛을 경험할 수 없기 때문입니다.

모든 미움과 적개심은 지옥으로부터 옵니다.

우리가 그러한 분노를 가지게 된 이유가 세상적으로, 논리적으로는 타당할지 모릅니다. 그러나 아무리 그것이 합리적인 이유라고 하더라도 그것은 하나님의 영을 방해합니다. 하나님은 빛이시며 사랑이시며 미움과 적개심은 지옥의 영들로부터 오기 때문입니다. 그리고 그 두 가지는 서로 공존할 수 없습니다.

우리는 우리 안에 있는 분노와 적개심을 내려놓아야 합니다.

그것을 대적해야 합니다. 우리로 하여금 그러한 것을 품게 하는 이들은 어둠에 속한 영들이며 결코 빛으로부터 오는 것이 아닙니다.

우리는 우리에게 상처와 악을 심은 이들도 결국은 어두움의 통로이며 피해자들인 것을 기억해야 합니다.

어떤 이들에게 있어서 그러한 이들에 대한 용서는 아주 어려운 것이기도

합니다. 또한 그것은 그의 영적 성숙도에 달려있는 것이기도 합니다.
주님을 영으로 가까이 알아가고 주님의 성분이 그에게 임할수록 그는 자신의 입장을 잃어버립니다. 그는 주님으로 인하여 기뻐하고 주님 때문에 슬퍼합니다.
그러나 아직 영혼이 충분히 눈을 뜨지 않은 이들은 자기 때문에 기뻐하고 자기 때문에 슬퍼하며 자기를 아프게 한 이를 용서하지 않습니다. 그러므로 그 고통의 정도는 얼마나 자신이 주님께 드려졌는가, 비워졌는가에 달려있는 것입니다.

만일 당신이 아직 용서하지 않고 누군가를 생각만 해도 기분이 나빠지는 사람이 있다면 당신은 그것을 해결해야만 합니다. 그렇지 않고는 당신은 주님께 나아가는 데에 한계가 있습니다.
당신에게 깊은 고통과 상처가 있다면 당신은 주님과 함께 그 과거로 돌아가야 합니다. 그리고 그 과거의 상황에서 주님의 위로와 치유를 경험해야 합니다.
당신은 당신에게 아픔을 주었던 이를 주님의 시선과 관점으로 보아야 합니다. 그리고 그는 당신에게 악한 행동을 했지만 주님의 섭리 속에서 그러한 악역을 통해서 당신은 더 깊은 은총의 세계로 나아가게 되는 것을 이해해야 합니다.

우리는 스스로의 힘으로는 원수를 용서하며 사랑하고 축복할 수 없는 것을 인식해야 합니다.
물론 우리는 의지적으로 그렇게 할 수 있을 것입니다. 그러나 그것이 우리 안에서 진정한 사랑을 일으키지는 못할 것입니다.
우리는 우리의 무능을 인정하고 주님의 빛이 우리의 심장에 임하도록 기도하고 기다려야 합니다.
우리의 안에 있는 어두움이 사라지고 주님의 그 사랑의 광선이 임하도록 주님께 구하여야 합니다. 우리가 이 기도를 원한다면, 그리고 주님의 임재를 기다린다면 우리는 얼마 가지 않아서 변화를 경험할 수가 있습니다.
우리는 이상하게 더 이상 우리가 싫어하던 사람을 싫어하지 않게 됩니다. 이상하게 그들을 이해할 수 있으며 사랑스럽게 느껴지기도 합니다.
그것은 도저히 우리에게서 나올 수 있는 변화가 아닙니다. 그러나 주님이 임하실 때 우리는 자연스럽게 그렇게 됩니다.
우리가 어떤 열매를 맺기 위해서 애를 쓰고 있다면 그것은 아직 우리가 하고 있는 것입니다. 그러나 영의 열매는 너무나 편안하고 자연스러운 상태에서 나오기 때문에 우리는 그렇게 사랑하는 것이 너무 쉽다고 느끼게 됩니다.

우리가 주님과 조화되기 위하여, 더 깊은 임재로 들어가기 위하여 분노와 미움의 영들과 전쟁을 하기 원한다면, 그리고 주의 도우심을 구한다면 우리는 분명히 변화되기 시작할 것입니다. 우리는 사랑의 사람이 되어가기 시작합니다.
주님의 임재가 우리에게 깊이 부어질수록 우리는 따뜻한 사람이 됩니다. 그것은 너무나 명백한 사실입니다. 그것은 주님이 오직 사랑이시기 때문에 어떠한 이들도 미워하실 수 없기 때문입니다.

당신이 사람들을 별로 좋아하지 않는다면, 당신이 이것저것 쉽게 트집을 잡고 못마땅하게 여기는 경향이 있다면, 사람들이 당신을 까다로운 사람으로 여긴다면 당신은 주님의 깊은 임재로 들어가는 것이 힘들 것입니다. 그러므로 이에 대하여 기도하십시오. 사람을 대적하는 것이 주님을 대적하는 것과 별로 다른 것이 아님을 깊이 인식하십시오.
그리고 당신의 인격과 삶을 지배해온 악한 영들을 계속적으로 대적하십시오. 당신은 분명히 변화될 수 있을 것입니다.

세상에는 잔소리하고 야단치고 요구를 하는 이들이 도처에 가득합니다.
그러나 주님은 우리에게 잔소리를 하시지 않습니다.
그분은 우리에게 아무런 요구를 하시지 않습니다.
그분은 그저 우리를 위해 십자가를 지고 죽으셨으며 그분의 일방적인 사랑을 우리가 받아들이기만을 원하십니다.
그분은 당신이 스스로 아무 것도 할 수 없으며 스스로의 힘으로 자신을 변화시킬 수 없음을 아십니다.
그러므로 그분은 당신의 안에서 스스로 역사하시며 당신이 할 수 없는 많은 것들을 직접 행하시고 역사하시기를 원하시는 것입니다.

당신이 주님을 받아들이며 그 분의 가까우신 임재를 경험하게 된다면 당신은 변화될 것입니다.
당신은 당신의 안에서 놀라운 변화가 일어나는 것을 경험하게 될 것입니다.
당신은 사람들을 좋아하게 될 것입니다.
당신은 삶을 즐기게 될 것입니다.
그리고 그것이 바로 천국의 기쁨임을 알게 될 것입니다.
사랑의 주님과 조화를 이루십시오.
그렇게 할 때 당신은 주님의 임재의 좀 더 깊은 곳에 나아가게 될 것입니다.

4. 마음의 평화를 유지함

주님의 임재가 함께 하시는 깊은 영의 세계에는 참된 평화가 있습니다.
겉사람의 세계, 바깥세상은 항상 분주하고 바쁘며 피곤한 것입니다. 당신이 아직 깊은 영의 세계를 알지 못한다면 당신은 바쁘고 피곤한 삶을 살 것입니다.
바쁘다는 것은 몸이나 환경의 문제가 아니라 심령의 문제입니다. 그러나 당신의 영이 어느 정도 눈을 뜨고 주님의 임재에 대하여 알고 있다면 당신은 바깥 환경을 초월하는 평화를 어느 정도 알고 있을 것입니다.

영이 어릴 때 사람들은 환경이 원하는 대로 이루어져야 마음의 평화를 얻을 수 있을 것이라고 생각할 것입니다. 빨리 결혼을 해야, 빨리 시험을 끝내야.. 또는 저 사람이 내 삶에서 없어져야 마음에 평안이 올 것이라고 생각할 것입니다.
그것은 착각이며 모든 쫓김과 불안은 어두움의 영계에서 오는 것입니다. 영혼이 발전하지 않아서 육신의 의식이 가득한 사람은 그러한 어두움의 상념들을 받아들이게 되며 그래서 항상 마음이 바쁘고 쫓깁니다.

이런 이들은 기도하는 것을 들어도 불안합니다. 마치 뒤에서 누가 쫓아오는 듯이 급한 기도를 드리며 평소의 대화에도 불안함이 배어 있습니다.
주님의 마음은 언제나 평화로우셨습니다. 갈릴리 바다의 광풍이 몰아치는 그 순간에도 주님의 마음은 흔들리지 않았습니다.
주님께서 그 바람을 꾸짖으셨습니다.
그것은 아주 인상적인 일입니다. 자연물에 대하여 꾸짖는 것은 특이한 일이기 때문입니다.

예를 들어 컴퓨터가 잘 고장이 난다고 해서 컴퓨터에게 화를 내는 사람은 없습니다. 컴퓨터는 인격이 아니기 때문입니다.

그러나 주님은 바람과 파도에 대하여 야단을 치셨습니다. 그것은 바람과 파도의 배후에 있는 악한 영들에 대한 것입니다.

그 광풍은 자연적인 바람이 아니었습니다. 그것은 주님과 그 제자들을 죽이기 위한 악한 영들의 공격이었습니다. 그러나 그러한 급박한 상황에서도 주님은 마음의 평화를 유지하셨습니다. 주님은 제자들이 깨우기 전까지 평안한 상태로 잠을 주무시고 있었습니다.

반대로 제자들의 상태는 두려움과 공포, 그 자체였습니다. 그들은 평강의 왕이신 주님이 바로 옆에 계심에도 불구하고 두려워서 어쩔 줄을 몰랐습니다. 그것이 영이 발전하지 않은, 주님과 멀리 떨어져 있는 이들의 특징입니다.

영혼이 발전하고 그 기능이 눈을 떠서 천국의 영광을 맛보고 누리지 못하는 사람들은 평생을 그렇게 긴장 상태에서 불안하게 살 수 밖에 없는 것입니다. 그들은 천국의 평화에 대하여 모르기 때문에 눈에 보이는 유한한 환경이 주는 평안과 안식을 기대할 뿐입니다.

그들은 아주 잠시 환경의 평탄을 누리지만 곧 다시 흔들리는 환경 때문에 마음이 혼란스러워집니다. 영이 눈을 뜨지 않으면 평생을 이렇게 살게 됩니다.

요한 웨슬레는 열정이 충만한 사역자였습니다. 그러나 그는 어느 날 배에 타고 있다가 풍랑을 만나자 공포에 휩쓸렸습니다. 그는 자신이 죽음에 대하여 준비되지 않은 것을 느꼈습니다.

죽음을 두려워하는 것은 그저 죽음에 대한 어떤 막연한 두려움 때문일까요? 아닙니다. 그것은 그 사람의 영적 수준과 상태를 보여주는 것입니다. 영이 발달하고 주님께 속한 사람은 삶과 죽음에 대하여 자유롭습니다. 그는 자신이 살든 죽든 오직 주님의 이름이 존귀케 되는 것에만 관심이 있을 뿐입니다.
웨슬레는 그 순간 배에 같이 타고 있던 모라비안 성도들의 찬송 소리를 들었습니다. 그리고 그들의 평화로운 마음의 상태를 보면서 큰 충격을 받았습니다.
웨슬레는 풍랑이 지난 후 그들에게 찾아가서 그들의 주님, 그들의 신앙에 대하여 알고 싶다고 부탁을 하였습니다. 이 사건은 웨슬레의 삶에 있어서 중요한 전환점이 되었습니다.

영혼의 세계는 평화의 세계입니다. 육체의 세계는 긴장의 세계입니다. 우리가 좀 더 깊은 기름부음을 경험하기 원한다면 우리는 평화로운 마음을 훈련해야 합니다. 긴장과 바쁜 마음, 쫓기는 마음을 내려놓아야 합니다.
물론 깊은 평화는 주님만이 주실 수 있습니다. 그러나 우리는 어려움이 있을 때 주를 부르고 바라보는 훈련을 함으로써 어느 정도 그 평화에 가까이 나아갈 수 있습니다.

어떤 이들은 쉽게 마음의 평화를 잃어버립니다. 아주 작은 일, 사소한 일 때문에 지나치게 마음을 쓰며 평화를 상실합니다. 사소한 일에 화를 내며 사소한 일에 지나치게 근심합니다.
마르다가 주님을 대접하기 위하여 마음을 많이 쓴 것은 별로 의미가 없는 일이었습니다. 주님은 음식에 굶주려서 이 땅에 오신 분이 아니시기 때문입니다.
그러나 그녀는 그것을 아주 중요하게 여겼습니다. 그녀의 마음은 바쁘고 분주했습니다. 그녀는 주님 자신을 모시는 것보다 자기가 하고 있는 사소한 일에 지나치게 몰두하고 있었습니다.
그녀는 주님을 대접하려 하는데 도움을 주지 않는 동생 마리아에 대한 분노가 생겨났습니다. 그녀는 자신이 아주 옳다고 생각했지만 그녀의 영혼은 어두운 상태에 있었습니다. 주님과 관계된 일을 하면서도 마음속에 분노가 가득하게 된 것입니다.
오늘날 이와 같은 상태에 있는 그리스도인들이 적지 않습니다.
그것은 음식을 하거나 대접을 하는 것이 나쁘다는 의미가 아닙니다. 무엇을 하든지 마음의 평화를 잃어버리는 것이 좋지 않다는 의미입니다.

우리는 마음의 평안을 유지해야 합니다. 그래야 우리가 받은 주의 영의 임재를 유지할 수가 있습니다. 쉽게 흥분하고 쉽게 화를 내며 별 것 아닌 일에 깊이 마음을 쓰는 이들은 결코 주님의 임재를 오래 동안 유지하지 못합니다.
어떤 이들은 복권에 당첨되었다고 무척 기뻐합니다. 어떤 이들은 자녀가 대입을 준비한다고 온갖 노심초사를 하며 명문대학에 합격하면 온갖 난리를 칩니다. 어떤 이들은 사고를 당했다고 온갖 원망과 비탄에 빠져 있습니다.
그렇게 바깥일에 몰두하는 이들은 주님의 임재를 대수롭게 여기지 않게 됩니다. 그들은 주님의 임재에 대하여 둔감하며 그 임재가 오든지 가든지 신경 쓰지 않습니다. 그들을 향한 주님의 임재와 은총이 소멸되어도 별로 걱정하지 않는 것입니다.
그들의 관심은 영원과 생명이 아닌 다른 일에 집중되어 있기 때문에 생명적인 것에는 별로 반응하지 못하는 것입니다.

믿음의 삶을 여러 번 권면하여도 듣지 않던 예쁘게 생긴 자매로부터 오랜만에 전화가 왔습니다.
"목사님, 축하해 주세요."
"아, 그래요. 반갑습니다. 좋은 일이 생겼나요?"
"예.. 좋은 일이에요.."

"아. 축하합니다. 그런데 무슨 일이지요?"
"여자의 일생 중에 가장 큰 일이에요.."
"그래요? 여자의 일생 중의 가장 큰 일.. 성령 충만을 받았나요?"
"아니요."
"그럼 도대체 뭘까, 가장 큰 일이.. 주님을 따르기로 했나요?"
"아니에요."
"그러면 도대체 무슨 일이지요?"
"저, 결혼해요."
이것이 세상 사람의 특징입니다. 그러나 결혼이란 그렇게 대단한 일이 아닙니다. 주님을 알아 나가는 놀라운 은총에 비하면 말입니다. 결혼을 하는 것은 좋은 일이겠지만 더 중요한 일은 주님을 따르며 주님 안에서 주님이 기뻐하시는 결혼을 하는 것입니다.

이 세상의 모든 일들은 영원한 것이 아닙니다. 오직 주님의 영광과 그 말씀과 뜻만이 영원합니다. 그러므로 우리는 사소한 것에 신경을 쓸 것이 없습니다.
죽는 일이 아닌 한 그리 마음을 둘 필요가 없습니다. 아니, 죽는 일에도 그리 신경을 쓸 필요가 없습니다. 우리의 생과 사는 오직 주님의 손에 있기 때문입니다.

당신의 마음에 풍랑이 시작될 때 가능하면 아무 일도 하지 마십시오.
오직 그 마음의 풍랑이 가라앉도록 기도하십시오.
왜 마음의 풍랑이 왔는지 그 이유를 주께 물으십시오.
모든 좋은 열매는 마음의 평화에서 시작됩니다.
깊은 사랑도 헌신도 거룩함도 이 고요한 심령에서 옵니다.
긴장된 마음은 분노와 불안, 두려움, 미움, 짜증 등 모든 악을 일으키기 시작합니다. 그러므로 우리는 마음의 평화를 유지해야 합니다.

어떤 이가 아무리 어려운 일을 당했다고 해도 그가 마음의 평화를 유지하고 있다면 그는 그것을 넉넉히 극복할 수 있습니다.
그러나 그가 마음의 평화를 잃어버렸다면 그는 몹시 타격을 받을 것입니다. 왜냐하면 평화의 상실과 함께 주님의 영도 동시에 소멸되기 때문입니다.

부디 마음의 평화를 지키십시오.
사소한 일에 흥분하지 마십시오.
당신의 마음을 잔잔하게 하십시오.
언제 어디서 무슨 일을 하든지
이 마음의 평화 속에서 주님과 동행하십시오.
그 때 비로소 아름다운 열매들을 많이 맺게 됩니다.

사탄은 오늘날 우리 마음의 평화를 빼앗으려고
온갖 노력을 하고 있습니다.
그러나 그들의 작전에 넘어가지 않고
고요한 심령으로 주님을 바라보는 이들은
항상 천국의 열매를 맺으며
천국의 향취를 가지게 될 것입니다.
평화는 천국의 특징입니다.
그리고 그 고요함과 잔잔함 속에서
주님의 기름부으심은 증가될 것입니다.

5. 내면의 영을 보호함

어떤 이들은 영성집회에서 주님의 임재하심을 경험하고 참 좋았는데 조금 시간이 흐르면 그 은혜가 소멸된다고, PC방에 가서 게임을 조금 하기만 해도, TV를 조금 보기만 해도 그 임재가 사라져버린다고 불평을 토하기도 합니다. 그러나 그러한 하소연은 어처구니가 없는 것입니다.
영에는 영의 법칙이 있습니다. 우리는 그것을 초월할 수 없습니다. 아무리 선한 사람이라고 해도 절벽에서 뛰어내리면 다칩니다. 뜨거운 것을 만지면 손이 화상을 입게 됩니다. 거기에서 하나님의 보호를 구하는 것은 어리석은 것입니다. 그것은 우리가 조심을 해서 자신을 보호해야 하는 것입니다.
우리의 영은 마치 컴퓨터와 같습니다. 그것은 무엇이든지 입력하는 그대로 결과를 보여줍니다. 그러므로 우리는 컴퓨터의 바른 사용법을 익혀서 사용해야 하는 것이며 컴퓨터를 원망할 수는 없는 것입니다.

우리가 아주 귀한 것을 가지고 있다면 우리는 그것을 조심스럽게 보호해야 합니다. 만일 우리가 현금 1억 원을 가지고 있다면 우리는 그 가방에 대하여 몹시 주의할 것입니다. 아주 비싼 다이아몬드 목걸이를 착용했다면 우리는 그것을 잃어버리지 않을까 조심을 할 것입니다.
이와 마찬가지입니다. 우리가 경험하는 주님의 임재는 이 우주 안에서 가장 귀한 보물입니다. 육적인 사람들에게는 그것이 아무 것도 아니겠지만 영원과 생명을 추구하는 이들에게 있어서 주님과의 친밀함은 목숨과도 바꿀 수 없는 귀한 것입니다.
이 땅에서는 그 가치를 사람들이 잘 모릅니다. 그러나 영의 세계에서는 그렇지 않습니다. 악한 영들은 어떻게 해서든지 우리의 영적인 충만함을 빼앗아가려고 노력합니다. 사탄의 모든 계략은 오직 우리에게서 영적인 은혜를 빼앗으려는 한 가지 목표에 집중되는 것입니다.

그들은 돈을 빼앗고 건강을 빼앗는 것보다 영적인 것, 영적 충만함과 은혜를 빼앗아 가는 것이 진정한 승리이며 그 후에는 그들이 모든 것을 할 수 있음을 압니다. 그러므로 우리는 그 임재의 은혜를 지켜야 합니다. 그것은 그 무엇보다도 중요한 일입니다.

우리는 모든 문화와 어떤 장소, 어떤 물건이든 그것의 배후에 하나의 영적인 에너지가 있는 것을 이해하여야 합니다.

우리의 영은 본인이 인식을 하든 안 하든 항상 어떠한 영적인 세력과 교류를 하고 있는 것입니다.

모든 물체에는 눈에 보이는 형상이 있고 그 배후에 영적인 본체가 있습니다. 그리고 눈에 보이는 형상은 본체의 그림자입니다.

사람은 보이는 육체가 있고 보이지 않는 영혼이 있습니다. 동물도 보이는 몸이 있고 보이지 않는 혼이 있습니다. 식물도 보이는 부분이 있고 보이지 않는 영적인 부분이 있습니다. 그것을 영이라고 부르는 것이 적절한지는 모르지만 아무튼 어떤 에너지체가 있습니다.

그것은 어떤 장소나 물건도 마찬가지입니다. 모든 것은 그 고유한 어떤 영적인 분위기와 파장을 가지고 있습니다.

그러므로 어떠한 장소를 방문한다는 것은 어떤 영적인 영역에 들어가는 것과 같습니다. TV 프로그램을 시청하는 것도 그 프로그램과 관련된 영적인 영역으로 들어가는 것입니다. 우리의 몸은 방안에 그저 가만히 있을지 모르지만 우리의 영은 그 TV에서 나오는 영적인 영역과 교통을 하게 됩니다.

그것이 어떤 영적인 영역인가는 그 프로그램에 출연하는 이들의 영적인 수준과 상태와 내용에 달려 있습니다. 어떠한 프로그램은 음란한 영역과 관련이 있을 것입니다. 어떠한 프로그램은 분노의 영역과 관련이 있으며 분노와 파괴의 영들이 거기 개입되어 있을 것입니다. 어떠한 프로그램은 세상적인 야망과 허영의 영역과 관련이 있을 것입니다. 우리의 영은 TV의 프로그램을 접하면서 실제적으로 그러한 다양한 영적 세계와 접촉하게 되는 것입니다.

우리가 은혜를 입고 하나님의 거룩한 영으로 충만한 상태는 우리의 영이 영계의 높은 곳을 날고 있는 것과 같습니다. 그러다가 세상의 악한 기운이 가득한 영역과 접촉하는 것은 하늘을 날던 우리의 영혼이 깊은 어두움의 세계로 떨어지는 것을 의미하는 것입니다. 그러므로 우리의 영혼은 곧 기쁨과 순결한 느낌을 잃어버리고 더러움과 혼란스러움과 우울함이나 짜증과 불안을 느끼게 됩니다.

평소에 더럽고 악하며 둔감한 영의 상태로 살아가는 이들은 세상의 영들과 접촉을 해도 별로 고통을 느끼지 않습니다. 낮은 영계의 영역에 사는 이들은 오히려 맑고 밝은 빛의 세계에서 오히려 불안감을 느끼며 이질감을 느끼기 때문입니다. 그들은 오히려 어둡고 더럽고 음란한 것에서 즐거움을 느낍니다.

그러나 주님의 임재에 잠겨서 그 행복과 기쁨을 맛본 이들에게는 그러한 악한 영역은 몹시 고통이 됩니다. 그들은 예민해진 영적인 감각을 통하여 이 세상에서 악한 영들이 실제적으로 가득하게 역사하고 있는 것을 느끼게 됩니다.

어떤 자매가 집회에서 강력한 주님의 기름부음에 잠겨서 쓰러지고 사로잡힌 후에 주님의 기쁨과 행복을 맛보게 되었습니다.

다음 날 그녀는 사람들이 많이 있는 장소에서 엄청난 고통을 느꼈습니다. 그녀는 불안하고 정신이 혼란스러워서 견딜 수가 없었습니다. 그것은 사람들 가운데 있는 영적인 흑암이 너무나 고통스럽게 느껴졌기 때문입니다. 이렇게 영적으로 아주 예민한 상태는 그리 오래 가지는 않습니다. 그래서는 생활 자체가 힘들기 때문입니다. 처음에 깊은 은혜를 입을 때에는 극도의 영적 예민함을 경험하지만 대체로 체험이 반복되면서 그 민감함은 조금씩 둔해집니다.
보통의 그리스도인들이 세상에 가득한 더러움과 흑암의 영들 사이에서 잘 버티고 사는 이유는 그들의 영이 둔감하기 때문입니다.
영이 아주 민감하면 지옥의 영들과 어둠의 영들의 움직임들을 견디기가 어려울 것입니다. 그러나 그들은 영이 둔하고 어두워졌기 때문에 그러한 더러운 영들과 같이 교통하며 어둠의 일들을 즐거워합니다.

주님의 임재를 경험한 이들은 세상에 가득한 악한 문화에서 일시적으로 고통을 겪게 됩니다. 그러나 그들은 그러한 고통을 통해서 점차 영이 강건해지고 악한 영들의 영향력을 이겨내는 영적 힘을 받게 됩니다.
분명한 것은 우리가 영적인 기름부으심과 은총을 경험한 후에 이 세상에서 그것을 유지하는 것이 쉽지 않다는 것입니다.
우리는 도처에서 그 순결한 영에 반대되는 영과 그러한 분위기를 접하게 됩니다.
그러므로 우리는 진정 깨어있어야 하며 우리가 받은 영적인 은총과 교제를 잠시도 잊어서는 안 됩니다. 우리는 우리의 영을 보호해야 합니다.

오래 전 아버지가 몸이 아프셔서 병원에 입원해 계신 적이 있었습니다.
나는 병원에서 잠을 자면서 아버지를 지키고 있었는데 아버지의 옆 침대에 계셨던 분이 그만 돌아가셨습니다.
나는 그 병실로 유족을 위로하러 갔었습니다. 거기서 그 분의 딸과 대화를 하고 있다가 복음을 전하게 되었습니다.
그녀는 갑자기 하나님을 대적하는 말을 하기 시작했습니다. 이상하게도 방금 전까지 우호적인 분위기 속에서 이야기를 하고 있었는데 복음에 대한 이야기가 나오자 그녀는 갑자기 사람이 달라지는 것이었습니다.
나는 그 배후에 악한 영들이 장난을 치고 있음을 알았습니다. 가슴에 통증이 느껴졌습니다. 나는 그 순간 주님의 선명한 메시지를 느꼈습니다.
'그녀와 더 이상 이야기를 하지 말고 아버지의 병상에로 돌아가라.'
그러나 나는 망설였습니다. 나는 그녀가 불쌍했습니다. 그래서 나는 그냥 30분 정도 더 머무르면서 그녀의 이야기를 들어주었습니다. 30분이 지나고 나는 아버지의 병실로 돌아왔습니다.
나는 나의 심장이 너무나 허무하고 고통스러운 것을 느꼈습니다. 그 때 선명한 주님의 메시지가 다시 주어졌습니다.
'사랑하는 자야. 나는 너의 바깥에 있을 때는 모든 것 보다 큰 하나님이다. 그러나 내가 네 안에 있을 때는 너는 나의 영을 보호하여야 한다. 다시는 그렇게 하지 마라.'
그 메시지는 나에게 충격이었습니다.
나는 그 때에 처음으로 내가 받은 주님의 임재와 그 영을 나의 의지로 보호해야 하는 것을 배웠습니다. 그것은 나에게 달려 있는 것이었습니다. 내 안에 계신 주님은 말할 수 없는 탄식으로 그분의 고통을 드러내셨습니다. 그러나 내가 그에 대하여 반응하지 않는다면 그분은 내 안에서 소멸되고 약해지는 것이었습니다.

우리는 어떠한 영적인 영역에 부딪치는 것을 조심해야 합니다. 어떤 장소에 가는 것이나 어떤 문화에 접촉하는 것이나 사람을 만나는 것을 조심해야 합니다. 아무 생각 없이 접촉해서는 안 됩니다.
사람을 만날 때 서로의 몸이 직접 부딪치는 경우는 별로 없을 것입니다. 그러나 사람이 만나는 순간 몸은 접촉하지 않아도 우리의 영은 서로 접촉합니다. 서로 교류가 이루어지는 것입니다.
무당에게 점을 치러 가는 사람들이 있습니다. 그들은 무당의 영을 접촉하게 됩니다. 무당들이 어떻게 다른 사람의 사정을 아는 것일까요? 그것은 그들의 영이 그들에게 물으러 오는 사람의 영을 접촉하기 때문입니다. 영의 터치를 통해서 모든 정보가 오게 됩니다.

사람은 누구나 영을 가지고 있으므로 어느 정도 영감이 있습니다.
혼히 누군가의 이야기를 하고 있다가 그 사람이 마침 나타나면 '아이고, 호랑이도 제 말하면 온다더니..' 혹은 '양반은 아니군..' 하고 이야기합니다. 왜 그런 현상이 나타나는 것일까요?
우리의 몸은 아직 그를 보지 못했지만 우리의 영은 그의 영을 느끼게 됩니다. 그러므로 갑자기 그 사람이 생각이 나고 그에 대한 이야기를 하게 되는 것입니다.

영이 어느 정도 열리면 사람들의 목소리나 대화를 통하여 그의 영적인 상태나 수준을 느끼는 것은 그리 어려운 일이 아닙니다.
나는 가까이에 있는 어떤 이가 어두움의 기운에 가득하게 사로잡혀 있는 것을 느끼곤 합니다. 그럴 때는 가까이 가는 것을 주저하게 됩니다.
어떤 경우에는 상대방의 1m앞에 접근하면 몹시 머리가 아프고 어지러웠습니다. 그러나 1m를 벗어나면 나쁜 에너지의 영향력을 벗어나는 것 같았습니다. 그처럼 어떤 이가 악한 에너지를 가지고 있으면 주위에 있는 이들에게 그 영향력이 가는 것은 자연스러운 일입니다.

주님의 임재를 경험한 후에 우리는 이 세상에 악한 기운의 흐름이 아주 많은 것을 알게 됩니다. 주를 믿으며 신앙을 고백하는 이들도 영이 훈련되지 않아서 어둡고 음침하고 악한 기운을 많이 가지고 있는 경우도 적지 않습니다.
그러나 우리는 그렇다고 해서 이 세상을 떠날 수는 없을 것입니다. 우리는 어쩔 수 없이 그들과 만나야 하며 접촉해야 합니다.
우리는 그것을 피할 수 없습니다. 중요한 것은 우리가 깨어 있어서 주님께 우리를 보호해주실 것을 기도하는 것입니다.
우리는 악한 영의 영역으로 들어갈 수밖에 없는 상황에서 기도하며 악한 영들을 결박해야 합니다. 그리고 조심을 해야 합니다.

3부 더 깊은 임재를 위하여 229

그렇게 깨어있어서 자신의 영을 보호하기 위하여 애쓰면 악한 영들은 우리에게 올 수 없습니다.

아무 생각 없이 그저 멋대로 사는 것은 위험한 일입니다. 그런 이들은 결코 영의 충만함을 유지하지 못합니다.

사람과 대화하는 것도 영이 섞이는 것입니다. 그러므로 우리는 접촉과 대화에도 주의를 기울여야 하며 주 안에서 해야 합니다.

우리는 이 악한 세상에서 우리의 영을 보호해야 합니다. 순결하고 맑은 영을 가지고 있어야 하며 능히 그러한 영들을 이길 수 있는 강력한 영을 가지고 있어야 합니다.

우리가 가지고 있는 주님의 임재의 귀중함을 지키기 위하여 주를 간절하게 붙잡을 때 우리 안의 기름부으심은 더 깊이 증가될 것입니다.

오래 전에 목회 사역을 하고 있을 때 집회 중에 주의 강한 임재를 경험한 한 자매의 경험을 잠깐 살펴보겠습니다. 구체적인 영의 임함과 바깥의 영들과의 관계에 조금 참고가 될 것입니다.

2주일의 놀라운 여행 － J자매 －

1996.8.21(수)
오! 놀라우신 주님!
사랑의 샘 교회에 처음 간 날!
방석이 예전에 우리 집에 있던 방석과 똑같아서 친밀감을 느꼈고, 우리 집 안방과도 같은 편안함을 느꼈다.
예배 시작하기 전에 A가 뜨거운 손으로 나를 잡으면서, "언니, 주님! 제게 임하소서 라고 기도하세요" 라고 했다. 그렇게 몇 번 기도를 하는데 갑자기 온몸에 전류가 흐르더니 방언이 나왔다.

나처럼 기도도 안하고 성경도 별로 읽지 않는 사람에게 이런 커다란 은사를 주신 주님께 너무 감사해서 예배시간 내내 울었다.
그날 밤 난 한숨도 자질 못했다. 기분도 너무 좋고, 정말로 그분이 내 안에 계신 것 같았다.

1996.8.22(목)
방언으로 기도를 하니까 너무 좋다.
예전에 기도할 땐 생각을 하면서 몇 마디 중얼거렸는데, 방언은 그것이 아니다. 그건 정말 영혼의 기도다.
내 영혼이 주님께 그냥 아뢰고 호소하며 용서를 비는, 아무 생각도 안 했는데, 기도가 저절로 자연스럽게 되는 것이었다. 너무 좋아서 오늘 아침에도 하려고 했는데, 오늘 아침엔 나오질 않았다.

1996.8.28 (수)
두 번째로 사랑의 샘 교회를 간 날!
집에서는 안 되던 방언이 교회에 오니깐 또 나온다.
목사님께서 내게 간증을 시켰다. 무슨 말을 했는지 잘 기억이 나지 않지만, 주님께 감사하다고 얘길 했다.
하나님이 너무 좋다. 그분께 더욱 가까이 가고 싶다.
주님께 기도했다. 난 너무 연약하기 때문에 주님의 도우심이 없이는 살 수 없다고, 날 주님의 몸에 감아달라고,
날 놓지 말아달라고, 길 잃은 내가 이제야 주님의 품에 돌아왔노라고,
날 받아달라고 기도를 올렸다.

1996.8.29(목)
가슴이 무척 답답하다. 왜일까?

1996.8.30(금)
오후 12:15분에 정원목사님한테서 전화가 왔다.
목사님의 말씀을 들으니 기분이 많이 좋아졌다. 하지만 여전히 가슴이 답답하다. 월요일 날 목사님과 만나기로 했다.
오늘 A와 함께 같이 또 교회에 갔다.
오늘 처음으로 내게 성령님께서 임하셨다.
성령님께서는 기뻐서 마구 내 몸을 돌리셨다.
내 안에서 너무너무 기뻐하며 웃으셨다. 난 계속 두 팔을 흔들며 날개 짓을 했다. 내 안에 계속 웃음이 터져 나왔다. 내가 아닌 내 안에 임하신 분이 웃으시는 것을 느꼈다. 나의 답답함은 다 사라져 버렸다. 오직 기쁨! 아니 그 단어로도 표현이 부족한 그런 좋고 행복한 시간이었다.
밤에도 너무 기쁘게 잠이 들었다. 난 하늘에 붕 떠있는 천사가 된 기분이었다. 너무나도 하얀 빛들을 봤다.
난 그곳을 날아다니며, 너무너무 기쁨이 충만해 있었다.

* 자매는 예배 시간 중 성령님의 임재를 기다리며 조용히 서 있는 시간에 강력한 주님의 임재에 사로잡혔습니다. 그녀는 강한 바람과 불에 휩쓸려서 수없이 구르고 일어났다 쓰러지기를 반복했습니다. 그녀는 끝없이 웃음을 터트리면서 손을 새가 날듯이 춤추며 움직였는데 그것은 그녀 자신의 행동이기보다는 어떤 힘에 의해서 이끌려지는 모습이었습니다.
다른 이들이 그녀를 누워서 안정시키고 요를 덮어주었는데 그녀는 한 동안 그렇게 누워 있었습니다. 그 이후로 그녀는 강한 주의 영을 지속적으로 경험하게 되었습니다.

1996.8.31(토)
난 어제 그 일로 끝난 줄 알았다. 하지만 그분은 내게 계속 임하셨다. 웃음이 절로 나오고, 한순간 순간, 매시간 시간, 그분을 찾지 않으면 내게 숨이 막힐 정도로, 난 그분을 느끼길 원했고, 추구하게 되었다.
점심때 A가 준 복음성가 테이프를 들었다. 또 저절로 몸이 움직이면서 춤을 추게 되었으며, 찬양이 저절로 나왔고, 전혀 모르는 찬양인데도 '경배'란 단어가 나오기만 하면 손이 하늘 위로 올라간다.
내 안에 나아닌 다른 분이 계신 것이다.
친구들과 점심때 만났는데, 내 몸이 뒤로 물러섰다. 그들과 있는 것이 너무 답답해서 견딜 수가 없다.
J를 만났는데, J는 성령님께서 좋아하시나 보다.
별로 답답함이 없었고, 무척 기뻤다.
J와 같이 있었는데, 어느 곳을 가도 답답해서 갈 곳이 없다. 사람이 없는 곳을 찾아 공원엘 갔다.
J와 기도를 하는데, J손을 잡으니, J가 어떤 영을 몸에 지니고 있는지 내 안에 계신 분이 말씀을 하셨다.
집에 가서도 찬양 테이프를 들었다. 이날 밤 나는 몹시도 평안함 속에서 잠들 수 있었다.
하얀빛과 하얀 영체들이 무수히도 많이 내게 떨어졌고, 아버지께서 계속 "널 사랑하노라" 라고 말씀하셨다.
난 주님의 평안 속에서 잠이 들었다.

1996.9.1(일)
오늘처럼 기분 좋게 교회에 가진 처음이다. 교회에 가는 것이 마냥 좋기만 하다. 아침에 일어나서도 찬양을 들었다.
갑자기 "내가 널 높이리라" 라는 음성이 들려왔다.
난 깜짝 놀랐다.
두려운 마음에 주위를 두리번 두리번거렸다. 아무도 없었다.
목욕을 했다. 샤워소리가 컸지만 그건 분명한 음성이었다.
"두려워하지 말라. 두려워하지 말라."

A자매를 만났는데, 교회에 가기까지 계속 그분이 임하신다.
발이 땅에 닿아 있는데도 몸이 붕 떠있는 기분이다.
난 교회에 들어가자마자 뒤로 넘어졌다. 무서웠다.
내가 이상하게 된 것이 아닌가 하는 두려움이 들었다.
주님께 정원목사님에 대해 여쭤봤다. 주님께서 내가 너무나도 사랑하는 사람이라고 말씀하셨고, 주님과 너무나도 가까이 있는 사람이라고 말씀해주셨다.
그 말씀이 너무나도 나의 가슴에 넘쳤기 때문에 난 다시 평안을 되찾았으며, 그대로 주님께 나의 몸을 맡겼다. 난 계속 주님께 찬양을 드렸으며, 어떤 하얀 물체와 빛들이 날 완전히 누르고 있었다.
그리고 거의 11시부터 5시까지 움직이질 못했다.
S전도사가 "바지 입은 사람 다 나와서 일해" 하고 말했을 때, 돕고 싶었지만 몸이 움직이질 않는다.
목사님께서 기도를 3시쯤 잠시 해주셨는데, 나의 영은 천국을 갈 수 있었고, 하나님을 만났으며, 그분은 나에 대해 말씀해 주셨다.
넌 영이라고 말씀하셨으며, 나의 뜻을 다 알 수 있을 거라고 말씀하셨으며, 넌 사랑이라고 말씀하셨다. 영이란 말이 무슨 말인지 잘 모르겠다.

1996.9.2(월)
정원 목사님 만난 날!
몸이 계속 뒤로 젖혀지고, 마음이 너무너무 답답하다.
난 그분만을 느끼고 싶고, 그분 안에서 안식을 하고 싶다.
하지만 회사에서는 그럴 수가 없으니 어떻게 해야 할지 모르겠다. 몸이 붕 떠있는 것 같고, 내가 어떻게 해야 할지 모르겠다.
목사님과 짜장면 먹은 날!
목사님께서 기도해주시고, 영을 보는 법을 알려주셨다.
그날 밤, 난 또 빛 가운데로 갔다.

빛 속에서 붕 뜬 채로 그렇게 하늘에 떠 있었다. 이날 내가 잠을 잤는지 잘 모르겠다. 확실한 건, 난 빛 가운데 밤새도록 떠있었다는 사실이다. 또 내 앞에 커다란 한 분이 계셨고, 그와 난 마주 보고 앉아 있었다. 너무나도 평안하고 기쁠 뿐이다.

1997.9.3(화)
J를 저녁에 만났다.
난 이분이 인격체이시라는 걸 오늘 처음 알았다.
J가 주님을 반대하는 어떤 얘기를 했는데, 내 안에 계신 분이 길 한복판에서 통곡을 하다시피 울었다. 난 내가 왜 우는지를 몰랐다. 그저 내 안에서 깊은 오열이 나왔다.
J도 너무 놀라서 어쩔 줄을 몰라 했으며, 나에게 상처를 줘서 미안하다며 깊게 반성을 했다.
이분은 인격체이시다. 이분은 나보다 더 섬세하시고, 예민하신 분이시며, 나의 깊은 곳을 나보다 더 잘 알고 계신 분이다.
나는 그 자리에서 즉시 이분께 용서를 빌었다. 길 한복판에서..
"주님! 제가 잘못했습니다. 마음 아프게 해드려서 너무 죄송해요. 주님 절 떠나지 마세요. 절 용서해 주세요."
막 울었다. 주님께서 말씀하셨다.
"이제 괜찮다. 이제 됐다. 난 너와 언제까지나, 영원토록 함께 하리라."

* 이 글은 자매가 개인적으로 주님의 영을 경험한 후에 나에게 보내온 많은 글들 중에서 일기 형식의 간단한 요약을 기록한 것입니다. 이러한 글은 주님의 임재와 임하심이 매우 구체적인 것이며 또한 주님께서 우리와 친밀한 교제를 원하신다는 것, 그리고 그러한 경험들은 우리의 삶을 변화시킨다는 것을 잘 보여주고 있습니다.

6. 주님의 마음과 조화됨

주님의 임재를 경험하는 것은 참으로 즐거운 일입니다. 거기에는 달콤함이 있습니다. 부드러운 안식이 있고 말로 표현할 수 없는 행복감이 있습니다.

이것을 처음 경험한다면, 사람들은 몹시 놀랄 것입니다. 그리고 기도의 즐거움을 알게 될 것입니다. 주님이 남들보다 자신을 더 사랑해주신다고 여기며 뿌듯한 자부심을 갖게 될 수도 있습니다.

그것은 참으로 즐거운 경험입니다. 기도는 즐겁고 응답은 가까우며 문제들은 해결되기 시작합니다.

하지만 문제가 있습니다. 주님의 임재를 조금 경험했다고 해서 문제가 다 끝나는 것은 아닙니다. 기억해야 할 것은 그의 경험은 아직 겉사람, 바깥사람에게 속한 경험이라는 사실입니다. 아직 그의 속사람은 바뀌지 않았습니다. 그는 지금 잠시 기분이 좋을 뿐입니다. 아직도 여전히 그는 자기중심의 사람인 것입니다.

그가 더 깊은 경험, 더 깊은 주의 임재로 나아가려면 그는 마음 중심 깊은 곳에서 주님과 일치되어야 합니다.

일반적으로 처음에 그리스도인이 구하는 것은 외적인 능력이며 환경에서의 구원과 승리입니다. 누구나 본능적으로 자기를 괴롭히는 환경에서 벗어나기를 원하며 자기를 괴롭히는 사건이나 사람에게서 벗어나기를 원합니다.

어린 영혼들은 대부분 문제가 자기 안에 있다는 것을 인식하지 못합니다. 그러므로 문제는 오직 환경에 있으며 다른 사람에게 있다고 생각합니다. 자신이 화가 난 것은 상대방이 무례했기 때문이며 자신이 여유가 없는 것도 환경의 영향 때문이고 과거의 상처가 많기 때문이라고 생각합니다. 이들은 환경이 변하고 그를 괴롭히는 사람이 사라져도 여전히 자기 안에 악과 고집이 있으며 문제가 있다는 것을 보지 못합니다.

이러한 수준에서 그는 주님의 임재를 경험하기는 하지만 그다지 깊은 임재를 맛보지 못합니다. 그는 외적인 은혜와 외적인 권능을 맛볼 수 있습니다.

그러나 더 깊은 은총과 임재를 경험하려면 그는 눈이 열려야 합니다. 자신의 모습을 보아야 합니다. 자기 안에 얼마나 많은 완악함이 있으며 이기심이 있으며 자기중심이 있는지를 보아야 합니다. 자기 안에 자기가 가득한 것을 보아야 합니다.

환경이 잘 풀리고 평탄한 상황에 있을 때 우리는 자신의 모습을 보지 못합니다. 그러나 주님은 우리의 환경이 막히고 우리의 소원이 좌절되며 한계에 부딪치는 상황으로 인도하십니다. 그것은 우리 자신의 본 모습을 드러나게 하기 때문입니다.

주님이 임하시는 첫 번째의 임재가 있습니다. 첫 번째의 은혜의 상태가 있습니다. 이것은 달콤하지만 그리 깊은 것은 아닙니다. 주님은 더 깊은 임재에로 우리를 이끄시기를 원하십니다.

첫 번째의 임재와 은혜에 머물러 있는 이들은 따뜻하고 달콤한 느낌을 경험하지만 아직 그들의 속은 주님께 충분히 드려지지 않고 있습니다. 아직 그들은 바깥의 것들을 사모하고 추구합니다. 그들은 환경이 좋을 때는 감사하고 기뻐하지만 상황이 나빠지면 곧 마음의 평정을 잃어버립니다.

그들의 감정은 아직 주님과 조화되지 않고 있습니다. 그들은 아직 자신의 입장을 버리지 못합니다. 그는 여전히 자기의 기분을 따라 삽니다.

그는 주님과 상관없이 남들이 자신을 칭찬해주면 기뻐합니다. 남들이 자신을 비난하면 마음이 상합니다. 그들은 주님을 주라고 부르지만 사실 아직 그는 자신이 주인입니다.

나는 많은 이들이 주님의 임재를 추구하는 것을 보았습니다. 그리고 그 임재 속에 잠기는 것을 보았습니다. 나는 그들이 은혜 가운데서 통곡하는 것을 보았습니다. 그러나 그들의 감정과 생각은 여전히 자기중심적인 것을 많이 보았습니다.

그들이 잘못되었다거나 그들이 받은 은혜가 거짓이라는 것은 아닙니다. 다만 그들은 아직 어린 상태이며 첫 번째의 은혜의 수준에서 아직 머무르고 있는 것입니다.

사람들이 자신을 어떻게 대하느냐에 대하여 민감한 사람이라면 그는 주님에 대하여는 둔감할 것입니다. 그는 아직 의식이나 감정의 중심이 자신을 향하고 있기 때문입니다.

자신에게 잘해주는 이를 좋아하고 자신에게 나쁘게 대하는 이들을 미워한다면 사실 아직 그는 주님을 따르는 제자라고 할 수는 없습니다. 그가 믿고 따르며 사랑하는 대상은 바로 자신입니다.

자신의 성향이나 기질에 맞는 사람을 좋게 보고 그렇지 않은 이들을 나쁘게 보는 것도 역시 자신이 주께 속하지 않고 자신에게 속해있음을 보여줍니다.

이러한 이들은 아직 첫 번째의 임재와 은혜에서 더 나아갈 수 없습니다. 아직 이들은 자기로 꽉 차있기 때문에 주님이 그에게 깊이 임하실 수 없는 것입니다.

나는 어떤 형제가 배우자의 문제로 몹시 고민하는 것을 보았습니다. 그는 선교 단체에서 리더격의 형제였는데 어떤 자매를 놓고 갈등하고 있었습니다.

그는 기도를 하면 주님께서 그 자매를 기뻐하시고 결혼을 하는 것이 좋다는 느낌을 강하게 받는다고 하였습니다. 그러나 자신의 감정은 그녀에게서 매력을 느낄 수 없다는 것이었습니다. 그래서 그는 갈등을 하고 있었습니다. 그가 주님의 감동을 바르게 받은 것인지 그것은 확실히 알 수 없습니다. 다만 분명한 것은 이 형제에게 있어서 주님의 감동과 그 자신의 감정은 서로 부딪치고 있었다는 사실입니다. 그의 감정은 주님이 기뻐하시는 것을 기뻐할 수 없었습니다.

이와 같은 사례는 헌신된 자매들의 경우에도 많이 있습니다. 그들은 속으로는 옳지 않다는 것을 알면서도 아직 거듭나지 않고 신앙에 관심도 없는 이들에게 마음을 많이 빼앗기고 있었습니다. 그녀들의 감정은 실제로 주님께 온전하게 드려지지 않았던 것입니다.

우리의 감정이 주님과 조화되지 않는다는 것은 참으로 비극적인 일입니다.

우리는 겉으로는 주님을 사랑한다고 말합니다. 그러나 우리의 속은 세상과 육신적인 매력과 즐거움을 여전히 사랑하고 있는 것입니다.

비참하게도 오늘날 많은 그리스도인들이 이러한 상태에 있는데 그러므로 그들은 주님의 임재를 부분적으로 체험하지만 내면적으로 깊이 연합되는 체험을 할 수는 없는 것입니다.

그들의 체험은 바깥 체험에 지나지 않으며 그들의 깊은 중심에는 주님의 영이 들어가실 곳이 없는 것입니다.

우리가 주님과의 깊은 친밀감을 누리며 연합하기 위해서는 우리의 감정과 주님의 감정, 우리의 성향과 주님의 성향이 일치되어야 합니다. 그렇지 않다면 주의 영의 임재는 한계가 있을 수밖에 없습니다.

나는 언젠가 나를 몹시 괴롭게 했던 어떤 집사님을 놓고 주님께 기도한 적이 있었습니다. 기도 중에 주님은 '내가 그녀를 얼마나 사랑하는지 아느냐?' 하고 말씀하셨습니다. 그 말씀은 내게 몹시 충격을 주었습니다. 나는 나도 모르게 '저 사람은 주님이 기뻐하시지 않을 것이다' 하는 생각을 가지고 있었기 때문입니다.

나는 또 다른 악한 행동을 하는 이를 놓고 기도했습니다. 역시 주님은 말씀하시기를 '저는 참 귀한 나의 사람이다.' 라고 하셨습니다. 그리고 이러한 일이 반복되면서 나는 모든 사람을 보시는 주님의 시선에 대하여 알게 되었습니다. 주님의 시선은 나의 시선과 전혀 같지 않았습니다.

주님의 눈은 그들을 불쌍하게 보셨습니다. 주님은 창조주이셨으며 모든 이들의 아버지였습니다.
주님은 그들을 위하여 이 땅에 오셔서 온갖 고통을 겪으셨으며 목숨까지 버리셨습니다. 그러므로 주님께서는 그 모든 이들이 그저 아름답고 사랑스럽게 보이는 것입니다.
주님은 모든 이들을, 심지어 자신에 대하여 적대하는 이들도 아름답고 사랑스럽게 보셨습니다. 그들이 악을 행하므로 안타까워하시고 슬퍼하시지만 여전히 그들을 사랑하셨습니다.
주님의 마음, 주님의 눈은 사랑의 마음이며 사랑의 눈입니다. 그것은 천국에서 오는 것이며 거기에는 생명이 있고 영광이 있습니다.
우리는 주님을 얻기 위하여 먼저 자신의 입장, 자신의 마음을 버려야 합니다. 우리의 마음, 우리의 눈은 악하고 더러우며 좁으며 사망으로 가득한 것입니다. 우리가 자신을 버리지 않으면 우리는 그 놀라우신 주님의 마음을 입을 수 없습니다.

주님의 사랑, 주님의 시선, 주님의 마음을 받는 것은 정말 놀라운 일입니다. 거기에는 깊고도 황홀한 주의 임재가 있습니다. 그것은 표면에 속한 기름부으심이 아닙니다. 그것은 우리 영혼의 깊은 곳에서 이루어지는 것입니다.
그 은총이 임할 때 그는 진정한 행복과 만족을 깨닫게 됩니다. 모든 이들이 아름답게 보이고 모든 만물이 사랑스럽게 보인다는 것은 정말 천국과 같은 것입니다.

이런 간증을 들은 적이 있습니다. 어떤 이가 기도원에서 주님의 사랑과 은총을 경험하고 나니 만물이 어찌나 사랑스럽고 아름다워 보이는지 산의 나무도, 떨어지는 낙엽도. 너무나 아름답고 사랑스럽게 보여서 그 기쁨과 천국과 같은 행복을 주체하기 어려웠다고, 그런 이야기를 여러 번 들었습니다.
그것은 일시적으로 천국의 은총이 임한 것입니다. 그것은 곧 주님의 시선과 주님의 마음을 얻는 것과 같은 것입니다.

주님의 마음은 곧 천국의 원리이며 천국의 통치입니다. 우리가 지속적으로 주님의 마음과 시선을 가지고 그러한 의식 속에서 산다면 우리는 더 이상 바랄 것이 없을 것입니다.
주님은 우리에게 더 깊은 기름부으심을 주시기 원하십니다. 그는 그저 단순하게 기분이 좋은 하나의 엑스타시를 주시는 것을 원하시지 않으며 그분 자신의 마음을 우리에게 부어주기를 원하십니다.
그러한 더 깊은 기름부으심은 우리의 입장과 감정이 온전히 주님께 드려지는 그 수준만큼 이루어지는 것입니다.
그러므로 우리는 지속적으로 자기 입장과 자기 애정과 자기변호와 합리화를 버려야 합니다. 자신을 잃을수록 더욱 더 주님께 사로잡힐 수 있기 때문입니다.

주님의 임재는 곧 천국의 임함입니다.
주님의 사랑의 마음을 받는 것은 더 깊은 천국의 은총입니다.
우리는 이 놀라우신 주님과의 조화와 일치를 위하여 더 나아가야 합니다.
주님께서 온전히 우리를 붙잡으시며 그분이 원하시는 대로 사용하실 수 있도록 온전히 나를 버리며 주님께 나아가야 하는 것입니다.

7. 중심의 애정

아모스 3장 3절에 '두 사람이 뜻이 같지 않은데 어찌 동행하겠으며' 라는 말씀이 나옵니다.
그렇습니다. 두 사람이 같은 길을 가려면 뜻이 맞아야 합니다. 그렇지 않으면 그들은 동행할 수 없습니다. 같은 길을 가려면 마음이 맞아야 하며 마음의 소원과 애정이 맞아야 합니다. 마음과 소원하는 것이 온전히 서로 같은 이들만이 갈등 없이 함께 길을 갈 수 있습니다. 그처럼 우리가 주님과 동행하며 주님의 깊은 임재와 교제에 들어가는 데에는 그 무엇보다도 중심의 애정이 요구되는 것입니다.

애정은 그 사람의 중심입니다. 어떤 사람의 본질은 곧 그 사람이 사랑하고 좋아하는 어떤 것입니다. 사람은 누구든지 자신이 가장 좋아하는 것을 통하여 만족을 얻습니다. 또한 자신이 좋아하는 것을 잃었을 때 가장 큰 고통을 느낍니다.
그러므로 어떤 이에게 그가 좋아하지 않는 것을 일시적으로 요구할 수는 있습니다. 그러나 그것을 계속 강요할 수는 없습니다. 어느 누구도 자신이 싫어하는 것을 계속 할 수는 없기 때문입니다.

우리는 어떤 것을 조건적으로 좋아할 수 있습니다. 어떤 것 자체를 좋아하는 것은 아니지만 그것을 함으로써 자신이 좋아하는 다른 것을 얻을 수 있다면 우리는 그것을 좋아합니다.
그것은 본질적으로 좋아하는 것이 아니고 조건적으로 좋아하는 것입니다. 물론 그것은 진정한 애정이라고 할 수 없습니다.
예를 들어서 설명을 한다면 한 여인이 결혼하는 대상을 조건적으로 좋아하는 것입니다. 이 여인은 결혼할 사람을 좋아하지 않습니다. 그러나 그는 돈이 많은 사람입니다. 그렇기 때문에 그 사람과 결혼을 하면 이 여인은 그의 돈을 가지고 자신이 원하는 것을 할 수 있을 것입니다.

이 경우에 그녀는 그 사람을 본질적으로 사랑하는 것이 아니고 조건적으로 좋아한다고 할 수 있을 것입니다. 물론 이런 조건적인 애정은 온전한 것이 아니기 때문에 그들은 결코 행복한 가정을 꾸밀 수 없을 것입니다.

그와 반대의 경우도 있을 것입니다.
한 여인이 어떤 대상에게 조건적인 사랑이 아니라 본질적인 사랑을 느낍니다. 그는 아무 가진 것이 없지만 이 여인은 그의 옆에 있기만 해도 즐거워하며 기쁨을 느낍니다. 잠시 대화를 나누는 것만으로도 마음이 통하는 것을 느끼며 자신이 충만해지는 것을 경험합니다. 이러한 경우는 조건적인 사랑이 아니라고 할 수 있습니다. 물론 이것은 만족스러운 삶을 줄 것입니다.

주님을 향한 우리의 사랑에 대해서도 이러한 원리를 적용할 수 있습니다. 어떤 이가 주님을 사랑한다고 고백합니다. 과연 그는 주님을 조건에 의해서 사랑하는 것일까요? 아니면 주님 자신을 본질적으로 사랑하는 것일까요?
그가 사랑하는 것은 주님이 주시는 조건이나 복 때문일까요? 아니면 주님 자신과 사랑에 빠진 것일까요?
애굽에서 노예 생활을 하던 이스라엘 백성들을 보면 그들은 주님을 본질적으로 사랑했다고 할 수 없습니다. 그들은 주님께서 크신 권능과 기적으로 그들을 구출했을 때는 하나님을 찬양하였습니다. 그러나 광야에서 삶에 어려움이 닥치자 그들은 지도자 모세를 돌로 치려고 했으며 하나님을 대적하고 원망하였습니다. 그것은 조건에 의한 애정이지 하나님 자신을 신뢰하고 사랑한 것이 아닙니다.

예수님의 오병이어의 기적을 통하여 억지로 주님을 왕으로 삼자고 하던 이스라엘의 군중들도 주님을 본질적으로 사랑한 것은 아니었습니다.

그들은 단지 떡을 먹고 배불렀던 것뿐이며 이 사람이 왕이 되면 자신들의 경제 문제, 정치 문제, 모든 사회의 문제가 풀릴 것이라고 기대한 것뿐입니다.

그들은 주님의 능력을 사랑한 것이며 조건을 사랑한 것이지 주님 자신을 사랑하지는 않았습니다.

사람의 중심에 있는 애정은 영들을 끌어들이는 원리입니다. 어떤 사람이 진정으로 좋아하는 것들은 반드시 그에게 오게 되어 있습니다.

그러므로 중요한 것은 그 사람이 무엇을 좋아하는가 하는 것입니다.

왜 사람들은 쉽게 중독에 빠질까요? 왜 사람들은 담배를 끊지 못하며 술을 끊지 못하며 도박을 끊지 못하며 악한 습관을 버리지 못할까요?

그것은 그들이 그러한 것들을 사랑하고 있기 때문입니다.

그들은 그것들이 좋지 않다는 것을 머리로는 잘 알고 있습니다. 그러나 그들의 안에서는 여전히 그것들이 주는 위안과 즐거움을 사랑하고 있습니다.

그러한 애정이 도박의 영이나 술의 영들을 끌어당기고 있기 때문에 그들은 속박으로부터 벗어나지 못하게 되는 것입니다.

어떤 이들은 단지 귀신을 대적하고 쫓으면 그것들이 사라질 것이라고 생각합니다.

그러나 그렇지 않습니다. 우리가 어떤 것을 좋아하는 한 그들은 우리에게서 떠나지 않습니다. 그것을 잘 알기 때문에 악한 영들은 우리에게 온갖 악한 즐거움들을, 위안거리들을 주려고 무료로 공급하려고 애를 쓰는 것입니다.

삼손은 엄청난 힘을 주님께 받은 용사였습니다.

그러나 그는 이방 여인 들릴라를 사랑하였습니다. 그것이 그의 신앙과 사역을 방해하는 일이며 스스로를 멸망으로 이끄는 것이라는 사실을 알고 있었지만 삼손은 그녀를 버릴 수 없었습니다. 그녀는 아름답고 매력적이었으며 삼손은 그녀에 대한 애정을 포기할 수 없었습니다.

나는 어떤 여인의 이야기를 책에서 본 적이 있습니다. 그 여인은 암이 심하게 퍼져서 도저히 살 수 없다고 사형선고를 받았습니다.
그러나 그녀는 자연식과 생식을 통하여 끈기 있게 노력한 결과 그 병에서 회복이 될 수 있었습니다. 그녀는 자신이 아주 좋아하는 냉면과 고기가 그 병에 아주 치명적이라는 것을 알았습니다. 하지만 병이 치유되었다는 진단을 받고 나자 그녀는 다시 예전에 좋아하던 냉면과 고기를 마음껏 먹기 시작했습니다.
결국 그녀는 다시 병이 재발되었고 다시는 회복할 수 없었습니다. 그녀는 죽음을 앞두고 자신에게 생식을 통한 치유를 권해주었던 언니에게 말했습니다. '언니, 미안해.. 내가 절제했어야 했는데..'
그녀는 그것이 자신의 몸에 나쁘다는 것을 알았지만 그 음식이 주는 맛의 쾌감을 버릴 수 없었기 때문에 결국은 그렇게 무너지고 말았습니다. 그녀에게 있어서 맛있는 음식을 먹는 것은 그녀의 삶의 가장 중요한 기쁨이었던 것입니다. 그녀에게는 그런 즐거움을 누리지 못할 바에야 사는 것이 아무런 의미가 없었습니다.

왜 우리는 그녀와 같이, 또한 삼손과 같이 자신을 멸망시킨다는 것을 뻔히 알면서도 세상의 많은 즐거움들 속에 빠져들어 갈까요? 그것은 우리가 그러한 어두움과 그 어두움이 주는 쾌락을 사랑하고 있기 때문입니다.
애정은 곧 그 사람의 생명과 같은 것이며 그러므로 그가 좋아하는 애정을 버리는 것은 곧 그의 생명을 버리는 것과 같은 것입니다.
그러므로 어떠한 애정을 포기하게 되는 것은 서의 죽음에 가까운 시련과 고통을 겪고 나서야 가능한 것입니다. 아니, 죽음에 이르러도 포기하지 않는 이들도 있습니다. 그 때문에 사람은 시간이 지나도 좀처럼 변화되지 않는 것입니다.

우리가 주님과 얼마나 깊이 연합하는가, 얼마나 주님의 기름부으심 가운데 거할 수 있는가 하는 문제는 결국 우리의 애정이 얼마큼 주님을 사랑하는가에 달려 있는 것입니다.

그리고 그러한 애정이란 결국 그 사람의 영적인 수준이며 성숙도입니다. 그 사람은 그가 중심으로 주님을 사랑하는 수준만큼 주님을 깊이 알아갈 수 있는 것이며 주를 얻을 수 있는 것입니다.

어떤 이들은 일시적으로 매우 강렬한 열정으로 주님의 은혜를 추구하기도 합니다. 그들은 빨리 그들의 열망이 이루어지지 않으면 견디지를 못하며 어서 빨리 영적으로 자라기를 원합니다.

겉으로 보기에는 그들은 아주 영적으로 보이며 주님을 깊이 사랑하는 것 같습니다. 그러나 종종 그러한 그들의 열정은 급속도로 식습니다.

그들은 그다지 오래 인내하지 못합니다. 그들은 쉽게 실망하고 도태됩니다. 그들은 자신이 이렇게 주님을 사랑하는데 주님이 도대체 응답하지 않는 이유가 무엇인지 모르겠다고 원망하며 그들의 영적인 행로를 중단합니다.

그러한 조급함은 주님께 대한 진정한 사랑에서 나오는 것이 아니며 인간적이고 자아적인 욕망에 불과한 것입니다.

열심을 내는 동기가 다른 사람들보다 더 영적인 사람이 되고 싶고 영적인 영역에서 최고가 되고 싶기 때문인 이들도 많이 있습니다. 그러한 것들은 주님으로부터 온 동기가 아닙니다.

사람들은 주님을 추구함으로써 얻어지는 여러 칭찬과 명성과 인정받음과 성공과 형통을 즐깁니다. 그러나 과연 주님을 추구함으로써 얻어지는 것이 오해와 비난과 고통뿐이라면? 그는 어떻게 반응할까요? 그의 반응은 그가 주님을 조건적으로 사랑하는 것인지 아니면 본질적으로 사랑하는 것인지를 보여주는 것입니다.

돌에 맞아 죽는 스데반의 최후의 장면은 몹시 인상적입니다.

그는 누가 보아도 실패자로 보이는 비참한 죽음을 겪으면서도 심령에 기쁨이 충만하였습니다. 주를 따름으로 인하여 어떠한 즐거움이나 유익도 없이 그저 비참한 고통을 겪을 뿐인데도 그는 기쁨으로 가득하였습니다. 이는 그의 중심의 사랑이 무엇인지를 잘 보여주는 것입니다.

복음을 위하여 헌신하다가 감옥에 갇혀 매를 맞던 바울과 실라의 찬송하는 모습도 몹시 감동을 줍니다. 적어도 외적인 시각으로 보았을 때 그것은 전혀 기쁘거나 행복한 상황은 아니었습니다. 그러한 사례들은 조건으로 주를 따르는 이들과 중심으로 주를 추구하고 따르는 이들이 분명 다르다는 것을 보여주고 있는 것입니다.

당시는 초대교회이고 성령의 역사가 아주 강렬하게 운행하던 때이기 때문에 그러한 열정이 가득했었다고 생각할 수는 없습니다.

그 때에도 타협하고 넘어지는 이들은 아주 많았습니다. 아나니아와 삽비라 같은 이들도 있었고 세상을 사랑하여 데살로니가로 간 데마와 같은 사람도 있었습니다.(딤후4:10) 어느 시대에나 주를 간절히 따르는 사람이 있고 다른 길로 가는 사람이 있습니다. 그것은 각자의 중심에 달려있는 문제입니다.

사람들은 영적인 집회에서 분위기에 휩쓸려서 은혜를 받습니다. 그들은 울기도 하고 결단을 하기도 합니다. 그들은 주를 위해서 죽겠다고 말하며 자신의 삶을 주를 위해서 던지겠다고 말합니다.

그러나 그렇게 말하는 대부분의 사람들은 대체로 그 열정과 사랑을 잃어버립니다. 그들이 주님을 사랑하지 않는 것은 아니지만 아직 그 보다 더 사랑하는 것들이 그들 안에 많이 있기 때문입니다.

그러므로 그들은 일시적으로 은혜를 추구합니다. 그러나 열정의 분위기가 끝이 나고 혼자 있게 되면 그는 자신의 중심 애정이 추구하는 것으로 갈 수밖에 없는 것입니다.

겉 사람은 주님을 구하지만 그들의 속은 아직도 많은 자연적인 즐거움들을 추구하고 누립니다.
젊은이들은 이성이 주는 자연적인 매력에서 벗어나지 못합니다. 그들은 자기가 좋아하는 것들, 자기가 사랑하는 사람을 달라고 주님께 몸부림을 치면서 기도합니다. 그러한 기도는 주님을 아프게 하는 것입니다.
그러나 인생의 많은 훈련을 통과하지 않은 이들은 아직 주님의 마음을 잘 이해할 수 없습니다. 배우자도 자식도 부모도 그 어느 누구도 우리를 채우지 못하며 오직 우리가 주님을 통해서만 온전한 만족을 얻을 수 있다는 것을 진정으로 고백하는 때는 이미 많은 시행착오와 고통과 실패를 통과한 이후입니다.

개미가 코끼리를 사랑할 수는 없습니다. 그들은 서로 너무 달라서 사랑할 수 없습니다. 강아지는 강아지가 지나가면 애정을 느낍니다. 그것은 같은 동류이기 때문입니다.
마찬가지로 우리가 주님 자신에게 애정을 느끼는 것은 우리 안의 깊은 곳에 주님의 영이 임해야 가능한 것입니다. 주님의 영만이 주님을 갈망할 수 있습니다. 애정은 같은 성분끼리만 이루어지는 것입니다.
우리의 겉사람은 조건적으로 주님을 사랑할 수밖에 없는 존재입니다. 그러나 우리의 애정은 주님의 깊은 터치를 경험하면서 그리고 인생의 실패와 좌절을 겪어가면서 더 발전하게 됩니다. 오직 주님 자신만을 구하는 것.. 거기에는 시간과 경험이 필요합니다. 겉사람이 후패해지고 속사람이 깨어나 주님께 대한 순결한 갈망이 일어나는 데에는 많은 시간들이 필요합니다.

당신은 아마 당신의 애정이 아직 바깥을 향한 것들이 너무 많다고 느끼고 낙심하게 될지도 모릅니다.

그러나 별로 낙심할 필요는 없습니다. 우리는 단지 주님의 긍휼과 은혜가 우리 가운데 임할 것을 기대하고 바라고 기도할 수 있을 뿐입니다. 그리고 그 은총의 결과 주님이 우리 안에 임하십니다. 그리고 조금씩이지만 그분은 우리를 지배하시고 그 결과로 우리의 애정과 성향은 바뀌게 되는 것입니다.

애정의 변화는 생명의 변화입니다. 이미 세상의 많은 즐거움들이 더 이상 내게 즐겁지 않다면 그는 바로와 애굽에서 많이 해방된 것입니다. 그가 주님 자신을 추구하는 것에 가장 큰 기쁨을 가지고 있다면 이미 그는 놀라운 복을 얻은 사람입니다. 그는 이미 운명이 바뀐 사람입니다.

그가 주를 구하고 또 열망한다면 영의 세계는 오직 소원과 애정이 서로 끌어당기기 때문에 반드시 언제든 주님은 강렬하고 놀라운 은총을 부어 주실 것이기 때문입니다.

주님의 영이 우리에게 깊이 부어져서 우리의 영이 눈을 뜨게 된다면 우리의 애정은 점점 변화되어 갑니다. 이전에 좋아했던 많은 성향들이 사라집니다. 그리고 주님께로부터 오는 많은 보화들을 기뻐하게 됩니다.

영적인 새로운 통찰력과 지혜를 사랑하며 기뻐하게 됩니다.

주님의 그 사랑의 물결, 본성을 더 즐기고 누리게 됩니다.

날마다 새롭게 임하시는 그분의 거룩하심과 긍휼을 경험하면서 우리는 그것이 곧 영광이며 천국임을 알게 됩니다.

우리가 주님을 중심으로 사랑하는 것만큼 우리는 주의 깊으신 임재를 경험할 수 있으며 그의 영광을 유지할 수 있습니다. 그러나 우리의 애정이 아직 세상적이고 자아적이라면 우리는 아주 짧은 순간만 은혜 가운데 있게 될 것입니다. 영적인 집회에 참석하고 영적인 사람과 만나고 영석인 서적을 읽을 때, 그 때만 잠시 그 영향력 속에 있을 것입니다. 그리고 헤어져 혼자가 되면 우리는 다시 우리의 애정의 세계, 자기만의 영계로 돌아가게 될 것입니다. 우리는 우리 중심의 애정이 주를 향하는 만큼만 주를 알고 누릴 수 있습니다.
당신의 애정이 오직 주님께만 향할 수 있도록
오직 기도하고 기도하고 또 구하십시오.
주님이 임하시면 우리는 그로 만족하게 되지만
또한 더 깊이 그의 영을 갈망하게 됩니다.
그리고 그러한 갈망은 그 어떠한 복보다 더 아름답고 귀한 것입니다.
오직 주님을 구하는 이들은 이 세상에서 가장 복 받은 이들입니다.
이 길은 좁은 길이지만 축복 받은 영광의 길입니다.

애정의 수준만큼 주님은 오십니다.
사랑하며 간절한 만큼 주님은 임하십니다.
관심이 없는 이에게 주님은 오실 수가 없습니다.
천하보다 더 귀한 주님의 임재, 그 보화의 가치를 깨달으십시오.
그리고 당신의 평생 동안 주님을 추구하십시오.
주님만을 깊이 사랑하게 될 때
당신은 그보다 더 큰 영광은
이 세상에 존재하지 않는다는 것을 곧 알게 될 것입니다.
주를 위하여 모든 것을 잃어도
당신은 결코 후회하지 않게 될 것입니다.

8. 주님의 목전

사사기에 보면 이스라엘 백성이 다른 민족들과의 전쟁에서 패해서 노예처럼 살게 되는 이야기가 참 많이 나옵니다. 그런데 그 시작과 결말의 패턴은 항상 똑같이 반복됩니다.

이스라엘 자손이 여호와의 목전에 악을 행하여.. (삿3:7)

그리고 나서 그들은 전쟁에 패하여 이방 민족을 섬기게 됩니다.
그런데 그들이 사사를 통하여 해방을 얻은 다음은 어떻게 될까요?

또 다시 마찬가지입니다.
그들은 다시 슬픈 역사를 되풀이합니다. 그 다음에는 '또' 자가 붙은 것만 다릅니다.

이스라엘 자손이 '또' 여호와의 목전에 악을 행하니라 이스라엘 자손이 여호와의 목전에 악을 행하므로 여호와께서 모압 왕 에글론을 강성하게 하사 그들을 대적하게 하시매 (삿3:12)

에훗이 죽으니 이스라엘 자손이 '또' 여호와의 목전에 악을 행하매 여호와께서 하솔에서 통치하는 가나안 왕 야빈의 손에 그들을 파셨으니 (삿4:1-2)

이스라엘 자손이 '또' 여호와의 목전에 악을 행하였으므로 여호와께서 칠 년 동안 그들을 미디안의 손에 넘겨 주시니 (삿6:1)

이스라엘 자손이
또
여호와의 목전에
악을 행하고
그 결과
이방민족의 노예가 되고..

이 비극적인 역사는 이스라엘의 역사에서 내내 지겹도록 되풀이됩니다.
아니, 이스라엘만이 아니지요. 오늘날에도 주님을 믿는 백성들 사이에서 지겹도록 계속 되풀이됩니다.
그들은 하나님의 목전에서 악을 행한 결과로 이방민족에게 온갖 고통을 겪으면 비로소 부르짖고 난리를 칩니다. 그리하여 주님의 사람, 영적 지도자가 와서 구원을 받고 해방을 얻습니다. 그러나 그렇게 회복되었다가도 그 영적 지도자가 없어지기만 하면 기다렸다는 듯이 다시 또 하나님의 목전에서 악을 행합니다.
여기서 그들은 항상 여호와의 목전에서 악을 행했다고 합니다. 그러면 도대체 여호와의 목전이라는 것은 어떤 장소를 말하는 것일까요?
그곳은 성전일까요? 아닙니다. 당시에는 아직 성전이 없었지요.
그러면 하나님의 임재가 있는 특별한 산일까요? 아닐 것입니다. 백성들이 죄를 지으려고 일부러 산에까지 올라가지는 않았을 것입니다.
여호와의 목전이란 어떤 특정한 장소를 말하는 것은 아닙니다. 이 세상 그 어느 곳도 하나님의 눈을 벗어나는 곳은 없으니까요.

여기서 우리가 꼭 기억해야 할 사항이 있습니다.
우리가 어떤 죄를 지을 때 그것은 바로 하나님의 눈앞에서 죄를 짓는 것이라는 사실입니다. 바로 하나님의 목전에서 죄를 짓는 것이지요.
그러므로 죄를 짓는 것 자체도 나쁘지만 그것을 보시고 계시는 하나님을 무시하는 것.. 그것이 사실은 더 무서운 것입니다. 다윗은 왕이 된 후에 형편이 좋아지고 먹고 살만해 지니까 타락하여 죄를 지었습니다. 그는 예전의 어려운 시절 같으면 상상도 할 수 없는 살인과 간음을 저질렀습니다. 그런데 선지자 나단을 통하여 하나님께서 다윗에게 주신 말씀 가운데 이러한 내용이 있습니다.

이제 네가 나를 업신여기고 헷 사람 우리아의 아내를 빼앗아 네 아내로 삼았은즉.. (삼하12:10)

다윗은 아마 이 말을 듣고 깜짝 놀랐을 것입니다. 다윗은 비록 순간적인 충동으로 인하여 죄를 저질렀지만 감히 하나님을 무시하겠다는 의도는 전혀 없었습니다. 그는 방심하다가 넘어진 것에 불과합니다.
그러나 그가 비록 의도하지는 않았다고 할지라도 그러한 죄를 지은 것은 하나님을 업신여기고 무시하는 행동이었습니다.
왜냐하면 하나님은 무소부재하신 분이시므로 그것은 하나님의 목전에서 한 행동이었기 때문입니다.

우리는 기억해야 합니다. 지금은 신약 시대이며 이미 십자가에서 우리의 모든 죄가 주님의 보혈로 덮여졌기 때문에 우리는 우리의 모든 죄에 대하여 대가를 지불하여야 하는 것은 아닙니다.
그러나 우리는 알아야 합니다. 오늘날에도 우리는 여전히 거룩하신 하나님의 목전, 주님의 목전에서 산다는 사실입니다.
그러므로 그분 앞에서 주님을 무시하고 죄를 짓는 것은 주님을 아프시게 하며 몹시 고독하고 슬프게 한다는 사실입니다.
그것은 깊은 사랑으로 우리를 바라보시며 우리를 위하여 모든 대가를 지불하시고 이제 우리 곁에 오셔서 교제를 원하시는 그분을 심각하게 모독하는 것입니다.

어제 아침에 나는 아이들과 같이 집에서 가정 예배를 드리면서 이러한 이야기를 해주었습니다.

어떤 사람이 날마다 아침에 주님과 같이 교제를 함으로써 하루를 시작하기로 약속을 하였습니다. 그 사람은 처음 며칠 동안 소파에 주님과 같이 앉아서 여러 대화를 나누었습니다. 그러나 차츰 이 일이 귀찮아지기 시작했고 아침에는 시간의 여유가 별로 없었습니다.

그래서 그는 나중에는 주님과의 약속을 잊어버리고 말았습니다.

어느 날 그는 바쁘게 집을 나서고 있는데 소파에 주님이 혼자 앉아 계신 것을 발견했습니다. 그래서 그는 물었습니다. '주님.. 여기서 뭐 하고 계시는 거예요?'

주님은 대답하셨습니다. '너를 기다리고 있는 중이란다. 여기서 대화하기로 약속했었잖니..'

우리는 주님과의 약속을 쉽게 잊어버리지만 주님은 잊지 않으십니다. 우리는 현실의 삶에 바빠서 우리를 바라보는 주님의 시선을 쉽게 잊어버리지만 주님은 항상 우리를 지켜보고 계시는 것입니다. 이 이야기를 들으면서 딸은 주님께 죄송하다고 하면서 계속 눈물을 흘리는 것이었습니다.

나는 한 가지의 이야기를 더 들려주었습니다. 시골에 사는 어떤 아버지가 어린 아들과 함께 길을 걸어가고 있었습니다. 그러다가 다른 사람의 밭에 호박이 탐스럽게 익은 모습을 보고 욕심이 생겼습니다.

그는 그 호박을 몇 개 따 가지고 가려고 아들에게 사람들이 보는지 망을 보라고 했습니다. 그가 호박을 따고 있는데 아들이 큰 소리로 외쳤습니다. '아버지.. 봐요! 봐요!'

아버지는 놀라서 뛰어 나왔습니다. 그리고 두리번거렸습니다. 그러나 주위에는 아무도 없었습니다. 아버지는 아들에게 꿀밤을 주었습니다.

'이 놈아, 아무도 없잖아. 보기는 누가 봐?'

그리고 그는 다시 밭에 들어갔습니다. 또 다시 아들이 소리쳤습니다.

'아버지! 봐요! 봐요!'
아버지는 또 놀래서 뛰어 나왔습니다. 그러나 이번에도 주위에는 아무도 보이지 않았습니다. 화를 내려는 아버지에게 아들이 말했습니다.
'아버지, 저는 주일학교에서 항상 예수님이 우리를 보시고 있다고 배웠어요. 아버지는 집사님이시면서 그것도 모르세요?'

주님이 항상 보시고 있다는 것, 그러한 하나님의 목전 의식을 항상 가지고 있는 것, 그것은 바로 그리스도인의 승리하는 삶의 비결입니다. 그것이 바로 요셉의 의식이었습니다. 그는 주인의 아내가 그를 유혹할 때 그렇게 대답했습니다.
"내가 어찌 이 큰 악을 행하여 하나님께 죄를 지으리이까" (창39:9)
요셉에게 있어서 그 여인의 유혹은 물론 그녀의 남편에 대한 죄였지만 그보다 더 하나님 앞에서의 죄였습니다.
요셉의 승리의 비결은 바로 그것이었습니다. 그는 여인이 그를 유혹하고 있었을 때 하나님의 임재 앞에 있었습니다.
그가 다윗이나 삼손과 다른 점도 바로 그것이었습니다. 그는 노예 생활을 할 때나 감옥에 있었을 때나 하나님의 임재 안에서 살았습니다.
하나님의 임재 가운데 있을 때도 그는 여전히 노예였고 여전히 죄수였습니다. 하나님의 임재가 그의 신분을 바꾸어준 것은 아니었습니다. 그러나 그는 기쁨이 넘치는 노예였고 기쁨이 가득한 행복한 죄수였습니다. 그처럼 주의 임재 가운데 거하며 내면의 기쁨이 가득한 사람은 바깥의 환경을 초월하며 바깥의 유혹과 핍박을 이기게 되는 것입니다.

선다씽의 이야기 중에 이러한 내용이 있습니다.
'나는 어떤 사람이 집에서 혼자 있을 때 죄를 짓는 것을 나의 영으로 보았습니다. 그러나 나는 그가 만일 그의 영이 열렸다면 죄를 짓지 않았을 것이라고 생각합니다. 그는 자신이 혼자 있는 것으로 생각했지만 그의 주위에는 주님과 그리고 수를 셀 수도 없는 천사들과 성도들이 그를 지켜보고 있었기 때문입니다. 그들은 그가 죄를 짓는 순간 그들의 눈을 가리고 떠나갔습니다.'

우리는 의식을 하든 못하든 수많은 영체들이 우리를 둘러싸고 있는 것을 기억해야 합니다. 많은 악한 영들도, 선한 천사들도 우리를 둘러싸고 있습니다. 우리가 악을 선택하면 빛의 천사들은 가까이 오지 못하며 어둠의 영들은 합법적으로 우리를 지배하게 됩니다.

육체의 눈에 보이지 않는다고 해서 그것을 무시하는 것은 어리석은 일입니다. 하지만 사람은 영혼을 가지고 있기 때문에 보이지 않아도 그것을 느낄 수 있는 것입니다.

사사기의 내용을 보면 이스라엘 백성은 하나님의 목전에서 악을 행했습니다. 그리고 그 결과로 악한 이방 민족들에게 한 동안 지배를 받게 되었습니다. 그들은 짧게는 몇 년, 길게는 몇 십 년을 그들의 지배 속에서 고생했습니다. 마치 주님께서는 그렇게 말씀하시는 것 같습니다.

'너희는 나의 임재 속에서 사는 것이 싫으냐? 나의 사랑 속에서 살며 나를 섬기는 것이 싫으냐? 그렇다면 악한 세력들에게 지배를 받아 보거라..'

그들은 고통이 극심하여 주님께 부르짖고 회개하며 기도할 때까지 그렇게 묶여서 살았습니다.

이것을 신약의 입장에서 어떻게 해석할 수 있을까요? 이 사사기의 사건들은 실제적인 역사이면서 동시에 오늘날에도 적용할 수 있는 영적인 메시지와 원리를 보여주고 있는 것입니다.

하나님의 목전에서 악을 행할 때 그의 임재는 소멸됩니다. 그러면 어떻게 될까요? 영계에는 공백이 없습니다.

그러므로 어떤 이가 빛의 영이신 주님, 그리스도의 지배를 받는 것을 거부한다면 그는 더러운 영, 세상의 영인 악령의 지배를 받는 수밖에 없는 것입니다.

사람들은 흔히 악한 영들의 지배를 받는 것은 정신이 미치는 것으로 생각합니다. 그러나 그러한 것이 아닙니다.

사람은 하나님의 형상으로 지음을 받았으며 주님을 추구하고 경배하며 사모하는 것이 정상입니다. 그러므로 그렇게 주를 추구하지 않는 삶은 이미 그 자체가 망가진 삶이며 어둠의 영에 지배를 받고 있는 삶인 것입니다.

어떤 이들은 명예를 추구하는 영에 사로잡혀 몇 년이나 몇 십 년을 묶여서 삽니다. 어떤 이들은 허탄한 연애의 영에게 사로잡혀 한동안 정신을 잃고 삽니다. 어떤 이들은 물질의 영에 또는 음란한 영에 사로잡혀 한동안 노예처럼 끌려 다닙니다.

물론 하나님께 속한 이들은 그러한 세상의 영에 끌려서 살 때 많은 고통과 허무함을 느끼므로 언젠가는 주님 앞에서 엎드려 회개하고 부르짖어 기도함으로 영의 자유함을 다시 구할 것입니다.

그러나 주를 알지 못하는 이들은 그러한 속박을 기쁨과 행복으로 여겨 그렇게 살다가 죽을 것입니다.

우리는 이것을 기억해야 합니다. 우리가 주님의 목전 의식을 가지고 있지 않다면 우리는 그분을 무시하게 되며 죄를 짓게 됩니다. 그리고 거룩하신 분은 거룩하지 않은 것과 동시에 계실 수 없으므로 그분은 소멸되십니다. 그는 우리에게서 떠나십니다.

우리가 그분의 자녀라는 법적인 관계가 끝이 나는 것은 아닙니다. 그러나 주님과의 친밀한 관계는 사라지게 됩니다. 살아있는 하나님의 임재와 영광을 누리는 실제적인 그리스도인에서 피상적이고 명목적인 그리스도인이 되어버리는 것입니다.

주의 이름을 불러도 가슴이 터질 것 같은 감동이 없고, 경배를 드려도 하늘에서 아무런 반향이 없는 그러한 무덤덤한 신앙, 무덤덤한 신자가 되고 마는 것입니다. 그것이 주의 임재를 알지 못하는 이들의 비극입니다.

승리의 삶은 곧 주님의 목전에서 사는 삶입니다. 항상 주님을 의식하면서 사는 삶입니다. 그렇게 할 때 어두움의 영은 가까이 올 수 없으며 우리는 실질적인 천국에서 살게 됩니다.

주의 임재를 아는 이들은 오직 그 임재를 소멸하지 않도록 주의할 것입니다. 그는 어떤 말을 하든지 그 말이 주님의 임재를 소멸하는 것이 아닌지 걱정할 것입니다.

그는 어떤 생각을 하든지 그것이 주님의 임재를 풍성하게 하는지 아니면 약하게 하는지에 대하여 주의를 기울일 것입니다.

나는 말을 주의 없이 하다가 주의 임재를 소멸할 때가 많이 있었습니다. 그것은 너무나 고통스러운 일이었습니다.

주의 임재가 사라지면 심령에 불안감이 오고 기쁨이 사라졌습니다. 그러므로 나는 내가 무슨 말을 잘못했는지에 대하여 생각하게 되었습니다. 그리고 그것을 발견하고 주님께 사과하면 곧 다시 그 임재는 회복이 되었습니다. 그것은 너무나 기쁜 일입니다!

주님의 임재는 곧 천국의 실재입니다. 그것을 맛보고 체험한 이들은 결코 그 임재를 잃어버리려고 하지 않을 것입니다.

우리는 그 임재 속에서 승리의 삶을 살게 되며 주님이 약속하신 풍성한 삶을 살게 됩니다. 우리의 영이 더 자라고 더 순결하고 아름답게 될수록 우리는 좀 더 깊은 임재에 대하여 알게 될 것입니다.

좀 더 주님께서는 자신의 마음을 보여주시고 그분의 고독과 눈물을 우리와 같이 나누실 것입니다. 그리고 우리는 좀 더 깊은 천국에 대하여 알게 될 것입니다.

당신의 모든 삶 속에서, 당신의 모든 삶의 순간에서
할 수 있는 한 주님의 임재를 유지하십시오.
부디 주님의 임재 앞에서 그 목전에서 살아가십시오.
당신은 많은 자유와 승리를 누리게 되며
천국의 풍성함을, 은총을 누리게 될 것입니다.

4부
공간과 주님의 임재

1. 공간에 대한 하나님의 약속

하나님은 우주의 주인이십니다. 그분은 무한하시고 초월적인 분이십니다. 그러나 우리는 유한한 인간이며 그분이 그러한 초월 상태에 계셔서는 우리는 그분을 사랑하며 친밀한 교통을 나눌 수 없습니다.
그러므로 하나님은 인간이 되셨고 우리에게로 찾아오셨습니다. 그리고 우리의 죄를 용서하시고 치유해주셨으며 우리를 사랑하시고 함께 계시며 따뜻한 교제를 나누기를 원하셨습니다.
그분은 무한하신 분이지만 스스로를 제한하셔서 우리에게 가까이 오시고 그분의 사랑과 자비를 우리에게 나타내셨습니다. 그리고 그러한 그분의 은혜와 사랑으로 인하여 우리는 어둠에서 벗어나 빛과 은총의 세계로 들어가게 되었고 그분을 진정 사랑하게 되었습니다.

하나님의 임하심, 그것은 곧 그분의 제한되심입니다.
그분은 시간을 초월하신 분이었으나 우리를 위하여 한정된 시간 안에 들어오셨습니다.
그분은 공간을 초월할 분이었으나 우리를 위하여 한정된 공간에 들어오셨습니다.
그러므로 은총이란, 임재란 곧 주님이 구체적인 시간과 공간에 임하는 것입니다. 즉 바로 이 시간에 이 곳에 주님이 임하신 것입니다.

이 공간에 주님이 임하신다는 것은 이 공간이 주님이 지배하시고 다스리시는 장소가 되는 것을 의미합니다. 그것은 우리가 거하는 공간이 주님이 통치하시는 천국이 되는 것이며 진정으로 아름답고 행복한 공간이 된다는 것입니다.

구약에서 이스라엘 백성들이 하나님의 목전에서 악을 행하였을 때 하나님은 그 공간을 떠나셨습니다.
그분은 거룩하시며 인격적이시기 때문에 그분을 무시하고 함부로 하는 공간에 억지로 계시지 않습니다. 그리하여 하나님이 떠나신 공간에 하나님이 아닌 다른 세력이 차지하게 되었습니다.
하나님을 쫓아내면 인간이 주인이 될까요? 물론 아닙니다. 악한 영들, 속이는 영들이 주인이 됩니다. 그래서 인간은 그 노예가 되는 것입니다. 그리고 그렇게 인간의 모든 비극은 시작되는 것이지요.

하나님은 어디에나 계실 수 있습니다. 그러나 계실 수 있다는 것은 어디나 계신다는 말과는 다릅니다.
오늘 우리가 거하는 이 땅은 천국이 아닙니다. 오늘날 이 땅은 사람들이 그분의 영광을 인정하지 않고 죄를 지으며 제멋대로 삽니다. 그러므로 이러한 거룩하지 않은 공간에서 하나님은 떠나십니다. 사람이 자기의 자유의지로 악한 영들을 주인으로 선택한다면 하나님은 그것을 억지로 방해하지 않으십니다.

그러므로 지금 이 공간에 주님을 모신다는 것은 실제적인 승리와 해방을 말하는 것입니다.
지금 이 곳에 그분이 임하신다는 것은 곧 주님의 사랑과 기쁨과 영광과 거룩함과 모든 은총과 풍성함이 임하는 것입니다. 그러므로 그것이 인간이 누릴 수 있는 가장 놀라운 영광인 것입니다.
우리는 공간에 임하시는 주님을 사모해야 합니다. 지금 이 공간에 주님이 임하실 것을 구해야 합니다. 그것은 복음의 놀라운 비밀입니다.
구약에서는 공간에 대한 약속이 많이 나옵니다.
땅은 곧 공간을 의미하는 것입니다.
약속의 땅, 그것은 곧 하나님이 임재하시는 공간을 말합니다. 그것은 천국의 상징입니다. 천국이란 주님의 통치가 있는 곳입니다. 의롭고 아름답고 사랑스럽고 거룩한 통치가 있는 곳입니다.

하나님은 애굽을 떠날 것을 명령하셨습니다. 그 곳은 하나님이 원하시는 공간이 아니었습니다.

처음에 이스라엘 백성들은 기근으로 인하여 애굽으로 들어왔습니다. 그들은 약속의 말씀이 있고 약속의 땅이 있는 것을 알았지만 그래도 일단 배가 고프니 먹고 살아야 한다고 생각했습니다.

하지만 그렇게 육체와 환경을 따라 살게 되면 결국 마귀의 포로가 된다는 것을 알지 못했습니다.

애굽에서 많이 압제를 당하며 고생을 한 후에야 비로소 그들은 약속의 땅, 거룩한 공간, 하나님의 임재가 있는 공간을 향해서 출발하기 시작했습니다.

물론 그것은 상징적인 장소였습니다. 이스라엘 백성들은 상징을 모르고 그 문자에 매달리고 땅 자체에 집착을 하게 되었지만 가나안, 팔레스타인이라는 장소가 그리 대단한 장소는 아니었습니다.

그것은 하나님이 통치하시는 천국을 상징하는 하나의 장소였을 뿐입니다. 오늘날 사람들은 성지 순례를 많이 가고 그것은 아름다운 행위이지만, 그러나 그곳 자체가 특별한 장소인 것은 아닙니다. 과거에 하나님이 임재하시고 사용하셨던 상징적인 곳일 뿐입니다.

그러므로 과거의 역사적인 장소에 대한 추억에 잠기는 것보다 더 중요한 것은 과거에 역사하셨던 하나님이 아닌 지금 이 시간 나와 함께하시는 하나님과 동행하는 것입니다.

공간은 하나님이 약속하신 구체적인 구원과 해방의 메시지였습니다. 왜냐하면 하나님이 구체적으로 나타나시고 그분의 임재와 영광을 보이는 것이 곧 천국의 실체이기 때문입니다.

천국이란 곧 하나님 자신입니다. 하나님의 성품과 사랑과 능력과 영광의 그 모든 것이 곧 천국입니다.
그 하나님이 나타나시기 위해서는 어떤 공간이 필요했습니다. 성막도 성전도 다 하나님의 임재를 위한 공간의 필요성을 보여주는 것입니다.
그러므로 지금 이 곳에 임하시는 하나님.. 그것이 곧 구원의 메시지이며 능력의 메시지이며 천국의 메시지인 것입니다.
구원이란, 해방이란 하나의 개념이 아니라 곧 임하시는 하나님 자신이었습니다. 즉 하나님을 만나고 보고 누리고 교제하는 것입니다. 그것이 곧 구원이며 해방이며 천국입니다.

이제 우리는 주님의 약속이 이루어지는 시점에 살고 있습니다. 이제 우리는 그 하나님의 구원과 임재의 풍성함들을 더 깊이 누리고 경험하게 될 것입니다.
구체적인 공간을 통해서 그 주님의 임재와 영광이 임하는 것을 경험하게 될 것입니다. 그리고 그렇게 주님이 임하시는 공간이 곧 가나안이며 천국이며 주님의 원하시는 바인 것을 곧 알게 될 것입니다.

2. 거룩한 공간

교회는 가나안입니다. 교회는 현존하는 천국입니다. 교회는 주님의 임재를 위하여 만들어진 공간입니다. 사람들은 이곳에서 살아계시는 주님을 만날 수 있습니다. 그러므로 교회에는 주님의 영이 아닌 어떠한 다른 영들도 들어와서는 안 됩니다.
애굽은 하나님의 영이 아닌 다른 많은 우상들, 그 영들이 지배하고 있었습니다. 그래서 하나님은 모세를 통하여 그 모든 애굽의 영들을 깨뜨리셨습니다. 왜냐하면 그 배후에 있는 영들을 초토화시켜야 만이 그들의 압제에서 벗어날 수 있기 때문입니다.

애굽의 군대는 당시 세계최강의 군대로서 겉으로 보기에 몹시 강력해 보이지만 실제로는 허수아비에 불과합니다. 사실상의 권능은 애굽을 통치하고 있는 그 배후의 영들로부터 나오는 것입니다.
하나님께서 모세를 통해서 이루신 기적과 재앙들은 이 배후의 영들을 파괴하는 것입니다.
애굽인들이 섬기는 나일강의 신은 하나님의 능력 앞에 무기력해졌고 나일강은 피가 되었습니다. 애굽인들이 섬기던 태양신도 무력하게 되었고 한동안 빛을 비추지 못했습니다.
그들이 섬기는 이, 개구리와 같은 더러운 영들도 깨뜨려졌습니다. 그렇게 애굽인들이 섬기는 모든 영들, 신들은 다 깨어지고 심각한 타격을 받았습니다.

이스라엘 자손이 애굽 모든 사람의 목전에서 큰 권능으로 나왔으니..
여호와께서 그들의 신들에게도 벌을 주셨더라 (민33:3-4)

그 모든 영들이 일시적으로 파괴되자 바로와 군사들은 힘을 잃었고 이스라엘 백성은 그곳을 빠져나올 수 있었습니다.

육신의 즐거움을 위하여 세상으로 간 하나님의 백성들은 오랫동안 노예생활을 하고 죽을 정도로 부르짖고 그 결과로 하나님의 능력을 통하여 가까스로 애굽에서 나오게 되었는데 그와 같이 지독한 대가를 지불하지 않고서는 악한 영들로부터 빠져나오지 못합니다.

그렇기 때문에 세상적인 연애나 중독에서 벗어나려면 사람들은 엄청난 고생을 하는 것입니다.

교회는 바로 가나안이 되어야 합니다. 순결한 하나님의 임재와 영광으로 가득 찬 곳이 되어야 합니다. 천국의 기쁨과 행복과 순결함과 능력이란 어떤 것인지 보여주는 곳이 되어야 합니다. 그것은 모두 다 주님의 실제적인 임재를 통해서만 나오는 것입니다.

그러나 오늘날 교회의 현실을 보면 주님의 임재를 경험하기가 매우 어렵습니다. 오늘날 사람들은 교회의 공간에서, 예배에서 주님의 영과 그 흐름을 느끼지 못합니다.

오늘날 교회 안에는 온갖 세상의 영들이 많이 움직입니다. 사람들은 교회 안에 순결하고 거룩한 하나님의 영광과 임재가 별로 나타나지 않아도 그저 교회 건물이 크고 사람들이 많이 모이면 성공했다고 생각합니다.

그렇기 때문에 오늘날 그리스도인들 중에는 주님의 임재를 아는 이들이 많지 않습니다.

그들은 천국이 무엇인지 잘 모릅니다. 승리의 삶이나 영광스러운 삶이 무엇인지 잘 모릅니다.

그렇기 때문에 각종 세상의 영들에게 사로잡혀 노예생활을 하면서도 그것을 인식하지 못합니다. 그리고 그렇게 묶여서 사는 것이 당연한 그리스도인의 삶인 줄 압니다.

우리는 거룩한 공간을 회복해야 합니다. 하나님의 임재가 있는 교회, 하나님의 임재가 있는 예배를 회복해야 합니다. 그래야만 모든 악한 영들을 물리치고 진정한 해방과 승리의 삶을 살 수 있습니다.

얼마 전 월드컵의 열기가 뜨거웠을 때 많은 교회에서는 교회에 TV를 가져다 놓고 많은 이들이 모여서 '대~ 한민국'을 외치며 축구 응원에 몰두하였습니다.

바로 그러한 일들이 세상의 영들을 교회에 채우는 일입니다. 주님은 그렇게 자신을 모독하는 곳에 계속 임하시는 분은 아닙니다.

사람들이 그러한 의도가 없더라도 그러한 행동은 영적 세계에서 그 공간을 세상의 영들에게 바치는 하나의 봉헌 행사와 같은 의미가 있습니다. 그러므로 그러한 공간은 세상의 영이 들어오고 역사하는 통로가 되고 혼탁해져서 주님의 순결한 영이 활동을 하기가 어려워지는 것입니다.

오늘날 교회들은 전도를 위해서, 사람들을 교회로 데리고 오기 위해서 비슷한 일을 많이 합니다. 그러나 전도란 영혼들을 교회 건물 안으로 데려오는 것이 아니며 그리스도에게로 이끄는 것입니다. 그것을 위해서는 사람들에게 주님의 영과 그 실제를 전달해야 합니다. 그러므로 교회 안에 세상적인 영들이 들어올 수 있도록 문을 열어주는 것은 영적인 측면에서 좋은 방법이 아닙니다.

우리가 있는 공간에, 우리가 예배드리는 장소에 주님의 기름부으심이 충만하도록, 주의 영의 운행하심이 가득하도록 우리는 기도하고 사모해야 합니다.

먼저 공간에 대한 영적 원리를 좀 더 이해하기 위하여, 다음 장에서 이것을 조금 더 나누어보겠습니다.

3. 공간에 대한 욕망

사람들은 본능적으로 공간에 대한 애착을 가지고 있습니다. 우리의 몸이 흙으로 만들어졌고, 흙은 공간이 반드시 필요하기 때문에 그런 의식이 생겼는지도 모릅니다.
아무튼 사람들은 본능적으로 좀 더 넓은 공간을 얻고 싶어 합니다. 나는 한국 사람들의 성질이 급하고 여유가 없는 것이 좁은 땅에서 많은 이들이 같이 살기 때문에 그런 면이 있지 않나 생각합니다.

사람은 몸과 함께 영혼을 가지고 있습니다. 그래서 좁은 곳에 많은 사람이 모여 있으면 몸이 부대끼는 것도 불편하지만, 몸만 가까이 있는 것이 아니라 영혼도 가까이 있는 것이기 때문에 가까이 있는 다른 영혼들과 영향력을 주고받게 됩니다. 그것은 몸과 마음을 피곤하게 합니다.
그래서 사람들은 많이 지치면 혼자만의 시간과 공간이 필요한데 그렇게 혼자만의 시간과 공간에서 다른 영혼의 영향으로 인하여 방해받지 않고 몸과 마음의 회복이 이루어지기 때문입니다.

사람들이 지하철을 타면 대체로 비어있는 좌석을 찾아 한쪽 끝자리에 앉게 됩니다. 그리고 그 자리의 남은 공간도 자기의 것이라고 느끼게 됩니다.
두 번째로 자리에 앉는 사람은 반대편의 끝자리에 앉게 됩니다. 그리고 무의식적으로 그 남은 공간을 두 사람이 나누게 됩니다.
세 번째에 앉는 사람은 어디에 앉을까요? 보통 두 사람이 앉은 자리의 중간에 앉습니다. 그는 다시 남은 공간을 나누고 그것을 자기 공간이 라고 생각합니다.

만약 어떤 사람이 다른 공간이 넓은데 한 사람의 옆에 바짝 붙어 앉으면 어떨까요?
당연히 먼저 앉은 사람은 불쾌감을 느끼게 됩니다. 자기의 공간을 침해당했으니까요.
사람은 친밀하지 않은 사람이 자신과 가까운 공간에 있을 때 불쾌함과 불안함을 느낍니다. 그러나 사랑하고 좋아하는 가까운 관계의 사람이 가까운 공간에 있는 것은 편안하게 느끼며 멀어지면 오히려 고통을 느끼지요.
이러한 모습은 본능적으로 공간을 점유하려고 하는 의식을 잘 보여주는 것입니다. 또한 애정과 공간, 거리와의 상관관계도 잘 나타내주고 있는 것이지요.

두 사람이 찻집의 테이블에 앉아서 같이 차를 마십니다. 이럴 때 두 사람은 무의식적으로 테이블을 반으로 쪼개서 자기 쪽의 반은 자기의 공간이라고 생각합니다. 그리고 나머지는 상대방의 것이라고 생각하지요.
그렇기 때문에 자기의 물건들, 시계라든지, 책이라든지.. 하는 물건들은 자기의 공간에 놓게 됩니다. 상대방의 공간을 침범하지는 않습니다.
만약 한쪽이 조금씩 자기의 물건을 상대방의 공간에 가져다 놓으면 어떻게 될까요? 아주 친밀한 관계가 아니라면 상대방은 뭔가 불안을 느끼게 되거나 불쾌감을 가지게 됩니다. 이처럼 사람은 부동산 투기를 하지 않는 사람도 본능적으로 공간을 많이 확보하고 싶어 하며 여유 있는 공간을 누리려는 성향을 가지고 있습니다.

어떤 사람이 많은 사람을 대상으로 설문 조사를 한 적이 있었습니다.
그 설문의 조사 내용은 '사람들은 어떠한 공간에서 가장 안식과 마음의 평화를 얻는가?' 하는 것이었습니다.
많은 사람들의 답을 종합한 결과 설문 조사의 결론은 다음과 같았습니다.
사람들이 가장 마음의 평화와 안식을 얻는 공간은

1. 그리 넓지 않는 타원형의 공간
2. 약간 어두운 곳
3. 비교적 조용하지만 아주 적막하지는 않은, 시계 소리와 같은 규칙적인 소리가 있는 곳..

이것이 결론이었습니다. 그런데 놀랍게도 그러한 공간의 특성은 바로 어머니의 자궁이라는 공간의 특성이라는 것이었습니다.

즉 사람들은 어머니의 자궁과 비슷한 여건 속에서 가장 안식과 평화를 느낀다는 것이었습니다. 물론 여기서 시계 소리와 같은 규칙적인 소리는 어머니의 심장이 뛰는 소리와 관련된 것입니다.

사람들이 자신이 과거에 있었던 어머니의 자궁과 같은 공간에서 만족을 느낀다는 것은 아마 본능적인 향수와 같은 것이 아닌가 싶습니다.

우리가 육체의 고향에서 안식과 평화를 느낀다는 것은 또한 영혼의 고향인 주님의 임재에서 더 깊고 근원적인 만족과 평화를 얻는 다는 사실도 역시 보여주는 것 같습니다. 우리는 태어나기 전에 천국에 있었고 주님의 품 안에 있지 않았을까요? 주님의 임재는 바로 천국이며 천국은 바로 우리의 고향이기 때문입니다.

분명한 것은 우리는 본능적으로 공간에 대한 욕망이 있으며 공간을 통하여 만족과 안정을 얻는다는 것입니다.

어떤 사람이 처음 교회에 갔을 때 그 사람이 처음 앉았던 곳은 대체로 그 사람이 계속 앉는 자리가 됩니다.

그것은 우리가 어렸을 때 자랐던 고향이 우리의 기억 속에 항상 그리운 곳으로 남아있는 것과 같습니다.

또한 어떤 사람이 어떤 장소에서 기도하다가 은혜를 받았다면 그 장소는 그에게 있어서 특별한 곳이 됩니다. 만약 그가 어떤 일이 있어서 교회의 예배에 늦었습니다. 그래서 그 자리를 다른 사람에게 빼앗겼다고 합시다.

그는 예배 시간 내내 왠지 이상하고 허전한 느낌을 갖게 될 것입니다.
공간은 우리에게 특별한 의미가 있습니다. 우리는 본능적으로 여유있는 공간을 좋아하며 추구합니다.
좁은 집에 사는 사람도 전망이 좋은 곳에 살고 있다면 그것은 그의 마음을 어느 정도 만족시켜 줍니다. 왜냐하면 전망이 좋은 곳에서 넓은 곳을 바라보는 것이 그의 공간 욕구를 만족시켜주기 때문입니다.

차에 타면 사람들은 차창에 앉는 것을 좋아합니다. 그래서 창문에 스쳐 지나가는 바깥의 경치를 보면서 즐거워합니다.
비행기에 처음 타는 이들도 차창에 붙어서 바깥을 바라보기를 원합니다. 식당에서든 찻집에서든 전망이 좋은 곳은 가장 먼저 채워집니다. 집도 전망이 좋은 곳이 더 비싸고 잘 팔립니다.
왜 사람들은 전망 좋은 곳을 좋아할까요? 그것은 공간욕구와 관련이 있는 것입니다.
사람은 본질적으로 고향을 떠난 존재이기 때문에 그처럼 먼 곳을 바라보면서 본능적으로 천국을 사모하고 있는 것인지도 모릅니다. 지금 이 장소에 살고 있지만 이곳보다 먼 곳을 바라보면서 눈이 만족을 얻고 즐거워하는 것처럼 그렇게 지금의 현재의 삶보다 더 나은 영광의 세계를 그리고 있는 것인지도 모르지요.

공간에 대한 욕구는 우리의 삶의 중요한 부분입니다. 그리고 그것은 영성과 관련이 있습니다.
우리가 공간에 대하여 잘 이해하고 공간의 영적 의미를 발견하고 조심하고 적용할 때 우리의 영성은 좀 더 실제적인 것이 될 것입니다.

4. 공간과 영적인 분위기

나는 오래 전 서해안의 끝에 있는 작은 섬에 잠깐 머물렀던 적이 있었습니다. 친구가 그곳에 있는 작은 교회에서 전도사를 하고 있었기 때문입니다. 나는 금식도 하면서 기도를 하고 있었는데 기도 줄이 잘 잡히지 않았고 몹시 힘이 들었습니다.
어느 날 나는 어떤 산에 있는 작은 바위 옆에서 기도를 하고 있었습니다. 그런데 이상하게도 그 바위 옆에서는 기도가 잘 되는 것을 느꼈습니다. 마음도 평화로워지고 기도도 술술 나오는 것 같았습니다.
그래서 나는 농담을 하듯이 친구에게 '이 장소는 아주 신령한 모양이야' 하고 이야기를 했습니다.

그러자 친구는 맞다고 하면서 그 바위 옆에서 먼저 계시던 할머니 전도사님이 기도를 아주 많이 했었다는 것입니다.
그 할머니는 주님의 깊은 은혜를 경험하던 분이었는데 그 바위에서 40일 금식기도도 드렸었다고 하였습니다.
나는 그 이야기를 듣고 그 바위 옆에서 기도가 잘 되는 것이 우연이 아니라는 것을 알았습니다.

사람들은 그리 인식하고 있지 않지만 어떤 장소에는 어떠한 영적인 분위기가 있습니다. 그 장소와 관련된 어떠한 영들의 작용이 있다는 것입니다.
나는 어떤 신혼부부가 이사를 가고 나서부터 여러 문제들에 시달린다는 이야기를 들은 적이 있습니다. 이상하게 몸이 자주 아프고 부부사이에도 다툼이 자꾸 생긴다는 것입니다.
그러면서 그 집에서 살던 부부가 그렇게 서로 사이가 좋지 않아서 싸우곤

했는데 그런 것과도 연관이 있는 것은 아니냐고 이사를 가야하는 것 아니냐고 질문을 받기도 했습니다. 이에 대하여는 나도 비슷한 생각을 가지고 있습니다. 물론 반드시 이사를 가는 것만이 해결방법이라는 것에 꼭 동의하는 것은 아니지만 말입니다.

사람들은 더러 어떤 교회에 가면 그 장소에 들어가기만 해도 감동이 되고 은혜가 온다는 이야기를 하곤 합니다. 또한 어떤 곳에서는 이상하게 뒤숭숭하고 집중이 잘 안되며 기도가 안 된다는 이야기를 하기도 합니다.

이러한 이야기는 단지 근거 없는 느낌에 지나지 않을까요?

그렇지 않습니다. 사람은 하나님의 형상으로 지어졌으며 영혼을 가지고 있습니다. 그리고 영혼은 이 세상의 물질계만을 인식하는 것이 아닙니다. 그것은 영적인 세계와도 교통을 하고 있습니다.

누구나 기도를 하다보면 갑자기 무서운 생각이 들 때가 있습니다. 이상하게 꼭 뒤에서 누군가가 쳐다보고 있는 것 같은 느낌이 듭니다. 물론 뒤를 돌아다보아도 뒤에는 아무도 없습니다. 그것은 이 사람의 착각일까요?

아닙니다. 사실 그 사람의 뒤에 어떤 영적인 존재가 그를 노려보고 있는 것입니다. 육체의 눈에는 보이지 않지만 그의 영은 그것을 감지하고 있는 것입니다.

기도 할 때만이 아니라 밤길을 걸을 때도 갑자기 두려운 생각이 들기도 합니다. 꼭 누군가가 있는 것 같지요. 이런 사람을 보고 겁이 많은 사람이라고 이야기하지만 대체로 이러한 느낌이 많은 사람들은 겁이 많은 사람이 아니라 영이 예민한 사람들입니다. 그들은 그들의 주변에 있는 어두움의 영들을 잘 느끼고 있는 것입니다.

사람들은 영계와 항상 교통을 하고 있습니다. 영계와 물질계는 동전의 양면과 같아서 서로 붙어있는 것입니다. 다만 둔감한 사람들은 이에 대하여 잘 느끼지 못하고 예민한 사람들은 좀 더 잘 인식할 뿐입니다.

무당과 같은 사람은 체질적으로 영이 예민한 사람입니다. 이러한 사람이 복음을 듣고 빛 되신 주님을 만나지 못하면 그 영의 예민한 특성 때문에 어두움의 영들에게 쉽게 사로잡히게 되는 것입니다.

이들은 영매체질이라고 할 수 있습니다. 이러한 사람들이 주님을 만나게 되면 그들이 접하고 있는 귀신들이 쫓겨 나가며 많은 은사들이 개발되고 나타나게 됩니다.

하나의 공간에는 영적인 존재들이 자리 잡고 있습니다. 그리고 그 영들의 성격을 따라서 그 공간의 영적 분위기가 형성됩니다. 그리고 우리가 알든 모르든 그 영들은 그 공간에 속한 사람들에게 영적인 영향력을 행사합니다.

한 예를 들까요. 어떤 가정이 있습니다. 이 가정은 술과는 전혀 무관한 집 안입니다. 부모도 자녀들도 아무도 술에 대하여 관심이 없습니다.

그런데 이 집의 이웃에 최근에 알콜 중독자가 이사를 왔습니다. 그리고 얼마 지나지 않아서 이 가정의 가장이 갑자기 술을 마시고 싶은 생각이 듭니다. 아무런 이유도 없는데 말입니다.

이것이 무엇일까요? 영적인 전이현상입니다. 어떤 영적인 영향력이 이웃사람을 통해서 그 집에 영향력을 행사하게 된 것이지요.

가까운 이웃에 이사를 왔는데 이 정도라면 어떤 사람이 술을 좋아하는 사람들이 있는 곳, 술을 즐기는 공간의 영역에 들어가면 그 영이 어떠한 충격과 영향을 받는지 이해하게 될 것입니다.

이런 경우에 영이 민감한 사람들이 훨씬 더 고통을 겪는 것은 당연한 일입니다.

아마 이러한 영적 전이현상에 가장 익숙한 사람들은 아이들을 키우는 어머니들일 것입니다. 그들은 온순한 자녀들이 어떤 거친 아이와 같이 놀면서 순식간에 거칠어지고 그들과 같이 되는 것을 쉽게 발견합니다.

어머니들의 반응은 보통 '다시는 개하고 놀지 마!' 하는 것이겠지요. 이와 같이 사람이 다른 사람으로부터 어떤 영적 영향을 받는 것은 흔히 느끼고 경험하는 것입니다. 그런데 그에 못지않게 장소도 사람에게 영적인 영향력을 많이 행사합니다.

우리는 어떤 장소에 가면 거룩한 느낌을 받으며 어떤 장소에 가면 음란하고 더러운 영향력을 느낍니다. 어떤 장소에 가면 불쾌감을 느끼며 어떤 장소에 가면 평안함을 느낍니다. 그것은 그 공간에 있는 어떤 영적인 존재와 관련이 있습니다.

우리는 자신이 은혜 받은 장소는 생각만 해도 눈물이 나며 자신이 자라온 고향을 생각하면 그리움에 사로잡힙니다. 상처를 받은 곳은 생각만 해도 몸과 마음이 긴장을 느끼며 분노나 불안감을 느끼게 됩니다.

그처럼 공간은 영적인 분위기를 가지고 있는 것입니다. 우리는 이 원리를 이해하고 적용해야 합니다. 그리하여 어떤 공간에 있는 영적 영향력을 분별해내야 합니다.

레위기 14장에는 집에 문둥병이 퍼졌을 때 그 집은 부정한 집이니 그 집을 헐어야 된다고 기록되어 있습니다. 그 집뿐 아니라 그 집에서 자는 자도 먹는 자도 부정하다고 말합니다.

제사장은 또 가서 살펴볼 것이요 그 색점이 만일 집에 퍼졌으면 악성 나병인즉 이는 부정하니 그는 그 집을 헐고 돌과 그 재목과 그 집의 모든 흙을 성 밖 부정한 곳으로 내어 갈 것이며 그 집을 폐쇄한 날 동안에 들어가는 자는 저녁까지 부정할 것이요 그 집에서 자는 자는 그의 옷을 빨 것이요 그 집에서 먹는 자도 그의 옷을 빨 것이니라 (레14:44-47)

우리는 구약의 많은 메시지에서 영적이고 상징적인 교훈을 얻을 수 있습니다. 집이란 비인격적인 건축물인데 이를 보고 부정하다는 표현은 이상한 표현일 것입니다. 이것은 그 배후의 악한 기운에 대한 이야기입니다. 악한 기운이 역사하는 공간이 있습니다. 그리고 그러한 곳은 허물어져야 합니다.

또한 그러한 공간에서 입고 먹고 한 자는 그러한 악한 영들에 의하여 나쁜 영향을 받는 것을 보여줍니다.

오늘날 이와 같은 악한 영들이 거주하는 부정한 공간은 너무나도 많습니다. 그러한 곳은 곧 지옥을 상징하는 공간이며 그러한 곳에는 어두움의 영들이 지배하고 있습니다.

우리는 공간의 영적 영향력에 대하여 예민하게 분별해야 합니다. 그리하여 그러한 공간에서 오는 재앙을 피해야 합니다.

애굽에서 재앙이 내릴 때에 그러한 재앙을 피할 수 있었던 사람들은 오직 어린 양의 피로써 덮여진 사람들뿐이었습니다. 그것은 오늘날에도 동일하게 적용이 되어야 합니다.

우리는 어떤 공간을 피해야 하는지, 그리고 어떠한 공간에서 시간을 보내야 하는지 그리고 어떻게 공간에 은혜를 채울 수 있는지 아름다운 공간으로 꾸밀 수 있는지에 대하여 알아가야 합니다. 그리고 그것은 우리의 영성 생활에 있어서 아주 중요한 요소가 되는 것입니다.

천국이란 구체적인 공간을 의미하는 것이며 그런 의미에서 천국의 확장이란 이 땅에서 주님이 지배하시고 통치하시는 아름다운 공간의 확장이기 때문입니다.

천국은 우리의 마음속에 임하는 것입니다. 그러나 그 우리 마음에 있는 천국은 우리가 살고 있는 구체적인 공간을 통하여 더욱 더 구체적이고 사실적으로 임할 수도 있습니다. 우리는 우리에 속한 공간이 그러한 실제적인 천국의 아름다움이 충만한 곳이 될 수 있도록 기도하고 사모해야 할 것입니다.

5. 공간을 지배하는 영들

이 세상에 공기가 없는 곳은 없습니다. 그 어떠한 장소에도 공기는 존재합니다. 그와 같이 이 땅의 그 어느 곳에도 영적인 진공 상태인 곳은 없습니다. 어느 곳이나 영적인 존재가 존재합니다. 그리고 그들은 그 지역을 지배합니다. 그것은 하나의 구역과 같습니다.

다니엘서 10장을 보면 다니엘이 기도했을 때 그의 기도의 응답으로 천사 가브리엘이 그에게 방문합니다. 그런데 그 천사의 말에 의미심장한 부분이 있습니다.

그가 내게 이르되 다니엘아 두려워하지 말라 네가 깨달으려 하여 네 하나님 앞에 스스로 겸비케 하기로 결심하던 첫날부터 네 말이 응답 받았으므로 내가 네 말로 말미암아 왔느니라
그런데 바사 왕국의 군주가 이십일일 동안 나를 막았으므로 내가 거기 바사 왕국의 왕들과 함께 머물러 있더니 가장 높은 군주 중 하나인 미가엘이 와서 나를 도와주므로 (단10:12-13)

다니엘이 기도를 시작하는 순간 그의 기도는 하나님께 상달됩니다. 그래서 가브리엘은 기도의 응답을 전하기 위하여 다니엘에게 옵니다.
그런데 바사 왕국의 군주가 응답을 가져오지 못하도록 방해하였다는 것입니다. 천사가 오는 것을 방해했다는 그 바사 왕국의 군주는 악한 영들을 말하는 것입니다. 이 세상의 군사들이 아무리 힘이 세더라도 천사가 오는 것을 방해할 수는 없겠지요.
그런데 가브리엘은 전공이 메시지를 전달하는 천사이지 전투 담당은 아니기 때문에 한동안 하늘에서 길이 막혀서 오지 못합니다. 하늘에서도 이 땅

못지않게 교통 체증이 있다는 이야기지요. 아무튼 천사들도 자기들의 주 특기를 가지고 봉사한다는 것은 재미있는 일입니다.

그러다가 마귀를 박살내는 군대장군인 능력의 천사가 와서 도와줌으로 길을 터주고 가브리엘은 무사히 임무를 완수하게 됩니다.

여기서 재미있는 것은 그를 방해한 마귀의 이름이 바사 왕국의 군주라는 것입니다. 그리고 당시 세상에서 패권을 잡고 있는 것이 바로 페르시아, 즉 바사였습니다.

그런데 하늘에서도 역시 바사 왕국의 군주가 세력을 잡고 있는 것을 봅니다. 이것은 어떤 나라의 국운이 그 나라를 지배하고 있는 어떤 영들의 세력과 관련이 있다는 것을 보여주는 것입니다.

천사는 이러한 말도 덧붙입니다.

이제 내가 돌아가서 바사 군주와 싸우려니와 내가 나간 후에는 헬라의 군주가 이를 것이니라 오직 내가 먼저 진리의 글에 기록된 것으로 네게 보이리라 나를 도와서 그들을 대항할 자는 너희의 군주 미가엘뿐이니라 (단10:20,1)

그는 이제 임무를 마쳤으니 돌아가서 미가엘과 함께 바사국 군과 싸우겠다고 합니다. 그런데 그 후에는 헬라군이 올 것이라는 예언을 하고 있지요.

다시 말하면 하늘에서 바사를 지키고 지배하는 악령들이 무너지게 되면 이 땅에 속한 바사 나라도 무너지게 되며 하늘에서 헬라군이라는 세력이 형성되면 이 땅에서도 헬라라는 나라가 득세하게 된다는 것을 보여주는 것입니다.

즉 이 땅에서의 나라의 흥망성쇠는 그 나라를 지배하는 영적인 세력과 연관이 있다는 것을 잘 보여주는 것이지요.

예수님께서 70인의 제자들을 전도하러 보내셨을 때 그들은 돌아와서 신이 나서 보고를 했습니다.

칠십 인이 기뻐하며 돌아와 이르되 주여 주의 이름이면 귀신들도 우리에게 항복하더이다 (눅10:17)

이에 대한 예수님의 말씀이 있습니다.

예수께서 이르시되 사탄이 하늘로부터 번개 같이 떨어지는 것을 내가 보았노라 (눅10:18)

제자들은 이 땅에서 사람들의 속에 있는 귀신들을 쫓아내었습니다. 그런데 주님은 하늘에서 사탄이 떨어지는 것을 보셨습니다. 땅에서 쫓겨난 귀신들.. 하늘에서 떨어지는 사탄.. 그것은 어떠한 연관이 있을까요?
어린 아이들이 연을 날립니다. 저 멀리 하늘에 연이 날아가고 있습니다. 연은 마치 혼자서 날아가고 있는 것 같습니다. 그러나 연이 혼자서 날아가는 것이 아니지요. 아래에서 작은 끈이 그 연과 연결되어서 조종하고 움직이고 있는 것입니다.
마찬가지로 이 땅에서는 귀신들이 사람들에게 들어가고 나가며 괴롭히지만 그것을 배후에서 조종하고 지배하는 영들은 하늘에 속한 악한 영들입니다. 그러므로 그 배후에 있는 권세들이 떨어지게 될 때 땅에 있는 귀신들은 무기력해지며 쫓겨나는 것이지요.

이 땅에 많은 문제들이 있습니다. 각종 사고들, 그리고 사람들 사이의 증오와 분노, 경제, 정치 교육, 문화.. 모든 부분의 혼란들. 그런데 그 배후에는 공중의 권세를 잡은 영들의 지배가 있는 것입니다.
그것은 영적인 문제이며 인간적이며 문화적인 문제가 아닙니다. 그것은 거룩한 능력과 영적인 힘으로 공중 권세 잡은 이들을 부숴야 해결되는 문제입니다. 민족 복음화, 변화되는 나라.. 이것은 정치의 문제가 아닙니다. 거기에는 영적 전쟁이 필요한 것입니다.

다니엘서에 나오는 다니엘의 환상에는 여러 나라들의 모습이 짐승의 형상으로 나타나고 있습니다. 바벨론, 페르시아, 헬라 등이 사자, 곰, 표범 등으로 묘사되어 있는 것입니다.

그런데 이러한 짐승의 모습은 그 나라의 어떤 특성을 잘 보여주고 있습니다. 예를 들어 표범으로 묘사된 헬라 제국의 경우 표범이 아주 날렵하고 신속하게 움직이며 적을 공격하는 것처럼 이 나라의 왕 알렉산더는 표범처럼 신속하게 순식간에 엄청난 지역을 공격하였고 정복하였습니다. 표범은 헬라를 표현하기에 적합한 동물입니다. 이러한 묘사는 어떤 나라의 특성이나 국민성은 그의 배후에 있는 영들의 특성을 닮는다는 것을 보여주고 있는 것 같습니다.

한 나라에는 그 나라의 고유의 민족성이 있습니다. 비슷한 성격을 가지고 있지요. 일본인.. 하면 떠오르는 이미지가 있습니다. 부지런하고 친절하고 그러나 속을 드러내지 않고.. 하는 이미지 말입니다.
한국인.. 하면 열정적이고 싸움 잘하고 정이 많지만 금방 식으며 서로 하나가 되지 못하는.. 그런 특성들을 공통적으로 가지고 있지요.
그와 같은 성향은 이 땅의 배후에서 지배하는 영들의 특성과 관련이 있는 것 같습니다.
한 나라, 민족뿐만 아니라 한 지역에서도 그러한 고유한 특성들이 많이 나타나지요. 어떤 지역의 사람들은 고집이 세다든지, 정이 많다든지.. 흔히 하는 그러한 이야기 말입니다.

우리나라에서 많이 문제가 되고 있는 지역감정, 배타주의도 그러한 배후에서 역사하는 미움과 증오의 영들과 연관을 가지고 있는 것 같습니다. 물론 그리스도인들이 실제적인 주의 영의 통치를 받고 있다면 그러한 영들의 특성에서 자유롭게 되겠지요.
어떤 지역에도 어떤 공간에도 그 장소의 주인이 있습니다. 우리는 그 모든 곳을 주님이 통치하신다고 믿고 싶지만 현실은 그렇지 않습니다. 만일 그렇다면 이 땅에는 수많은 악과 무질서와 혼란이 존재하지 않을 것입니다. 그렇기 때문에 어떤 구체적인 장소를 기름 부어서 주님께 다시 소유권을 넘겨드리는 것이 바로 우리의 사역이며 기도인 것입니다.

주님께서 우리에게 가르치시고 명령하신 주기도문에도 하늘에는 하나님의 뜻이 이루어졌으나 아직 이 땅에는 이루어지지 않았다고 그것을 이루기 위하여 기도하라고 하셨습니다.

주님께서는 하나님의 영광스러운 나라가 실제적으로 이곳에 임하도록 우리에게 기도와 사역을 맡기신 것이며 단순히 예배의 마무리를 장식하라고 주기도문을 주신 것이 아닙니다.

가브리엘의 이야기에도 나타난 것처럼 공중에는 영들이 있으며 전쟁이 진행되고 있습니다. 그들은 이 땅의 소유권을 획득하기 위하여 치열하게 싸웁니다. 악한 영들이 그 전쟁에서 이기게 되면 그 공간에서는 온갖 악행과 죄들이 저질러질 것이며 우리를 통해서 주의 영이 승리하게 되면 그 공간은 의와 평강과 거룩함이 임하게 될 것입니다.

우리는 구체적인 공간에 주님이 임하시고 그 놀라운 통치와 역사가 임하는 것을 보아야 합니다. 그리고 구해야 합니다.

그러나 먼저 지금 그러한 공간에 존재하고 지배하고 있는 영들에 대하여 알아야 합니다. 문제가 무엇인지 알아야 방비하고 치유할 수 있습니다.

모든 공간에는 주인이 있습니다. 그리고 분명한 것은 이 땅의 너무나 많은 공간이 아직 주님이 주인이 되시지 않았습니다.

우리는 그 공간들을 주님의 소유로 만들어야 합니다. 이 나라와 민족이 오직 주님께 드려진 나라가 되도록 해야 합니다.

그것이 바로 공간에 대한 기름부음입니다. 이러한 일들이 이루어지게 될 때 진정 우리가 사는 곳은 아름답고 놀라운 곳이 될 것입니다. 주님의 사랑과 영광과 임재가 흐르는 놀라운 곳이 될 것입니다.

6. 공간에 녹음되는 언행

어떤 호텔에 머물고 있던 남자가 밤중에 갑자기 무서운 환영에 시달렸습니다. 그 환영은 마치 현실처럼 생생하게 어떤 여인이 피를 흘리고 쓰러져 있는 것이었습니다. 그는 그것이 현실인줄 알고 놀라서 지배인에게 달려가서 외쳤습니다.
"큰일 났어요! 사람이 죽었습니다! 젊은 여자가 쓰러져 있어요!"
지배인은 그의 놀란 표정을 보면서 고개를 저으며 말했습니다.
"또 시작이군요. 이제 그 방을 폐쇄해야겠습니다. 얼마 전에 그 방에서 젊은 여자가 자살했는데 그 이후로 그 방에 들어온 손님마다 비슷한 일을 겪는군요. 죄송합니다. 방을 바꾸어 드리겠습니다."

이것은 실제로 일어났었던 이야기입니다. 이러한 유형의 이야기는 아주 많지요. 한국에 살면서 이러한 '전설의 고향' 류의 이야기들, 유령이 출몰하는 집에 대한 이야기를 한두 번 들어보지 않은 사람은 없을 것입니다. 해마다 더운 여름이 되면 TV에서는 이른바 납량특집이라고 해서 이러한 종류의 으스스한 이야기들을 많이 방송하지요.
물론 이러한 이야기는 우리가 흔히 보거나 접촉할 수 있는 이야기는 아닙니다. 우리는 TV나 영화에서나 나올 수 있는 이야기라고 생각하지요. 하지만 어떠한 장소에 특정한 에너지가 있고 특정한 상황이 되풀이된다는 것은 우리가 많이 경험할 수 있는 것입니다.

예를 들어 사고가 많이 나는 지역이 있습니다. 교통사고도 많이 일어나는 지역이 있지요.
물론 지역적으로 환경적으로 위험한 요소가 있기 때문에 사고가 날 것입니다. 그러나 이상하게도 별로 사고가 날 요인이 없음에도 불구하고 한번 사고가 난 지역은 다시 사고가 일어나는 경우가 많이 있습니다. 그 이유는 무엇일까요?

어떤 한 장소에서 어떤 일이 발생할 때 그 곳에서는 비슷한 일이 다시 발생할 가능성이 많이 있습니다. 사람이 어떤 실수를 한 번 하게 되면 다시 그 실수를 습관적으로 반복할 수 있는 것처럼 장소에도 마치 하나의 인격이 있는 것처럼 비슷한 실수나 사건을 반복할 수 있는 것입니다.

사람에게는 영적 에너지가 있습니다. 그리고 그 에너지는 한 공간에 강력하게 투사될 수 있습니다. 예를 들어서 어떤 장소에서 깊은 감동과 인상을 받았다면 몇 년이 지난 후에 다시 그 장소를 방문했을 때 그와 비슷한 감동을 느낄 수 있는 것입니다.

어떤 하나의 공간에 하나의 충격적인 사건이 일어날 때 그 장소에는 그러한 강력한 에너지가 형성됩니다. 그리하여 비슷한 일이 생길 수 있는 여건을 만들게 됩니다.

예를 들어 사고가 난 지역에는 사고를 당한 사람의 충격이나 고통의 에너지가 그대로 기록됩니다. 그리하여 다른 사람이 그 지역을 지나갈 때 그 사람이 영적으로 예민한 사람이거나 마음이 소심하고 불안하거나 혼란스러운 상태이면 그 충격적인 에너지에 의하여 영향을 받을 수 있게 되는 것입니다.

이와 비슷한 예로 어떤 다리 위에서 누군가가 자살을 기도했다면 그 장소에서 비슷한 일이 벌어질 가능성은 아주 많습니다. 그 곳에 비슷한 에너지가 형성이 되기 때문입니다.

이것은 공간에 대한 하나의 영적 법칙입니다. 즉 공간에는 그 장소에서의 말과 행동이 녹음이 된다는 것입니다.

오랫동안 사랑하다가 헤어진 연인들은 상대방이 그리울 때 상대방을 처음 만났던 장소에 가곤 합니다. 왜 그럴까요? 그것은 그 장소에 상대방의 말, 행동들이 그대로 녹음이 되어 있어서 그 때의 감동이나 느낌이 그대로 느껴지기 때문입니다.
사이가 나빴던 부부들이 자신들이 사랑했던 과거의 추억의 장소를 방문하면서 서로의 관계가 회복되는 것은 흔히 있을 수 있는 일입니다.

어떤 공간에는 그 장소에서 행해지는 말과 행동이 고스란히 녹음됩니다. 그리고 그것은 그 장소에 영향을 끼칩니다. 그리하여 그 장소에 그와 관련된 비슷한 영들을 불러오게 합니다.
예를 들어 부부싸움이 잦은 집은 그 집안에 분노와 미움의 영들이 상존할 가능성이 많습니다.
그 집에는 그러한 영적 에너지가 자리를 잡게 되며 아이들은 쉽게 질병에 노출되거나 정서적인 불안에 사로잡힐 수 있습니다. 아이들은 어른에 비하여 영적으로 예민하기 때문입니다.
보통 악한 영화나 TV드라마는 임산부나 어린이들에게 시청 금지를 시킵니다.
어른들은 어느 정도 자기 방어기제가 형성되어 있기도 하고 또한 대체로 영들의 감각이 둔한 편이어서 그러한 매체에서 나오는 악령들의 역사가 몸에 들어와도 잘 느끼지 못하는 데에 비하여 임산부나 어린이들은 몸 안에 나쁜 기운이 들어올 때 그것을 민감하게 느끼고 잘 방어하지 못하여 고통을 겪기 때문입니다.

어떠한 악행은 그 장소에 그러한 악한 영들이 거하는 계기가 될 수 있습니다. 그리고 그 장소가 영적으로 청소가 되지 않는 한 계속 그러한 영적인 분위기를 형성할 수 있습니다.
그것은 악한 영들은 일단 한 장소를 차지하게 되면 그 곳을 떠나는 것을 결코 원치 않기 때문입니다.

예수님께서 거라사인의 지방에서 한 광인으로부터 귀신을 쫓아내실 때도 귀신들은 자기들을 그 지방에서 내쫓지 말 것을 간절하게 구했습니다. 그들은 지역과 장소에 대한 애착을 가지고 있습니다.

자기를 그 지방에서 내보내지 마시기를 간구하더니 (막5:10)

어떤 장소에서 TV 프로그램을 자주 시청할 때, 그 공간은 TV에서 나오는 영적인 에너지로 채워지게 됩니다.
예를 들어 사람을 죽이는 프로그램이 방영되고 그것을 자주 시청한다면 그 장소에는 그러한 그림과 소음을 통하여 살인의 영들이 침투하게 됩니다.
현실의 세계에서는 실제적인 행동과 드라마 속의 행동이 전혀 다른 것이라고 생각할 것입니다. 그러나 영적인 세계에서는 별로 차이가 없습니다. 살인의 장면을 보고 있는 것은 살인의 영을 그 심령 속에 받아들이는 것이나 마찬가지입니다.

오늘날 미국에서는 크고 작은 총기 저격 살인 사건이 많이 일어납니다. 그때마다 사회 문제가 되고 유족들은 고통을 겪지만 그것은 심은 대로 거두는 것에 지나지 않는 것입니다.
음란과 폭력이 그토록 많이 묘사되는 사회에서 그러한 사고들이 일어나지 않기를 기대하는 것은 불합리한 것입니다. 그러한 것들은 하나의 강력한 영적인 힘을 가지고 있기 때문입니다.

사람들은 어떤 행동을 한 후에 그것을 쉽게 잊어버립니다. 그러나 공간은 마치 하나의 인격을 가진 것처럼 그 공간에서의 행동을 기억하고 있습니다.
그러므로 거룩한 말과 행위가 있는 공간에서는 거룩한 영이 임하며 악한 언행이 있는 곳에서는 악한 영들의 움직임이 있습니다. 누구나 교회에서 기도할 때와 집에서 기도할 때에 받는 느낌이 달랐던 경험을 가지고 있을 것입니다. 그것은 그 장소에서의 행위와 관련이 있는 것입니다.

또한 여러 교회에서 예배와 기도를 드리다 보면 교회에 따라서 그 느낌이 다른 것을 알 수 있을 것입니다. 그것 역시 그 공간에서 있었던 말과 행동에 달려 있는 것입니다.

공간은 우리의 언행을 녹음합니다.
그러므로 우리는 더욱 더 행동을 조심해야 합니다.
아름답고 선한 말과 행동으로 주님께 영광을 돌려야 합니다.
그것은 우리 영혼에도 유익하지만 또한 그 장소에도 아름답고 풍성한 영적 영향력을 끼치게 되기 때문입니다.

우리의 언행은 공간의 영적 분위기를 만들어 갑니다.
그러므로 우리가 있는 곳이 거룩해지고 주님의 임재가 풍성하게 임하는 곳이 된다면 그것은 우리에게, 그리고 그 공간에 오는 모든 이들에게 아주 귀한 축복의 장소가 될 것입니다.

7. 공간의 이름과 목적

이름을 보면 그 대상의 모습과 참 어울리는 것을 알 수 있습니다.
돼지를 보면 꼭 돼지같이 생겼고 여우를 보면 정말 여우처럼 생겼습니다.
만약에 호랑이를 보고 뱀이라고 한다든지 코끼리를 보고 곰이라고 한다고 생각해보십시오. 그건 정말 말이 안 됩니다.
이렇게 생각하는 이도 있을 것입니다. 그건 그렇게 오랫동안 불러왔기 때문에 익숙해져서 그런 것이 아닌가? 라고요. 그러나 그렇지 않습니다. 이름은 결코 아무렇게나 지어지는 것이 아닙니다.
이름을 짓는다는 것은 고도의 문화 행위입니다. 하나님께서 아담에게 이름을 짓도록 허락하셨다는 것은 아담에게 허락하신 놀라운 지혜의 수준과 권세를 보여주는 것입니다.
이름을 짓는 것은 엄청난 지혜이며 권세입니다.
삼성에서 아파트를 짓는다면 그 이름은 삼성 아파트가 됩니다. 아무나 자기 마음대로 삼성이라는 이름을 사용할 수는 없습니다.

이름을 짓는 것은 사물의 근본과 특성과 기능을 규정하는 측면이 있습니다. 하나님께서는 어떤 이의 삶을 바꾸려고 하실 때 그의 이름을 다른 것으로 바꾸어주셨습니다.
야곱을 이스라엘로, 사래를 사라로, 아브람을 아브라함으로 바꾸어주셨습니다. 그것은 그들에게 있어서 삶과 운명과 모든 것이 바뀌는 것을 의미했습니다.
이름은 그 대상의 성격과 미래를 규정합니다. 주님의 제자 시몬은 좌충우돌식의 사람이었고 안정감이라고는 전혀 없는, 반석과는 아주 거리가 먼 사람이었으나 주님이 그를 베드로, 반석이라 이름을 붙이신 후에 결국 반석과 같이 든든한 믿음의 수호자, 초대 교회의 기둥이 되었습니다.
그러면 어떤 공간과 이름과의 관계는 어떠할까요? 그 공간 역시 그 공간을 부르는 명칭에 의하여 지배를 받게 됩니다. 그 공간의 이름에 관계된 영들이 그 곳에 올 수 있는 것이지요.
그러므로 그 공간에 붙여지는 이름은 그 공간의 목적이 되며 그 공간의 영적 상태를 규정짓게 되는 것입니다.

예를 들어 술집이라고 이름이 붙여진 공간이 있습니다. 그 곳은 술에 관련된 악령들에게 드려진 장소입니다. 거룩한 장소가 아니며 온갖 더러움과 추악한 영들이 합법적으로 그 공간을 지배하며 역사할 수 있도록 헌신된 곳입니다.
그러므로 술집에서 각종 싸움과 음란과 타락과 온갖 악한 일이 생기는 것은 당연한 일입니다. 평소에는 멀쩡한 사람들도 그러한 곳에서는 각종 악한 충동에 사로잡히게 됩니다. 그것은 악한 영들이 그에게 기름을 붓기 때문입니다. 그러한 곳에서는 불도 잘 나는데 그것은 단지 환경적인 조건 때문만은 아닙니다.
노래방이나 PC방이나 비디오방이나 다 비슷하게 이에 관련된 영들이 활동할 수 있는 장소입니다.

만약 그리스도인들이 그러한 장소를 방문하게 되면 어떻게 될까요?
간단합니다. 그들의 영혼은 보호받기 어렵습니다. 그것은 조직폭력배식의 용어로 말한다면 남의 구역을 침범하는 것과 같습니다. 모든 그리스도인들에게는 보호 천사가 있지만 악한 영들의 영역, 즉 지옥을 대표하는 영역에까지 천사가 따라다니는 것은 아닙니다.

모든 천사들은 섬기는 영으로서 구원 받을 상속자들을 위하여 섬기라고 보내신 이 아니냐 (히1:14)

우리는 악한 영들의 합법적인 권리를 인정해야 합니다. 좋든 싫든 그것은 하나의 법칙입니다. 주님은 마귀를 이 세상의 주권자, 임금이라고 묘사하셨습니다. (요12:31, 14:30)
또한 주님은 '나보다 먼저 온 자는 절도요, 강도' 라고 말씀하셨으며 '도적이 오는 것은 도적질하고 죽이고 멸망시키려는 것뿐' 이라고 말씀하셨습니다. (요10:8,10) 물론 그것은 악한 영들에 대한 말씀입니다.

인간의 죄와 타락으로 인하여 마귀는 인간을 합법적으로 지배하게 되었습니다. 물론 주님을 영접하고 그분의 보혈로 용서받은 이들은 그러한 악한 영들의 지배에서 벗어날 권리를 갖게 됩니다. 그러나 그것은 그러한 권리를 우리가 갖게 되었다는 것일 뿐, 그 권리를 주장하지 않아도 자동으로 그 권리가 이행된다는 의미는 아닙니다.
그리스도인들 중에도 자신의 지위와 권리에 대하여 이해하지 못하는 이들이 적지 않으며 악한 영들의 실제적인 활동에 대하여 이해하지 못하는 이들이 적지 않습니다. 또한 주님의 영 안에서 그의 지배 가운데 살지 않는 이들이 명목상의 믿음을 가지고 있다고 해서 안전하다고 볼 수는 없는 것입니다.

악한 영들은 어두움의 영들입니다. 그들은 숨어서 속이는 영들입니다. 주님은 우주의 주인이시며 우리는 그분을 공개적으로 시인하고 섬기고 우리 자신을 주님께 드려야 합니다. 그럼으로써 우리는 그분의 통치 속에 들어갑니다.
그러나 악한 영들은 속여서 통치하는 것입니다. 악한 영들은 어둠에 속한 자들이므로 어두움에 속한 행동을 하는 이들을 그들의 종으로 여깁니다. 그리고 악하고 더러운 행위를 그들에 대한 헌신의 고백으로 여깁니다.
그러므로 악한 목적으로 만들어진 공간에 주님은 임하시지 않습니다.
그 곳은 어두움의 장소입니다. 그 곳은 어두움의 영들의 활동처 입니다.

어떤 공간은 그 공간의 이름과 목적에 관련된 영들이 항상 있다는 것을 기억하십시오. 그리스도인들은 그러므로 악한 공간에 결코 들어가서는 안 됩니다. 그것은 그 장소를 주도하고 있는 영들을 접촉하는 것이며 그러한 세력들에게 동조하는 것입니다.

그리고 그러한 악한 곳에 머물면 그들의 영이 약해지고 침체되고 고통스러운 것이 당연한 일인데 그것에 대하여 의아하게 여겨서는 안 됩니다.

그리스도인들이 어쩔 수 없이 악한 공간에 가야만 하는 상황이 있다면 그는 기도해야 합니다. 주님의 보혈로 자신을 덮어주시고 악한 영들의 공격으로부터 자신을 지켜달라고 기도하면서 가야 합니다.

그러한 경우에 물론 주님은 그를 지키실 것입니다. 그러나 조심하지 않으면 안 됩니다. 그것은 단지 몇 명의 군사만을 이끌고 수천 명의 적군이 있는 본부에 침투하는 것과 같기 때문입니다.

이 땅에서는 천국을 상징하는 공간이 있고 지옥을 상징하는 공간이 있습니다. TV와 영화, 각종 문화의 영향으로 지옥의 공간은 점점 더 확장되어 갑니다. 그리고 천국을 상징하고 천국의 영광과 능력이 나타나야할 공간들은 점점 더 따분하고 능력이 없고 재미없는 공간으로 바뀌고 있습니다. 교회는 점점 약해지고 술집과 나이트클럽과 러브호텔은 많아집니다. 그것은 곧 천국의 약화이며 지옥의 확장입니다.

이러한 영역의 확장을 위한 투쟁, 그것이 곧 천국과 지옥의 전쟁입니다. 우리는 이 전쟁에서 깨어있어야 합니다. 그리하여 천국을 보여주는 공간이 확장되도록 기도하고 구해야 합니다.

공간은 공간의 이름과 목적, 그리고 그 안에서 행해지는 행위로 인하여 영적 분위기를 형성합니다. 우리는 이것을 이해하고 하나님의 거룩하심과 영광과 은총이 가득한 공간의 회복과 확장에 대한 열망을 가져야 합니다. 그것은 곧 천국의 확장이기 때문입니다.

8. 공간에 대한 투쟁

사람들은 모든 교회에는 하나님이 계시고 역사하실 것이라고 흔히 생각할 것입니다. 이론적으로 그것은 맞는 이야기입니다. 그러나 실제적으로는 그렇지 않은 경우도 많습니다.

주님은 실제적인 영이십니다. 그분은 우리의 중심을 보시는 분입니다. 그러므로 신자들의 입술이 주님과 가깝지만 마음의 중심은 주님과 멀다면 주의 영은 실제적으로 임하시지 않을 수도 있습니다.

오늘날의 신자들은 일반적으로 주님의 임재에 대하여 피상적으로 생각하며 예배를 드리는 가운데 지금 이 공간에 주님이 임하시기를 그리 간절히 원하는 것도 아닙니다.

그냥 습관적으로 교회에 오고 자리에 앉아서 순서에 따라서 예배를 드리고 아무 일 없었다는 듯이 돌아가지요. 그게 보통의 모습이기 때문에 자신이 예배드리는 그 공간, 그 장소에서 떨기나무 가운데서 임하신 주님이 임하듯이 역사하시리라고는 별로 기대하지도 않습니다.

이러한 피상적인 예배의 모습 때문에 교회라는 공간에도 주님의 강렬하고 실제적인 임재가 별로 없습니다. 세상 바깥의 공간과 그 영적인 분위기가 별로 차이가 나지 않는 곳이 많은 것입니다.

그러나 그림에도 불구하고 교회는 예배가 많이 드려지는 곳이기 때문에 일반적인 공간보다는 은혜가 있는 것이 사실입니다. 그리고 그것은 그 교회에서, 그 공간에서 드려지는 예배와 찬양과 기도의 수준과 드리는 이들의 영적 상태에 따라서 차이가 있습니다.

교회가 예배는 많이 드려도 하나님의 실제적인 임재에 대하여 잘 모르고 주님에 대한 뜨거운 사랑과 헌신도 부족하며 소리 내어 기도하고 찬양하는 면도 부족하다면 그 곳에는 별로 주님의 영의 임재가 없게 됩니다.
그리고 그렇게 주의 임재가 부족한 곳에는 교회를 허무는 여러 악한 영들의 역사가 많은데, 예를 들어서 사역자와 성도들 간의 갈등이라든지 성도들끼리의 불협화음이라든지 하는 일이 쉽게 일어날 수 있습니다.
물론 그러한 일들은 대부분 악한 영들의 장난인 경우가 많습니다. 교회에서도 세상과 똑같이 다른 이들을 험담하고 세상 돌아가는 대화에 몰두하며 주님을 높이지 않고 사람이 주인이 되어서 움직이고 하다 보면 여러 악한 세상의 영들이 교회에서 우글거리게 됩니다. 그렇게 되면 주님의 실제적인 역사는 점점 소멸되는 것입니다.
기도원이든 교회든 그 곳에 역사하는 주의 영의 임재의 정도는 그 교회나 기도원에 있는 사람들의 영적 수준과 관련이 있는 것입니다. 그러한 차이 때문에 어떤 곳에서는 너무나 기도가 잘 되고 주님의 임재가 선명하며 아름답고 달콤한데 다른 곳에서는 기도도 안 되고 심령이 답답하고 무거운 압박감을 느끼거나 무서운 느낌이 드는 곳도 있는 것입니다.

나는 최근 여름에 한 기도원에서 수련회를 인도한 적이 있었습니다. 그리고 그 과정에서 많은 고통과 전쟁을 치렀습니다. 나는 그것이 주로 그 기도원과 관련된 영적 전쟁이었다고 생각하고 있습니다.
영성에 대하여 둔감한 교회에서 집회 초청을 받으면 악한 영들의 공격이 많아서 고통을 겪었던 것은 많이 경험했었던 일입니다. 그러나 이번 경우는 그 정도가 심했습니다.
헤아릴 수도 없는 많은 숫자의 악한 영들이 나를 포위했고 공격을 했습니다. 너무나 고통이 극심한 적이 많이 있었지요. 이유도 없는 압박감과 통증으로 잠을 이루지 못한 날이 많았습니다.
아내와 아이들이 간절하게 기도하고 중보하면 순식간에 통증과 압박감이 사라졌습니다. 그러나 다음 날이면 다시 공격이 시작되었습니다. 이러한 나날이 집회를 시작하는 날까지 한 달 내내 계속 되었습니다.

수련회 날짜가 되어 그 장소에 갔을 때 비로소 나를 공격한 그 영들의 정체를 알 수 있었습니다.

기도원에 도착하자 나는 바로 기도에 들어갔는데 이상하게 생긴 녀석들이 나를 공격하는 것을 느꼈습니다. 그런데 그 놈들은 내가 집에 있을 때 한 달 내내 나를 공격했었던 놈들이었습니다.

그 때까지만 해도 나는 집회를 하는 장소에 대하여 별로 신경을 쓰지 않았습니다. 그저 막연히 기도원이니까 대충 좋겠지.. 하는 마음이었지요. 그러나 나는 그러한 무신경에 대하여 대가를 톡톡히 지불해야 했습니다.

집회를 시작하면서 나는 어지러워서 찬양을 인도할 수가 없었습니다. 머리가 묵직하고 깨어질 것 같이 아팠으며 몹시 어지러웠습니다. 집회는 고사하고 앉아 있는 것조차 힘이 들었습니다.

나는 리더들에게 상황을 이야기하고 중보기도를 부탁했습니다. 그리고 그들이 부르짖고 기도하기 시작하면서 고통이 조금씩 사라지기 시작했습니다.

하지만 그 싸움은 길었습니다. 그 때까지 나의 경험으로는 대체로 첫날 집회를 한 번 하면 처음에 시작할 때는 약간 어려울 수 있어도 곧 그것은 극복이 되고 주님의 풍성하신 임재가 나타나곤 했습니다.

그렇게 악한 영들은 그림자도 없이 사라져 집회가 끝나면 감격과 후련함으로 감미로움에 젖어서 밤에 잠을 잘 이루지 못하는 것이 여태까지의 경험이었습니다.

그러나 이 날은 집회도 그리 성공적이지 못했고 그 밤은 고통으로 꼬박 새울 정도로 힘이 들었습니다.

수련회에는 기도를 많이 해서 영감이 예민한 이들도 꽤 참석을 했었는데 그들도 대부분 비슷한 고통을 겪었습니다.

머리가 아파서 잠을 잘 이루지 못했고 그래서 그들은 하루에 3-4회씩 모여서 계속 전투의 기도를 드렸습니다.

둘째 날 오후에 수련회에 참석했던 20여명의 청년들이 찬양을 부르며 기도원 주위를 걸어 다니며 땅 밟기 기도를 하기 시작했습니다. 집사님, 권사님 등으로 구성된 리더들도 땅을 밟으며 춤을 추며 여기 저기 돌아다니며 기도하기 시작했습니다. 그리고 그 순간부터 그 곳을 둘러싸고 있는 어두움의 영들이 무너지는 것이 느껴지기 시작했습니다.

땅 밟기 기도는 참으로 아름답고 신이 나는 능력 있는 기도입니다. 그것은 큰 소리로 외치면서 그 장소가 하나님의 땅이며 그 장소의 주인은 주님이시며 주의 이름으로 마귀는 깨어졌고 패배했음을 선포하면서 돌아다니는 것입니다.

이것을 소리쳐 외치고 찬양하는 청년들은 감격과 기쁨에 사로잡혔고 나도 고통에서 조금씩 자유롭게 되기 시작했습니다.

전쟁이 순간에 끝난 것은 아니었고, 그 다음 날 까지 산발적으로 계속 되었지만 악한 영들의 기세는 그 순간부터 깨어진 것 같았습니다.

그 날 밤의 집회는 눈물과 감격과 통곡과 기쁨의 도가니였습니다. 사람들은 성령의 권능에 사로잡혀 쓰러지고 구르며 서로 포옹한 채 춤을 추고 울고 웃었습니다. 악한 영들이 초토화되면 그러한 기쁨과 해방과 승리가 나타나는 것이 지극히 당연한 것입니다.

결국 우여곡절 끝에 우리는 주님의 충만한 승리를 경험했습니다. 수련회를 마치는 순간은 모두가 감격의 눈물에 사로잡혔고 고생이 많았던 것만큼 마지막 순간은 행복하고 아름다웠습니다.

모든 순서를 마치고 집으로 돌아온 후에 나는 이 집회에서 왜 그리 악한 영들의 공격이 거세었는지 돌아보게 되었습니다. 그리고 중요한 교훈을 얻었습니다.

우선 어떤 장소가 충분히 영적인 곳인지 헌신된 장소인지 그 곳에 충분한 기도가 쌓였는지, 영의 흐름이 자유로운 곳인지 확인하지 않은 것은 실수였습니다.

그것은 그 장소를 대표하는 이의 헌신도와 그의 영적 상태와 관련된 것입니다.
또한 새롭게 얻어진 중요한 교훈이 있었습니다.
이 수련회의 주제는 구체적인 공간에 임하시는 주님에 대한 것이었습니다. 나는 저 멀리 계신 주님이 아니고 바로 그 자리에서 그들을 만지시고 말씀하시고 역사하시는 그 주님을 이야기하기 원했습니다. 그리고 성도들이 그 주님을 체험하기를 원했습니다.
그것은 실질적인 하나님의 나라의 임함과 같은 것입니다. 이 땅에 임하는 주님의 임재는 곧 천국의 임재이기 때문입니다.
그런데 이러한 주제의 집회는 간단한 것이 아니었습니다. 위험성이 있었습니다. 만약 어떠한 장소에 상주하고 있는 악한 영들이 있다면, 그리고 그러한 공간에서 이러한 집회를 하게 된다면 그것은 그들에게 커다란 충격이 될 것입니다.
왜냐하면 주님의 영의 실제적인 임재는 곧 그들이 그들의 영역으로부터 쫓겨 나가는 것을 의미하기 때문입니다.
나는 비로소 그들이 왜 그렇게 치열하게 공격을 퍼부었는지 이유를 알 수 있었습니다.

우리는 이 땅에 존재하는 모든 공간을 두고 치열한 투쟁이 있는 것을 알아야 합니다. 어떠한 장소가 주님께 봉헌되어 진다면 그 곳은 주님의 장소입니다. 그러나 그렇지 않다면 그 곳에는 악한 영들이 있습니다.
흔한 예로, 교회를 하지 않던 곳에서 처음 교회를 세우면 여러 년에서 힘든 일이 많이 생깁니다. 그것은 그 장소가 주님께 드려진 곳이 아니며 기도가 쌓여지지 않았기 때문입니다. 기도와 헌신은 본인 자신만이 아니라 그 공간까지 거룩하게 만든다는 것을 우리는 이해해야 합니다.
또한 사람이 별로 많이 왕래하지 않는 기도원은 조금 조심할 필요가 있습니다. 사람이 별로 살지 않는 산에는 악한 영들의 영향력이 있는 경우가 많은데 그러한 기도원의 경우에 악한 기운의 흐름이 있는 곳이 있기 때문입니다. 주님의 임재가 있고 은혜가 있는 곳에는 활기가 있고 밝으며 마음이 가볍고 행복해집니다. 그러나 그렇지 않고 왠지 어둠침침하며 우울해지는 공간이라면 우리는 조심할 필요가 있습니다.
우리는 악한 영들을 초토화할 능력이 있지만 굳이 쓸데없는 싸움에 끼어들 필요는 없기 때문입니다.
이러한 이야기로 인하여 두려워할 필요는 없습니다. 악한 영들은 속이는 존재일 뿐이며 능력이 많은 존재는 아니기 때문입니다. 두려워해야할 것은 무지와 무관심입니다. 우리가 주를 사랑하며 깨어 있다면 우리는 그분의 풍성하심을 깊이 맛보고 누릴 수가 있습니다.

우리는 실제적인 주님의 임재에 대하여 알아야 합니다. 그리고 그 임재를 맛보아야 하며 실제적인 구원과 해방과 기쁨을 누려야 합니다.
그리고 또한 그 놀라우신 은총이 우리가 속해있는 공간에 항상 충만하게 임하여 있도록 기도하고 깨어있어야 합니다.
오늘날 우리가 생활하고 있는 공간에서 악하고 세상적인 영들이 거주하며 활동하고 있는 것을 인식하는 이들은 아주 적습니다. 그리하여 그들은 쉽게 악한 세상의 유행에 휩쓸리게 되며 주님께 대한 사랑과 갈망을 잃어버리고 피곤하고 지치며 무기력한 삶을 살게 됩니다.
그러나 이러한 인식이 부족하기 때문에 이러한 공간을 영적으로 청소하고 정복하여 주님의 거룩하심과 영광과 축복이 가득한 공간으로 만들어야겠다고 생각하는 이들도 별로 없습니다. 그러기에 이러한 인식은 너무나 중요한 것입니다.
공간에는 영적인 주인이 있으며 영의 흐름이 있습니다.
우리가 이에 대하여 알게 될수록 우리는 거룩하고 아름다운 공간을 사모하게 될 것입니다. 그리고 그 공간을 구별하시며 기름을 부으시고 구체적으로 임하시는 주님에 대하여 더 많이 사모하고 추구하게 될 것입니다.

9. 공간을 지성소로 만드는 예배

그리스도인들과 비그리스도인들의 삶의 방식에 있어서 가장 큰 차이가 있다면 그것은 무엇일까요?
그것은 바로 예배입니다. 그리스도인들의 삶의 중심에는 바로 예배가 있습니다. 그리고 그것이 가장 두드러지는 차이입니다.
비그리스도인들은 주말이 되면 어떻게 시간을 자신을 위하여 즐겁고 유쾌하게 보낼까 생각합니다. 그러나 그리스도인들은 교회에 가서 예배를 드리며 그들의 삶을 주님께 드리고 그들의 삶을 향한 하나님의 뜻을 발견하기를 원합니다.

그리스도인들은 모든 삶에서 예배가 중심이 되어 있습니다. 불신자들은 그저 결혼식을 올리지만 그리스도인들은 결혼 예배를 드립니다.
사랑하는 가족이나 친지가 죽었을 때 불신자들은 슬픔 가운데 장례식을 치르지만 그리스도인들은 다시 만나는 소망 가운데 장례예배를 드립니다. 그리스도인들은 이사를 가면 이사예배를 드립니다. 사업을 시작하면 불신자들은 상에다 돼지 머리를 올려놓고 절을 하고 그리스도인들은 개업예배를 드립니다.
이처럼 예배는 신자와 불신자를 뚜렷이 구분해줍니다. 그러므로 불신자는 예배를 드리지 않는 사람이며 신자는 예배를 드리는 사람입니다.
불신자는 그저 자기의 생각대로 마음대로 자신의 행복만을 위해서 사는 사람들이지만 신자는 주님을 자신의 삶의 주인으로 인정하며 그분의 뜻을 따라 사는 사람입니다.
예배의 중심은 무엇일까요? 그것은 바로 우리 자신을 주님께 드리는 것입니다. 주님이 우주의 주인이며 우리의 삶의 주인인 것을 고백하는 것입니다. 그럴 때 인간은 하나님께서 우리를 창조하셨을 때의 질서있고 아름다운 상태로 돌아갑니다.

그러나 자신을 하나님께 의탁하고 드리지 않은 불신자들은 불안하고 혼돈하며 무엇을 위하여 어떻게 살고 어디로 가야하는지 모릅니다. 인간은 우주의 주인이 아니기 때문입니다.

그들은 진리를 찾아서 아무리 방황해도 진리를 알 수 없습니다. 그저 방황을 할 뿐입니다.

예배는 우리 자신을 거룩하게 하는 것입니다. 우리를 주님께 드리고 그분의 통치 속에 들어갈 때 우리는 아름답고 거룩하며 순결하고 풍성한 삶을 살 수 있습니다.

예배란 또한 우리 자신의 전체를 하나님께 드리는 것이지만 또한 구체적으로 우리에게 속한 모든 것을 드리는 행위이기도 합니다.

결혼 예배를 드릴 때 그것은 이 결혼의 주인이 주님이신 것을 고백하는 행위입니다. 장례예배를 드릴 때 그것은 인간의 생사를 주관하시는 분이 하나님이심을 고백하는 것입니다.

가정에서 예배를 드릴 때 그것은 가정의 주인이 남편도 아니고 아내도 아니며 오직 주님이신 것을 고백하는 것입니다.

개업예배를 드릴 때 그것은 사업의 주관자, 사장님이 바로 주님이신 것을 고백하는 것입니다. 이와 같이 예배란 예배자의 삶의 영역을 주님께 드리는 것입니다.

아담은 타락한 후에 두 아들을 낳았습니다. 하나는 아벨이며 그는 예배에 성공하였습니다. 그는 중심으로 하나님께 예배를 드렸습니다.

그러나 가인은 예배에 실패하였습니다. 그는 겉으로 형식적인 예배를 드렸을 뿐입니다.

예배에 실패한 가인은 바로 인생에 실패하였습니다. 그는 분노와 미움의 악령에 사로잡히게 되었고 적개심에 불타서 아우를 죽였습니다.
예배의 실패자는 곧 인생의 실패자입니다.
여기서 죄 없이 죽은 아벨의 모습은 그리스도의 모형을 보여줍니다.
그리고 그가 죽은 다음에 태어난 아들이 셋입니다. 아담은 셋을 낳은 후에 그가 아벨을 대신하여 하나님이 주신 아들로 인정하였습니다.
그러므로 가인은 하나님을 대적하는 이들을 대표하게 되었고 셋은 하나님의 백성을 대표하게 되었습니다.

가인은 예배에 실패하였으며 하나님과의 관계가 끊어졌습니다. 그러나 가인은 그 결과로 가난하고 병들고 그렇게 비참하게 살게 된 것은 아닙니다. 그는 영적인 교통을 잃어버렸으며 죄와 쾌락을 사랑하는 그러한 사람이 된 것뿐입니다. 이 세상은 아직 하나님의 심판이 온전히 드러나는 곳은 아닙니다.
가인의 자손들은 다양한 문화를 발전시켰습니다. 건축술과 목축과 음악, 기계 산업을 발전시켰습니다. 그리고 그러한 물질적이고 문화적인 삶 가운데 범죄와 악도 발전하여 갔습니다.

이에 비하여 하나님의 사람들인 셋의 자손의 문화는 빈약하였습니다. 그들의 삶은 가인의 후손들에 비하면 단순하고 소박한 것 같습니다. 그러나 그들의 삶의 가장 큰 특성이 있었습니다.
그것은 그들이 '여호와의 이름을 불렀다'(창4:26)는 것입니다. 여호와의 이름을 불렀다는 것은 예배 행위를 말하는 것입니다.
가인의 자손들은 잘 먹고 잘 살면서 세상의 즐거움을 만끽했습니다. 그러나 그들은 하나님을 예배하지 않았고 심령의 불안과 두려움, 그리고 죄악 속에서 살았습니다.
반대로 셋의 자손들은 하나님을 예배하였고 그것이 그들의 삶의 중심이었습니다.

이러한 두 종류의 사람들은 오늘날에도 여전히 존재합니다.
오늘날에도 한 종류의 사람들은 그 삶의 중심이 예배이며 하나님을 높이기를 원하며 다른 종류의 사람들은 그저 자기 마음대로 살며 오직 자신을 높이고 자신의 즐거움을 따라 살고 있는 것입니다.
예배를 삶의 중심에 두며 하나님을 따르는 것, 예배하지 않으며 오직 자신을 위하여 사는 것.. 이것은 사람의 소속을 구별하며 현재와 영원한 운명을 결정짓는 가장 근본적인 요소인 것입니다.
예배는 하나님을 하나님으로서 인정하는 것입니다. 그분을 우주의 주권자로 인정하는 것입니다.
예배하지 않는 것은 우주의 주인이 하나님이 아니고 나 자신이라고 고백하는 것입니다.

오늘날 이 세계의 불안과 혼돈과 무질서는 어디에서 올까요?
그 해답은 아주 간단합니다. 그것은 우주의 주인이신 주님을 시인하고 예배하지 않는 데서 옵니다. 그리고 거기에서 온 세상의 모든 비극은 시작됩니다.
사람들은 이 땅에서 일어나는 여러 가지 당혹스러운 일들에 대하여 많은 의문을 가집니다. 수많은 전쟁이 있고 고통스러운 일들이 있습니다.
전쟁으로 인하여 고아가 생기고 과부가 생기고 연약한 이들이 죽고 고통을 겪습니다. 세상에는 수많은 재앙과 사고가 끊이지 않습니다.
그래서 사람들은 묻습니다. 도대체 하나님은 어디에 계신가? 과연 존재하시는가? 공평하신 하나님이 계시다면 이 세상이 왜 이 모양인가? 이럴 수가 있는가?
그 대답도 역시 간단합니다. 하나님은 존재하시고 살아 계시지만 사람들이 그분을 인정하고 예배하며 하나님으로 모시지 않기 때문입니다. 그분의 통치를 인정하지 않습니다. 그러므로 그분은 이 세상을 내버려두십니다. 그것이 세상의 모든 혼란의 근원입니다.

하나님을 주인으로 모신 곳, 하나님이 통치하시는 곳이 곧 천국입니다.
그러나 이 땅은 천국이 아닙니다. 이 땅은 하나님이 사랑과 정의로 통치하시는 곳이라고 할 수 없습니다.
이 땅은 육체를 가지고 있을 때만 일시적으로 사는 장소입니다. 이곳은 온전하신 하나님의 의도가 다 이루어지는 곳이 아닙니다. 장차 우리는 하나님의 온전한 통치가 이루어지는 우리의 본향으로 갈 것입니다.
예배란 바로 천국을 형성하는 방법입니다. 천국은 하나님이 통치하시는 곳이며 예배란 바로 하나님의 주인 되심을, 하나님의 왕 되심을 고백하고 시인하고 경배하며 선포하는 것입니다.

우리는 기억해야 합니다. 이 땅에서 그분을 거룩하게 하고 높이고 영광을 돌리고 예배하는 곳에 주님은 임하십니다. 그곳은 주님이 통치하시는 장소가 됩니다.
그러나 예배하지 않는 곳에, 사람들이 제멋대로 사는 곳에 하나님은 임하시지 않습니다.
그리고 그러한 장소는 악한 영들이 판을 치는 곳이 됩니다. 그러한 장소들은 천국이 아니라 지옥에 가까운 곳입니다.
예배는 우리를 거룩하게 하는 것입니다. 우리를 하나님의 사람으로 만드는 것입니다. 하나님의 거룩하고 아름다운 성분으로 가득하게 하는 것입니다.

또한 예배는 그 공간을 거룩하게 합니다. 우리의 행동과 말은 그 공간에 녹음되는 것이며 예배를 드린 장소는 하나님의 임재가 임합니다. 그리고 그 공간에는 더럽고 악한 영들이 계속 남아 있을 수 없습니다.
예배를 지속적으로 드리는 가정은 왜 행복할 수밖에 없을까요? 가정을 파괴하는 미움과 오해를 일으키는 영들과 음란과 서로에 대한 이기심과 지배욕을 일으키는 악령들이 역사할 수 없기 때문입니다.

예배 가운데 거룩한 하나님의 영을 받은 남편과 아내는 서로 순결한 마음으로 사랑하며 서로 섬기기 원하기 때문에 그 가정은 자연히 행복하게 되며 천국의 모형이 되는 것입니다.

나는 확신하고 있습니다. 어떤 사업장에서 그 사업을 주관하는 그리스도인이 지속적으로 그 장소에서 하나님을 예배하고 찬양하고 그 장소가 주님의 것임을 고백할 때 하나님이 그 곳에 임하시며 물질적으로나 모든 면에서 복을 부어주실 것이라는 것을 말입니다.

물론 그 그리스도인은 예배를 드리며 동시에 정직하고 하나님이 기뻐하시는 방법으로 일을 해야 할 것입니다. 설사 일시적으로 손해를 본다고 하더라도 그것이 하나님을 경외하는 일이기 때문입니다.

주님을 믿고 주님께 예배를 드리면서도 현실의 삶에서는 거짓과 쉽게 타협하면서 사는 이들은 아브라함이 아내를 동생이라고 속였다가 일이 더 복잡해지는 것처럼 모든 것들이 더 복잡하고 꼬이기 시작합니다.

오래 전에 사역을 하던 교회의 한 자매가 가게를 차리게 되어 예배를 요청한 적이 있었습니다. 나는 기쁜 마음으로 가서 예배를 인도해주었는데 이 자매가 자주 예배를 요청하는 것이었습니다.

내가 느끼기에 이 자매는 그리 헌신도가 깊지 않아서 의아하게 생각했는데 나중에 알고 보니 아주 간단한 이유가 있었습니다.

이상하게도 예배를 드린 날은 보통 때 보다 매상이 배 이상 차이가 난다는 것이었습니다. 나는 어처구니가 없어서 웃었습니다. 우연일지도 모르지만 아무튼 예배가 어떤 풍성함과 관련이 있는 것은 분명한 사실입니다.

우리는 우리 자신뿐만 아니라 하나의 공간을 거룩하게 하는 예배에 대하여 좀 더 관심을 기울여야 합니다. 어떤 곳에서 드려지는 예배는 그 공간의 주인을 바꾸는 것이며 지속적으로 예배가 드려지는 곳에는 악한 영들이 더 이상 거주힐 수 없습니다.

우리가 처하는 곳이 흔히 말하는 기분이 나쁜 장소라면.. 별로 좋지 않은 영들이 거하는 장소라면 우리는 경우에 따라 그 곳을 피할 수도 있습니다. 예를 들어 무당이 굿하던 곳이라든지 그러한 곳은 부정한 에너지가 많이 있기 때문에 악한 영향을 일으킬 수 있습니다.
그러나 그러한 곳을 정화시켜야 할 필요가 있다면 우리는 그 곳에서 자주 예배를 드려야 합니다. 소리 높여 찬송을 부르고 소리 내어 기도를 드리며 그 장소에 기름을 부어야 합니다.

영이 풀려나지 않은 상태에서는 예배와 기도와 찬양과 모든 것이 힘들게 됩니다. 그러나 충분히 소리 내어 기도하고 성경을 읽고 찬송을 드린다면 그곳에 영이 풀리기 시작하며 기쁨과 행복감과 즐거움이 찾아옵니다. 그 것은 그 곳이 정화되었다는 의미이며 예배가 반복될수록 주님의 임재는 강하고 깊이 임하시게 될 것입니다.
물론 그러한 상태에서는 그 곳에서 하는 모든 일이 복을 받게 됩니다. 악한 영들은 재앙과 고통을 일으키고 주님은 행복과 빛을 주시는 분이니까요.

예배는 우리의 삶을 거룩하게 합니다. 또한 예배는 그 공간을 거룩한 지성소로 만듭니다.
하나의 장소에서 주님을 높이며 찬양하며 주님께 대한 사랑을 고백하며 주님이 그 장소의 주인이 되신 것을 고백하며 선포할 때 그 공간에는 천군천사가 가득하게 보이게 됩니다. 그 공간에는 기쁨과 사랑이 가득하게 되며 작은 천국이 이루어지게 됩니다.
그리스도인인 우리는 할 수 있는 한 우리가 있는 곳에서 자주 중심을 다하여 예배를 드려야 합니다. 그리하여 그 공간을 성결하게 해야 합니다. 그렇게 할 때 우리의 삶은 더욱 더 아름답고 풍성해질 것이며 천국의 놀라운 행복과 기쁨을 좀 더 경험할 수 있게 될 것입니다.

10. 지성소 만들기

구약에서 하나님은 특정한 장소에 임하셨습니다. 결코 아무 장소에서나 임하시지 않았습니다. 그것은 하나님께서 어떤 장소에서만 하나님이시라는 의미는 아닙니다. 하나님은 모든 곳을 지으시고 운행하시지만 그분이 임하시는 곳은 특정한 곳이었다는 것입니다.
하나님은 호렙산에서 모세를 만나셨으며 그 거룩한 곳으로 모세가 오도록 인도하셨습니다. 하나님께서 그분이 있는 곳으로 모세를 인도하신 것이지 모세가 있는 곳에 방문하신 것이 아닙니다.
하나님은 시내산에서 모세를 다시 부르셨습니다.
하나님께서 시내산에서 임재하실 때 그곳에 우레와 번개와 빽빽한 구름이 있었고 나팔 소리가 크게 울려서 백성들은 모두 두려워했습니다.

셋째 날 아침에 우레와 번개와 빽빽한 구름이 산 위에 있고 나팔 소리가 매우 크게 들리니 진중에 있는 모든 백성이 다 떨더라 (출19:16)

당시는 아직 구약이고 주님이 오셔서 신자들의 죄를 대속하시기 전이었습니다. 그러므로 주님의 보혈로 백성들이 덮여지지 않았기 때문에 직접 하나님의 임재를 경험한다는 것은 죽음을 의미하는 것이었으며 두려운 일이었습니다.
시내산에서 하나님은 모세에게 율법을 주셨습니다. 그것은 백성들이 어떻게 거룩하고 바른 삶을 살아야 하는가 하는 것과 하나님을 섬기고 예배하는 방법에 대해서 그리고 성막을 짓는 것에 대한 말씀이었습니다. 거룩한 삶, 예배, 그리고 성막.. 그것은 하나님께서 그의 백성 가운에 임재하시고 그들과 교통하시기 위한 것이었습니다.

성막은 곧 하나님이 임하시는 공간을 의미합니다. 하나님은 호렙산에서, 그리고 시내산에서 임하셨지만 이제는 성막 가운데 임재하시기를 원하셨습니다.
그 후 이스라엘의 왕정시대가 되었고 솔로몬 시대에 비로소 성전이 지어졌습니다.
그 성전은 곧 하나님이 임재하시는 장소였습니다. 그래서 성전이 다 지어지고 예배가 드려질 때 하나님께서는 시내산에서 임하셨던 것처럼 그 성전에 임하셨습니다.

나팔 부는 자와 노래하는 자들이 일제히 소리를 내어 여호와를 찬송하며 감사하는데 나팔 불고 제금 치고 모든 악기를 울리며 소리를 높여 여호와를 찬송하여 이르되 선하시도다 그 자비하심이 영원히 있도다 하매 그 때에 여호와의 전에 구름이 가득한지라
제사장이 그 구름으로 말미암아 능히 서서 섬기지 못하였으니 이는 여호와의 영광이 하나님의 전에 가득함이었더라 (대하5:13-14)

솔로몬이 기도를 마치매 불이 하늘에서부터 내려와서 그 번제물과 제물들을 사르고 여호와의 영광이 그 성전에 가득하니 여호와의 영광이 여호와의 전에 가득하므로 제사장들이 여호와의 전으로 능히 들어가지 못하였고
이스라엘 모든 자손은 불이 내리는 것과 여호와의 영광이 성전 위에 있는 것을 보고 돌을 깐 땅에 엎드려 경배하며 여호와께 감사하여 이르되 선하시도다 그 인자하심이 영원하도다 하니라 (대하7:1-3)

하나님의 임재는 선명했습니다. 그것은 누가 보아도 알 수 있을 정도로 위엄과 영광과 거룩함이 가득한 것이었습니다. 하나님의 임재가 이와 같이 임하게 되면 엘리야 당시의 백성들과 같이 모든 백성들은 그 하나님의 영광 앞에 엎드려질 수밖에 없는 것입니다.

솔로몬의 사후 이스라엘은 분열되었습니다. 그런데 북의 이스라엘의 입장에서 보면 하나님의 성전이 남쪽 유다 왕국의 예루살렘에 있으니 북쪽의 이스라엘 사람들이 절기 때가 되면 남쪽으로 내려가지 않을까 하는 문제가 생겼습니다.
그것은 북 이스라엘로서는 정통성의 문제로 보나 정치적인 면으로 보았을 때도 난처한 일이었습니다.
그래서 그들은 벧엘에 성전을 만들었습니다. 그리고 그 곳이 진정한 하나님의 성전이라고 주장했습니다. 그리하여 북쪽의 이스라엘 사람들은 벧엘이 진정한 하나님의 성전이라고 믿게 되었습니다.

이것은 요한복음 4장에서 예수님과 사마리아 여인이 나눈 대화의 배경을 잘 설명해줍니다.
자신의 숨겨진 인생의 비밀을 주님이 다 알고 계신 것을 보고 여인은 주님을 선지자로 생각하여 신앙적인 고민을 털어놓습니다.
그녀의 질문은 어느 곳이 진정한 성전인가? 하는 것입니다. 다시 말하면 진정 하나님이 임재하시는 곳은 어디인가? 하는 질문이지요.
물론 우리는 이제 그 정답을 알고 있습니다.
주님은 대답하시기를 지금은 신약 시대이며 그러므로 어떤 특정한 장소에만 하나님이 임하시는 것이 아니다. 그렇기 때문에 그 마음의 중심으로 신령과 진정으로 예배를 드릴 때 곧 그 곳에 하나님이 임재하시며 역사하시는 것이다. 하고 말씀하신 것입니다.

결국 신앙의 중심 문제는 하나님의 실제적인 임재에 대한 것입니다. 하나님은 저 멀리서 그분의 백성들을 다스리기를 원하지 않으셨습니다.
하나님은 백성 가운데 임재하시기를 원하셨습니다. 그리고 그분의 마지막 처소는 바로 우리의 심령이었습니다.
곧 우리가 비로 하나님의 성전인 것입니다. 우리는 하나님의 형상으로 지어졌기에 우리는 성전으로서 그분을 모셔야 참된 만족과 생명을 누릴 수 있는 것입니다.
구약의 성막과 성전은 신약에 이르러 심령의 성전이 이루어지기 전까지 일시적으로 상징적으로 하나님이 예비하신 것이었습니다.
이제 하나님은 육체를 입고 오셨고 그분의 사역은 완성되었으며 이제 우리는 대부분의 감추어졌던 복음의 비밀을 알고 있습니다.
하지만 아직도 우리가 지속적으로 추구하고 누려가야 할 것은 바로 하나님의 임재입니다.

성전은 우리의 심령이며 다른 구체적인 공간은 아닙니다.
그렇다면 지금 신약시대를 살고 있는 우리는 우리 자신이 심령의 성전이며 하나님께서 그 안에 임재하시므로 그것으로 만족하면 되는 것일까요?
아닙니다. 우리가 육체를 가지고 이 땅에 사는 동안 우리는 공간을 필요로 합니다. 구체적으로 하나님이 임하시는 공간을 필요로 합니다.
우리 안에서 우리의 심령 가운데 우리를 성전 삼고 주님이 거하시지만 또한 동시에 우리가 거하는 이 땅의 구체적인 장소에 주님의 임재가 나타나야 합니다.

어떤 이들은 말합니다. 구약에서는 특정한 장소가 의미가 있지만 신약에서는 없다고, 그러므로 특정한 공간이라는 것은 의미가 없다고 말합니다. 그러나 그렇지 않습니다.
구약에서는 하나님께서 특정한 공간만을 거룩하게 하셨습니다. 그러나 지금 이 신약 시대에는 우리가 신령과 진정으로 드리는 예배를 통하여 모든 공간을 하나님이 임하시는 거룩한 공간으로 만들 수 있습니다. 우리는 이제 지성소를 만들 수 있는 것입니다.
역사적으로 있었던 부흥의 시대에는 어떤 지역이나 장소에 거룩한 하나님의 영광과 임재가 있었습니다. 그 지역에 있는 사람들은 그 거룩한 임재에 영향을 받았습니다. 그렇게 마을 전체가 변화되어 술집이 문을 닫고 극장이 문을 닫는 그러한 일들이 역사에 기록되어 있습니다.
지금 이 시대에도 부흥과 하나님의 임재가 있는 지역이나 공간에는 사람들이 예배를 참석하기 위하여 줄을 서고 있다고 합니다.
이상하게도 그러한 장소에서는 예배 가운데 별다른 특별한 메시지가 있는 것도 아닌데 사람들이 감동과 은혜에 사로잡힙니다. 그것은 그 공간에 있는 어떤 거룩한 분위기, 영적인 능력, 하나님의 임재 때문입니다.

나는 교회 사역을 하고 있을 때 성령님의 강렬한 임재를 체험한 이들에게서 교회에 가까이 오기만 해도 아니 교회에 대하여 생각을 하기만 해도 강한 기쁨과 감격을 느끼게 되었다는 이야기를 듣곤 했습니다. 교회의 근처에 오기만 해도 웃음이 마구 나온다는 것입니다.
교회 안에 들어오자마자 성령님의 강력한 임재 속에서 쓰러져 버리는 이도 있었고 몸이 사로잡혀 꼼짝할 수도 없는 이들도 있었습니다.
그러한 것도 그 공간에 있는 주님의 임재와 관계된 것이라고 할 수 있는 것입니다.

주님의 임재는 아주 실제적인 것입니다. 우리는 그 놀라우신 영광의 임재를 추구해야 합니다.
과거에 불과 구름과 영광으로 임하셨던 하나님이 지금도 똑같이 영광중에 임하실 수 있습니다.
그리고 그것은 신앙의 중심입니다. 저 멀리 계신 하나님이 아닌 바로 지금 이 곳에서 임하시고 우리와 함께 하시는 하나님, 이것은 복음의 핵심입니다. 복음의 능력이 실제적으로 나타나고 역사하는 것입니다.
그 임재를 경험하면 할수록 우리는 변화됩니다. 십 년을 믿어도 좀처럼 변화되지 않던 사람이 아주 짧은 시간에 온전한 하나님의 사람으로 바뀔 수 있는 것입니다.

우리는 그 지성소를 만들어가야 합니다. 우리가 있는 공간, 우리가 예배드리는 공간이 거룩한 불로 채워지는 것을 보아야 합니다.
나는 얼마 전 수련회를 하며 한참 전쟁을 치른 다음 그런 간절함을 더욱 더 가지게 되었습니다.
정말 하나님의 영광의 임재가 가득한 그러한 공간이 이 땅에 많이 있으면 얼마나 좋을까..
우리가 다니는 교회, 우리가 예배드리는 그 공간에 하나님의 권능과 불과 구름과 임재와 영광이 가득해서 그 공간에 오는 사람마다 가까이 오기만 해도 주님의 터치를 경험할 수 있다면 얼마나 좋을까..
하나님의 임재를 찾기 위해서 멀리 떨어진 기도원 같은 곳을 일부러 찾아가지 않아도 가까이서 그러한 임재를 얻을 수 있으면 얼마나 좋을까.. 그리고 그러한 소원이 이 책을 쓰는 계기가 되었습니다.

나는 장차 그러한 교회, 그러한 공간이 점점 더 많아지리라고 믿습니다. 그리고 주님의 실제적인 임재를 경험하는 이들이 점점 더 많아지고 그 임재를 사모하는 이들이 점점 더 많아질 것을 믿습니다. 그럴 때 우리는 실제적인 천국의 영광을 경험하게 될 것입니다.

우리는 지금 신약의 시대에 살고 있습니다.
그러므로 우리는 지금 어렵지 않게 거룩한 임재를 얻을 수 있습니다.
그리고 주님이 임하시는 거룩한 공간을 만들 수 있습니다.
당신의 교회, 당신의 가정이 하나님의 영광이 임하는 지성소가 되게 하십시오. 우리는 그 구체적인 방법에 대하여 계속 알아볼 것입니다.

11. 거룩한 공간을 만들기 위한 조언들

주님의 거룩하신 임재가 풍성한 그러한 공간이 있으면 얼마나 좋을까요.
기도하려고 무릎을 꿇기만 해도 그 사랑의 물결을 느낄 수 있는 곳,
영이 부드럽게 풀리며 경배가 주님께로 올라가며 감동과 행복감이 넘치는 그러한 공간,
항상 예배에 주님의 임재와 영광이 나타나는 곳..
과거 시내산에서, 호렙산에서 그리고 솔로몬의 성전에서 임하셨던 그 영광의 불길을 경험할 수 있는 곳..
그러한 공간이 도처에 있다면 얼마나 좋을까요. 그것은 이 나라의 운명을 바꿀 것입니다.
그 거룩한 공간에서 그리스도인들은 충만한 생명을 얻으며 이 나라를 지배하는 모든 악한 영들, 세력들을 깨뜨릴 힘을 얻게 될 것이니까요.

우리는 그러한 공간을 만들어야 합니다. 그리고 만들 수 있습니다. 바로 우리들이 다니는 교회가 그러한 장소가 되어야 하겠지요.
이를 위한 몇 가지 방법들에 대하여 나누려고 합니다.
우선 가장 중요한 것은 기도원이나 교회를 인도하는 사역자의 사역 철학이겠지요.
그는 주님의 살아있는 생생한 임재에 대한 사모함으로 가득해야 합니다. 어떠한 공간은 그 공간을 담당하고 있는 사람의 영적 상태와 가장 관계가 있으니까요.
그는 자신이 예배를 인도하는 그 공간에 주님이 임하시고 역사하시는 비전을 가지고 있어야 합니다.
누구든지 그 공간에 들어오기만 하면 영이 열리고 주님의 은총에 사로잡

히게 되는 그러한 교회를 세우는 소원을 가져야 합니다.
그리고 개인적으로 그러한 경험을 갈망해야 합니다.
그것이 가장 중요한 요소입니다.
이러한 전제 위에서 몇 가지의 조언을 나누고 싶습니다.

첫째로 예배가 드려지는 공간은 예배를 거스르는 일체의 다른 행위가 있어서는 안 됩니다.
조금 전에 나는 예배를 드리는 곳에서 TV로 축구중계를 보면서 응원을 하는 것이 좋지 않다는 이야기를 했습니다.
그러한 원리는 몹시 중요합니다.
우리는 어떠한 공간에서의 행위는 그 공간에 녹음이 된다는 것을 나누었습니다. 따라서 예배를 드릴 때도 그 공간에서 축구를 할 때의 소리, 함성, 흥분.. 그러한 영들이 돌아다닐 수 있다는 것을 기억해야 합니다.
거룩한 공간에서의 그러한 흥분과 긴장은 주의 영의 역사를 소멸합니다. 무지로 인하여 그러한 일이 있었다면 이에 대한 반성과 회개가 있어야 합니다. 그것은 우상 숭배와 별로 다를 것이 없습니다. 주님의 영은 너무나 거룩하고 깊고 섬세하신 영이며 그런 일을 통하여 상처를 받으시고 소멸됩니다.

예배실에서 탁구대를 놓고 예배가 끝나면 탁구를 치는 곳도 있습니다. 그리스도인의 교제는 좋은 것입니다.
예배가 아닌 교제실에서는 가능하겠지요. 그러나 주님을 찬양하며 주의 임재를 기다리는 예배를 드리는 공간에서는 그러한 행동을 하는 것이 바람직하지 않습니다.
형식적인 예배를 드리는 것으로 만족하며 예배와 기도 가운데 주님이 오시든 말든 신경을 쓰지 않는다면 그 곳에서 축구를 보든 영화를 보든 전혀 상관이 없습니다.

다만 주님의 실제적인 임재를 기다리는 곳이라면 그 곳을 거룩하게 기름 붓고 보존하여야 한다는 것입니다.

개척교회와 같이 작은 공간에서는 예배실을 식사하고 교제하는 장소로 많이 사용합니다. 교제와 대화를 나누는 것은 그리 상관이 없을 것입니다. 그러나 대화의 내용은 아주 중요합니다.

주님과 말씀과 상관이 없는 세상의 영, 세상 돌아가는 이야기, 남을 험담하는 이야기들은 주님의 임재를 그 공간에서 소멸시킵니다. 그러므로 무슨 대화를 하든지 주님의 임재 안에서 해야 합니다. 사역자는 성도들의 대화를 잘 관리해야 하며 그것을 통제할 수 있어야 합니다.

둘째로 중요한 것은 그 공간은 오직 주님을 높이는 공간이 되어야 한다는 것입니다. 찬양이 그 무엇보다 중요한 이유는 바로 그것입니다.

찬양은 청중들의 기분을 좋게 하기 위하여 부르는 것이 아닙니다.

찬양은 영계를 움직이는 것입니다. 수많은 천군 천사를 부르는 것입니다. 심령을 다하여 주를 높이고 찬송하면 온 우주가 진동합니다. 그 공간에는 보이지는 않지만 하늘의 영광과 기름부음이 가득하게 됩니다.

나는 강대상에서 사람을 높이는 일을 많이 보았습니다. 사역자나 간증하는 이들이 은근히 자기 자랑을 하기도 하는 것을 많이 보았습니다.

그러한 곳에서는 주님의 영이 임하실 수 없습니다. 그분은 사람들에게 자기 영광을 빼앗기는 분이 아니십니다.

사람들은 재미있고 즐거울지 모르지만 거룩한 영은 그 곳에 오시지 않고 소멸되십니다.

우리는 그리스도인에게 올 수 있는 가장 무서운 재앙이 주님의 임재가 소멸되는 것이라는 사실을 알아야 합니다. 물론 이 사실을 잘 아는 사람이라면 함부로 원망을 하거나 남을 판단하거나 자신이 옳다고 함부로 말하지 않을 것입니다. 그렇게 하면 주의 영이 즉시로 소멸되시니까요.

바울과 실라가 감옥에 갇혀있을 때 옥문을 열고 지진이 일어난 것이 바로 찬양을 통한 것이었음을 기억하십시오. 찬양은 그 공간에 영적 지진을 일으킵니다.

찬양은 음악성만으로 하는 것이 아닙니다. 물론 음악적 예민함과 재능이 필요하지만 주님은 어린아이와 젖먹이의 찬양을 온전하게 하시는 분이십니다. 찬양은 그 중심의 영으로 드리는 것이며 주께 대한 사모와 열망이 간절하게 표현되는 것입니다.

예배 가운데 주를 높이는 감사와 찬양과 고백과 드림은 얼마나 중요한지 모릅니다. 예배 시간의 대부분은 주님께 대한 경배로 드려져야 합니다. 예배는 경배이지 설교가 아닙니다. 바울의 설교를 들을 때 졸다가 떨어져 죽은 이도 있었지만 찬양은 항상 놀라운 역사를 가져옵니다.

주님의 임재가 가장 선명하고 강력하게 임하는 것도 찬양의 시간입니다.

그 공간에서 사람을 높이지 마십시오.

오직 주님을 높이십시오.

누군가 어떤 사람을 많이 칭찬한다면 그 칭찬 받는 사람이 사역자든 성도든 앞으로 나와서 회개하도록 해야 합니다. 그 공간의 주인은 오직 주님이셔야 하며 그분만이 영광을 취하게 해야 합니다.

나는 집회 가운데 풍성하고 아름다운 역사가 있을 때 잠깐 사람들에게 마이크를 주고 소감을 이야기하도록 시키면 사람들이 무심코 자신을 드러내는 것을 보았습니다.

그것은 아주 짧은 순간이었습니다. 그러나 나는 바로 즉시 주님의 풍성하신 임재가 사라져버리고 그 공간이 싸늘하게 식어버리는 것을 보았습니다. 나는 천사들이 귀를 막고 그 자리를 떠나는 것을 느꼈습니다.

나는 가능하면 빨리 그들의 말을 멈추게 하고 다시 주님을 높이곤 했습니다. 그러면 다시 그 임재가 회복되었습니다.

은혜가 넘치는 그룹 모임을 인도하다가도 사람들에게 말을 시키다 보면 자신을 드러내는 사람이 반드시 있었습니다. 그러면 그 순간에 그 장소는 흑암이 가득하게 됩니다. 왜 그럴까요? 교회나 영적인 모임에서 주님이 높임을 받으시지 않고 사람이 높여진다면 그것은 이미 교회라고 할 수 없으며 예배라고 할 수 없습니다.

주님을 드러내지 않고 자신을 드러내기 원하는 것은 그 사람의 안에서 역사하고 있는 어둠의 영들이 하는 짓이며 악한 영들은 그 사람으로 하여금 자신을 자랑하며 드러내도록 시킵니다. 그리하여 스스로 영광을 얻도록 애쓰게 합니다.

그리고 그것은 그 공간에 계신 주의 영을 소멸하고 그 공간을 악한 영들로 채우게 하는 가장 흔한 죄인 것입니다.

교회 안에 자기를 드러내며 자신의 위신을 대단하게 생각하는 사람들이 얼마나 많은지 모릅니다. 그들은 자신을 드러내고 싶어서 가르치려고 하고 자신의 뜻대로 되지 않으면 화를 냅니다. 그들은 주님께 속한 이들이 아닙니다.

그들은 다만 어두움의 통로가 될 뿐입니다. 사역자들이 이러한 사람을 가만히 놔두면 그 공간은 주님의 임재가 올 수 없습니다.

교회는 오직 주님의 전인 것을 기억해야 합니다. 그 주의 영광을 방해하는 사람은 그 곳에 있으면 안 됩니다. 그런 이들은 자신의 마음에 맞는 곳으로 가야합니다. 사역자들이 마음이 약해서 눈치를 보게 되면 그 곳에 주님이 임하실 수 없습니다.

무지 때문이긴 하지만 교회 안에 주의 임재와 영의 역사가 있을 때 이를 방해하고 대적하는 이들이 적지 않은 것이 사실입니다. 그들은 겁도 없이 성령의 역사를 대적합니다. 그러나 그들은 대체로 교회 안에서 힘이 있는 존재들이기 때문에 사역자들은 그들과의 부딪힘을 피하려고 합니다.

그러한 곳은 사람의 집이지 주님의 집이라고 할 수 없습니다. 사역자가 주님의 임재를 추구하는 이라면 그는 한 사람이 남든 굶어죽게 되든 주님이 기뻐하시는 것을 선택해야 합니다.

주님은 사모하는 이에게 임하시는 분이시며 싫다는 이에게 억지로 오시는 분이 아닙니다. 주의 임재를 거스르는 이들은 그러한 공간에 있지 않는 것이 서로 좋습니다.

교회의 주인은 결코 사람이 아니며 오직 주님입니다. 오직 주님을 찬양하고 높이고 감사하고 영광을 드리고, 그러한 고백이 끝도 없이 계속되어야 합니다.

오직 주님의 살아계심과 실제적인 임재를 구하는 이들이 비록 소수라고 하더라도 간절한 마음으로 같이 모여서 주를 높이고 부르고 찬송하고 헌신하고 외칠 때 그 공간은 거룩해집니다. 그리고 주님은 임하십니다. 주님을 높이는 입술의 시인과 사랑의 고백은 얼마나 중요한지 모릅니다.

셋째로 주님께 대한 높임과 찬양의 고백과 함께 그 공간에 대한 그리고 예배를 드리는 이들에 대한 모든 것의 주인이 주님이심을 지속적으로 고백해야 합니다. 헌신의 고백은 이 우주 안에서 가장 아름답고 놀라운 능력의 고백입니다.

'나는 주님의 것입니다.'
'내 생명은 주님의 소유입니다.'
'이 공간의 주인은 주님이십니다.'
'이 가정의 주인은 주님이십니다.'
'당신은 이곳의 왕이십니다.'

이러한 고백은 고백하는 이와 그 공간의 주인을 결정합니다.
그리고 그 사람과 공간은 주님이 통치하십니다.
그러한 고백이 있는 곳에서 악한 영들은 역사할 수 없습니다.
그러므로 우리는 자주 그 고백을 되풀이해야 합니다.

그것을 지속적으로 해야 하는 이유는 그러한 시인과 고백이 실제적인 영적 권능을 지속적으로 부어주기 때문입니다.

땅 밟기 기도의 원리도 그런 것입니다. 땅을 밟으면서 이 땅의 주인, 이곳의 주인이 마귀가 아니고 사람이 아니며 주님이신 것을 선포하는 것입니다. 그러한 고백을 통하여 그 장소를 지배하는 영들은 슬피 울며 떠나가고 거룩한 주님의 임재와 영광이 그 곳을 지배하게 됩니다. 그것은 너무나 거룩한 행위입니다.

물론 그러한 고백이 아무데서나 통하는 것은 아닙니다. 예를 들어 술집이나 러브호텔 같은 악하고 더러운 장소는 그 곳에서 행해지는 악한 일들을 통하여 악한 영들에게 봉헌이 된 곳이기 때문에 그렇게 해도 효과가 없습니다.

그러한 곳에서 기도를 해야 한다면 전투와 대적의 기도를 해야 합니다. 우리는 우리에게 속한 곳을 주님께 드리고 헌신하는 것입니다. 다른 이의 영역은 조금 어려운 문제입니다. 그것은 그들의 자유의지에 속하는 것이기 때문입니다.

넷째로 그 공간이 주님의 임재가 가득 임하는 공간이 되려면 기도와 찬양이 많이 쌓여져야 합니다. 그렇게 할 때 그 공간에 영적인 힘이 가득해지게 됩니다.

구약의 예언서를 보면 저주의 메시지 중에 많이 등장하는 말이 '이 땅이 황무하여 사람들이 거하지 않는 곳이 되리라' (렘26:9) 는 말입니다.

어떠한 장소에 사람이 왕래하지 않고 황폐하게 되는 것.. 그것은 재앙과 심판의 결과로 자주 묘사되는 것이었습니다.

사람은 영적인 존재입니다. 각 사람에게 생명의 기운과 활기가 있습니다. 그래서 사람이 여럿 모이면 재미있고 활기가 넘치게 됩니다. 사람이 별로 없으면 침체되고 활기가 떨어집니다.

모임에 사람들이 많이 오면 서로 즐거워합니다. 그러나 오는 사람들이 별로 없으면 분위기도 썰렁해져서 서로 다시는 오려고 하지 않을 것입니다. 그처럼 한 사람, 한 사람은 그 자체로 어떤 영적인 힘을 가지고 있습니다. 오늘날 교회에는 사람들의 발걸음이 점점 사라집니다. 신자들 중에서도 교회에 오는 것을 좋아하지 않는 이들이 많습니다. 그러므로 기껏 주일에 한번 의무적으로 예배를 드린 후에는 잘 가지 않습니다.

극장이나 백화점의 쇼핑센터에서 맛이 있기로 이름난 음식점에는 사람들이 미어집니다. 이것은 이 시대의 영적인 흐름과 상태를 잘 보여줍니다. 어떤 곳에 사람의 발길이 뜸하면 그것은 구약이 말하는 것처럼 저주받은 상태는 아니라고 하더라도 영적 활력이 약해집니다.

그러므로 교회에는 자주 사람들의 모임과 만남이 있어야 합니다. 그냥 만나서 세상 이야기를 나누는 것이 아니라 할 수 있는 한 자주 모여서 밤마다, 날마다 교회에서 부르짖고 기도하고 찬송을 하는 소리가 끊어지지 않아야 합니다.

교제를 하고 놀더라도 교회에서 주님을 나누며 주님 안에서 교제하고 놀아야 합니다. 그래야 그 곳에 영적 활기의 에너지가 올 수 있습니다.

은혜가 충만한 예배를 드리면 사람들은 집으로 잘 가지 않습니다. 그들은 교회에 남아서 식사를 하고 교제를 하며 그 감동의 물결을 유지하고 싶어집니다. 그러나 예배에 은혜가 없으면 사람들은 바람처럼 순식간에 개미 한 마리 남지 않듯이 사라져가고 교회는 고적한 집이 됩니다.

교회에는 기도가 쌓여져야 합니다. 찬송의 소리와 외침이 쌓여져야 합니다. 그것은 그 공간을 거룩하고 충만하게 합니다.

사람들은 기도를 하기만 하면 그것이 응답된다고 생각하지만 모든 기도에는 분량이 있습니다. 운동 하루하고 보약 한번 먹고 장사가 되는 것이 아닌 것처럼 기도의 분량과 찬양의 분량이 쌓여져야 합니다. 그리고 그것을 쌓을 수 있는 가장 적당한 공간이 교회라는 장소입니다. 나는 성경에서 말하는 교회는 건물 교회가 아니며 우리 자신이 바로 교회라는 사실을 압니다. 그리고 교회라는 특정한 건물에만 주님이 역사하시는 것은 아니며 우리의 가정, 어떠한 공간에도 주님이 임하시는 것을 알고 있습니다.
그러나 현실적으로 우리가 예배를 드리고 은혜를 받고 기도하기에 가장 좋은 곳은 교회, 즉 예배당입니다. 예배를 드리는 장소, 공간입니다.
우리는 그 곳에 기름을 부어야 합니다. 그것은 교회와 우리 자신에게 복이 되는 것입니다.

초대 교회 사람들은 날마다 그들의 가정에서 모여서 기도하고 교제했습니다. 그처럼 우리의 교회도 자주 만나서 주의 임재를 맛보고 누리고 삶을 나누어야 합니다. 그래야 서로의 영성이 발전해갈 수 있습니다.
여건이 되는 이들은 교회에서 잠을 자면서 기도하는 것도 나는 좋을 것이라고 생각합니다.
사무엘과 엘리의 차이는 엘리는 편안하게 자기 방에서 잠을 잤고 사무엘은 성전에서 잠을 잤다는 것입니다. 기도하다가 잠을 자면 그 공간에 영적 에너지를 채우면서 또한 자신의 영도 그 공간에 임하시는 주님의 임재로 채워질 수 있습니다.

나는 연세가 드신 권사님들이 교회에서 기도하면서 기도실에서 주무시는 것을 많이 보았는데 그것은 교회의 영적 분위기에 큰 도움이 되는 것입니다. 교회에 자주 사람이 오고 기도가 쌓이는 것은 그 공간에 영적인 능력이 흐르게 하며 영적인 분위기를 형성합니다.
작은 개척 교회에 사역자도 거의 오지 않고 사람들도 기도하러 오지 않는다면 어떻게 될까요? 얼마 가지 않아서 그 교회는 문을 닫게 될 것입니다. 그러나 한 두 사람이라도 가서 그 공간을 기도로 자꾸 채우면 그 곳은 주의 영의 임재가 충만하여 져서 자꾸 사람들이 오게 됩니다. 이것은 아주 간단하지만 확실한 영의 법칙입니다. 사람들은 합리적인 이유에 의해서 움직여지는 것이 아니라 자기도 모르게 어떤 영적인 감동을 받게 되며 그 영의 움직임에 끌리게 되는 것입니다.

그러므로 공간에 어떤 기름부음이 쌓여있는 곳에는 이상하게 자꾸 가고 싶은 생각이 일어납니다. 그러나 썰렁한 느낌이 있는 곳은 가기가 싫어집니다. 공간이 썰렁하고 사람들이 와서 기도를 채우지 않으면 어두운 영들이 그 곳을 차지하게 되고 이상하게 썰렁한 느낌이 들어서 가고 싶지 않게 됩니다.

그러나 기도가 쌓인 공간은 이상하게 가기만 하면 마음이 따뜻해지고 평안해지기 때문에 자꾸 가고 싶어집니다. 단순하게 이러한 방법으로 작은 교회들은 얼마든지 많이 성장할 수가 있는 것입니다. 날마다 밤마다 교회에 가면 기도하는 이가 있고 여기서 부르짖고 저기서 찬송을 하고 눈물과 감격이 있는 공간.. 그러한 곳에는 사람들이 몰려갈 수밖에 없습니다.

다섯째로 영을 표현해야 합니다.
우리는 우리 안에 영혼을 가지고 있으며 거기에 주님이 계십니다. 그러나 우리는 우리 안에 주님을 모신 그 자체로 만족해서는 안 되며 그 주님을 드러내고 표현해야 합니다. 그럴 때 우리의 영은 자유롭고 풍성해지며 이 땅에 주님의 영광과 능력이 드러나게 됩니다. 그 주님의 표현은 무엇보다도 발성, 소리 내는 것을 통하여 나타나는 것을 인식해야 합니다. 발성기도, 소리를 내는 기도는 그 공간을 영적인 힘으로 채웁니다.

오랫동안 교회를 한 자리고 수없이 예배를 드린 장소라고 하더라도 소리를 별로 내지 않고 고요하고 잔잔한 예배만을 드린 곳에는 그래서 영의 자유함이 별로 없으며 영이 풍성하게 흐르지 않습니다.

그러한 곳에는 각종 악한 영들이 위협을 받지 않고 마음대로 거할 수가 있습니다. 그러므로 영적 침체가 오고 사람들의 영이 눌리게 되는 것은 당연한 일입니다.

어떤 이들은 묵상 기도, 관상 기도와 같은 것을 아주 좋아합니다. 그러나 그런 식으로써는 부흥을 가져올 수 없습니다.

그는 자기 혼자는 그럭저럭 주님을 사랑하면서 살 수 있을지 모릅니다. 그러나 그는 다른 사람들에게 영향력을 끼칠 수 없습니다.

다른 사람들의 영적 묶임을 분별하기도 어렵고 풀어주지도 못합니다. 발성이 없으면 그의 영혼이 묶여서 그 안에 갇혀 있기 때문에 그는 다른 이의 사정을 알 수 없는 것입니다.

묵상 기도, 내면의 기도는 이 땅, 물질계에 영향을 행사하지 못합니다. 아무리 영적인 사람도 밥을 먹어야 생존하는 것 같이 소리는 이 물질계를 지배하는 것입니다. 그러므로 소리를 사용하지 않는 이들은 그 중심에는 주님을 사랑할지 모르나 그의 영은 악한 기운에게 눌리고 막혀서 답답하게 될 수밖에 없는 것입니다.

과거의 시대에 사람들은 속세를 떠나 수도원 등에서 거주하면서 혼자만의 깊은 묵상의 세계에 들어가곤 했습니다.

그러나 기억해야 할 것이 있습니다. 지금 이 시대에 역사하고 있는 어둠의 영들의 역사들은 그 옛날의 시대와 비교가 되지 않는다는 것입니다.

지금은 소리를 통해서 악한 영들이 얼마나 많이 역사하고 일하는지 모릅니다. TV의 소음, 세상 음악의 소음이 얼마나 세상에 가득한지 모릅니다. 예전에는 그렇게 악한 기운과 영들이 많이 돌아다니지 않았습니다.

지금 몇 백 년 전의 영권, 영적 은혜로는 지금 이 시대의 영들을 제압할 수 없습니다. 지금은 훨씬 더 강력한 권능과 기름부음이 필요합니다.

엘리사는 엘리야의 영감의 갑절을 구했습니다.

그는 새 시대를 맡았고 새 시대에는 더욱 더 강한 영권이 필요했기 때문입니다. 그러나 지금은 갑절의 영권 가지고는 안 됩니다. 지금은 백 배, 천 배, 만 배의 영권이 필요합니다.

소리에는 힘이 있습니다. 거기에는 공간을 지배하는 권능이 나옵니다.

여리고 사건과 같이 강력한 복음의 외침에는 하늘의 능력이 임하게 되며 그 공간을 지배하는 어둠의 영들이 초토화됩니다.

우리는 이미 복음이 무엇인지 알고 있습니다. 우리가 알고 있는 그 복음과 진리를 단순히 강력하게 외치고 표현할 때 우리의 영은 해방됩니다.

사람들이 예배를 드리면서 이렇게 외치면 어떤 일이 일어날까요?

'하나님은 살아계신다!'

'주님은 왕이시다!'

'마귀는 깨어졌다!'

'할렐루야! 주님을 찬양하라!'

이런 식으로 계속 모두가 소리 높여 외친다면 어떤 일이 생길까요?

간단합니다. 능력과 눈물과 감격과 풍성함이 임하게 될 것입니다.

복음과 구원이란 마음으로 믿으면 의가 되고 입으로 시인하면 실제적인 구원의 역사가 나타나게 되는 것입니다. 속으로 믿으면 속에 역사가 나타나고 그것을 입으로 겉으로 드러내면 겉에 보이는 하나님의 역사가 임하는 것이 영의 법칙입니다.

교회의 공간은 이 거룩한 소리로 가득 채워져야 합니다. 주님의 영광을 소리 높여 외치고 그분의 거룩함을 찬송하고 그분의 구원과 승리를 외치고 큰 소리로 주를 부르고.. 그렇게 할 때 그 공간은 정화됩니다. 악한 기운들은 사라집니다.

그리고 이상하게도 다음에 와서 그 자리에 앉기만 하면 눈물이 흐르기 시작합니다. 이것이 무엇일까요? 이미 그 공간에 그 소리, 그 기운, 그 권능과 은혜의 역사가 녹음되어 있는 것입니다.

많은 사역자들이 은혜스러운 설교를 하며 설교를 위하여 많은 준비를 합니다.

그러나 많은 경우 그들의 소리에는 영적인 능력이 상실되어 있습니다. 생기가 없고 답답합니다.

옳은 이야기를 하지만 사람들의 심령을 비수처럼 찌르며 감동을 주고 심령을 시원하게 하지 못합니다.

그것은 그들이 발성에 익숙하지 않기 때문이며 부르짖는 기도를 별로 드리지 않기 때문이며 그래서 그들의 영이 활성화되어 있지 않기 때문입니다. 그래서 아무리 좋은 내용의 이야기를 하여도 그 자신의 심령에 그리 기쁨이 없고 답답합니다.

그러나 그 사역자가 이와 같이 복음과 주님의 크신 역사를 같이 외치고 선포하게 되면 그 공간의 분위기가 완전히 바뀌게 되는 것입니다.

교회의 공간에는 이러한 소리를 통한 채움이 많이 필요합니다.
소리는 사람의 목소리뿐만 아니라 피아노, 신디, 드럼 등 소리를 낼 수 있는 모든 것으로 표현되어야 합니다. 시편에도 많은 악기들의 사용을 권장합니다. 그것들은 영적 전쟁의 강력한 무기로써 사용될 수 있으며 그 공간에 강력한 영적인 힘을 불어넣는 것입니다. 물론 어떤 악기를 통한 영적인 힘은 그 악기 자체보다 그 악기를 연주하는 사용자의 영적인 수준과 상태에 많이 영향을 받는 것은 당연한 일입니다.

또한 영의 풀어놓음은 소리뿐만 아니라 몸으로도 풀어놓는 것이 필요합니다. 성령님의 기름부으심을 많이 경험한 이들이 교회에서 그 공간에서 춤을 추고 움직이는 것은 그러한 흐름을 그 공간 안에 채우게 합니다. 몸으로 영을 표현하는 것은 그 공간을 거룩하게 합니다.
영이 묶여 있는 이들은 얼굴의 표정도, 몸의 표현도 자유롭지 않습니다. 그런 이들은 자꾸 자신을 표현해야 합니다.
그것은 단순히 몸을 풀어놓는 것이 아니라 심령을 자유롭게 해방시키며 풀어놓는 것입니다.
또한 춤의 달란트를 받은 이들이 있습니다. 이들은 교회나 예배에서 자주 춤을 추게 해야 합니다. 그리한 이들이 권능의 기름부음을 받게 되면 춤을 춤으로써 그 공간에 주님의 아름다운 임재를 가득 채우게 됩니다. 그것은 참으로 아름다운 사역입니다.

물론 거기에는 분별이 필요합니다. 모든 이들의 춤이 다 영적인 것은 아닙니다.

나는 어떤 집회에서 어떤 여자 분이 화려한 드레스를 입고 춤을 추는데 어찌나 더러운 영이 많이 흘러나오는지 아주 고통을 느꼈던 적이 있었습니다. 나는 많은 청중들이 그것을 보고 박수를 치는 것을 보고 어처구니가 없었습니다.

사역자는 그러한 영의 상태를 분별할 수 있어야 합니다. 영적인 춤은 사람들의 영혼을 거룩하게 하고 감동을 일으키며 주님의 임재와 사랑으로 나아가게 합니다. 그러나 육적인 춤은 정욕을 일으키며 그것은 그 공간을 더럽게 합니다.

어떠한 이들은 춤을 추고 소리를 높이고 이러한 강력한 표현을 싫어할 것입니다. 미갈이 다윗의 감동과 기쁨을 이해하지 못했듯이 경직된 예배 형태에서 변화를 싫어하는 이들은 있을 수 있습니다. 그러나 예배는 천국 잔치이고 축제이며 그러한 감동과 희열과 하나님의 충만한 사랑이 나타나는 것이 당연한 것입니다.

이러한 것들은 그 공간을 거룩하고 아름답게 만드는 일반적인 원리들입니다. 영의 분별에 대하여 좀 더 자세히 이야기를 하려면 또 다시 한 권의 책이 필요할 것입니다.

우리는 우리가 예배를 드리는 공간이 거룩해지고 하나님의 영광으로 가득 차기를 기대하고 구해야 할 것입니다. 이를 위해서 우리는 자주 교회에 찾아가야 하며 그 공간에 기도와 찬양을 쌓아두어야 합니다.

나는 가끔 외국의 찬양 집회 비디오를 보곤 합니다.

그 때마다 인상적인 것은 젊은이들의 찬양이 아니라 머리에 백발이 희끗

희끗한 이들의 찬양을 드리는 모습입니다. 연세가 많은 이들이 자리에서 일어나서 눈물을 흘리며 손을 높이 들고 그 거룩하신 하나님의 영광에 사로잡혀 있는 모습.. 그것은 너무나 감동적인 모습입니다.

그것은 단순한 순간적인 감동이 아니라 그들의 전 삶을 통하여 경험한 하나님, 그들의 삶을 주장하시고 인도하신 하나님께 대한 경배요 찬양인 것이며 전 삶을 통하여 드리는 예배와 같이 느껴지기 때문입니다.

나는 아직까지 우리나라에서 영적인 성지라고 느껴지는 거룩한 공간을 별로 경험하지 못했습니다.

그 장소에 가까이 가기만 해도 하나님의 영광, 그 임재를 느낄 수 있는 곳, 맛 볼 수 있는 곳.. 그러한 곳을 별로 경험하지 못했습니다.

그러나 나는 앞으로 그러한 장소, 그러한 공간이 많아질 것을 믿습니다. 나는 그러한 거룩하고 구별된 장소를 만들기.. 지성소 만들기의 운동이 일어날 것을 믿습니다.

그래서 사람들이 교회에서 예배를 드리며 그저 단순히 주일날의 행사가 아닌 살아계신 주님의 영광과 그 향취에 잠기게 되는 그러한 날들이 올 것을 믿습니다.

문제가 생기고 인생의 위기에 접하게 되었을 때 바로 달려가면 항상 기도하는 사람들이 있는 공간.. 여기저기서 울면서 하나님의 사랑과 은총에 사로잡혀 기도하는 사람들이 있는 공간.. 특별하게 집회가 있지 않더라도 항상 교회에 가면 교제와 삶과 이야기를 나눌 사람들이 있는 그러한 공간.. 나는 그러한 공간들이 이 땅에 많이 생길 것을 믿습니다.

그리고 기도할 것입니다.

거룩한 공간이 많이 생길 때 이 땅에 진정한 부흥은 일어나기 시작할 것입니다. 그리고 사람들은 주님의 사랑과 영광에 좀 더 쉽게 사로잡히게 될 것입니다. 나는 그 날들이 속히 올 것을 믿습니다.

12. 가정의 지성소 만들기

우리가 예배드리는 공간이 하나님이 임하시는 거룩한 지성소가 되는 것은 참으로 아름다운 일입니다. 또한 우리가 날마다 생활하고 있는 가정도 지성소가 되어야 합니다. 그럴 때 가정이 실재하는 천국이 될 수 있습니다.
가정을 지성소로 만들기 위한 몇 가지 조언을 나누고 싶습니다.

첫째는 질서의 문제입니다.
천국은 주님을 중심으로 질서가 선명하게 잡혀있는 곳입니다. 그리고 지옥은 그 질서를 인정하지 않는 이들이 가는 곳입니다. 그러므로 가정에 주님의 임재가 풍성하기 위해서는 먼저 이 질서가 분명해야 합니다.
가정의 주인은 주님이십니다. 그리고 그것을 실제적으로 집행하는 이는 가장입니다.
남편은 아내를 섬겨야 하며 목숨도 아끼지 말고 사랑해야 하지만 동시에 가정의 질서를 유지할 권위를 가지고 있어야 합니다. 아내는 남편을 돕는 배필입니다. 그리고 자녀들은 부모에게 순종해야 합니다. 이 부분이 분명하지 않으면 안 됩니다.
아내가 남편의 권위를 인정하지 않고 함부로 하는 경향은 이 시대에 많이 있습니다. 그러나 그것은 성경적인 것이 아닙니다. 시대의 성향은 언제나 변화되는 것이지만 하나님의 말씀은 영원합니다.
질서가 잡히지 않는 공간에는 주님이 임재하실 수가 없습니다. 그러한 곳은 하나의 지옥과 같은 곳이기 때문입니다. 그것은 깨어진 가정입니다.
비슷하게 교회에서 사역자를 대적하는 성도가 있다면 이 역시 깨어진 교회입니다. 거기에는 어둠의 기운들이 우글거리며 주님께서 임재하실 수 없습니다. 그러므로 그러한 이들은 자기가 순복할 수 있는 사역자를 찾아가야 하며 또한 사역자들도 피사역자들이 순종하지 않는다면 빨리 그 사역을 포기하고 다른 길을 찾아야 합니다. 사역자는 주님의 권위와 사랑을 표현하는 도구이며 주님을 대표하고 주님을 나누어줄 수 있는 입장에 있지 않다면 사역을 할 수 없는 것입니다.

그리스도께 헌신된 가장은 아내와 자녀들이 그의 권위 가운데 순복하도록 다스려야 합니다. 그러한 권위를 가지고 있지 못하다면 그는 아무 것도 할 수 없으며 사랑도 할 수 없습니다. 그는 어두움의 영에 눌려 있는 나약한 사람이며 주님의 영광을 위하여 쓰일 수 없습니다.

오늘날 자녀들이 부모의 권위에 순종하지 않는 가정은 아주 많습니다. 그것은 이미 깨어진 가정입니다. 그것은 이미 자녀들을 어두움의 세력 가운데 넘겨준 것입니다.

바른 그리스도인 부모는 자녀를 사랑하지만 동시에 그들을 영적으로 제압하며 제멋대로 내버려두지 않습니다. 자녀들이 멋대로 하게 둔다면 그것은 어둠의 영에 눌린 것이지 사랑이 아닙니다.

만약 당신이 아내이거나 자녀들이라면 그 권위 가운데 들어가야 합니다. 그래야 바른 지성소를 세울 수 있습니다.

그러나 당신의 권위 위에 있는 이가 즉 남편이나 부모가 주님께 헌신되지 않은 사람이며 주님의 영광을 위해 살기를 원치 않는다면 당신은 그 권위 가운데 들어갈 수 없으며 주님께 직접 순종해야 합니다.

그러나 그러한 경우에도 외적으로는 순종과 겸손의 모습을 가지고 있어야 합니다.

나는 결혼 전에 아내에게 이러한 부분을 분명히 이야기하면서 그녀를 위해서 죽을 수도 있고 어떠한 희생도 하겠지만 당신은 주님이 내게 허락하신 권위에 순종을 해야 한다고 권면하였습니다. 그리고 아이들도 반드시 돌이 되면 순종 훈련을 위하여 매를 들고 세 살 이전까지 훈련을 마치겠다고 이야기했습니다. 아내가 여기에 전적으로 동의했기 때문에 우리는 그 기초 위에서 결혼했습니다.
우리 가정이 지금까지 주님의 은혜로 행복하게 살 수 있는 것은 이러한 기초 때문이라고 나는 믿고 있습니다.

나는 사역을 하거나 집회를 할 때 아주 소수의 사람이라도 대적을 하면 계속 사역을 진행할 마음을 전혀 가지고 있지 않습니다.
99%의 사람들이 은혜 받고 기뻐하지만 1%의 사람이 대적하고 반대하기 때문에 집회를 하다가 그만둔 적도 있었습니다. 속으로는 은혜를 사모한다고 하더라도 소극적으로 침묵하는 다수는 소수의 대적 자들에게 동조하는 것이나 마찬가지입니다.
대적하는 이들에 대하여 분노하거나 판단할 필요는 없지만 그렇게 권위가 깨어진 상태에서는 조용히 사라지는 것이 좋으며 사역을 계속할 필요가 없는 것입니다. 그런 상태에서는 주님이 임하시지 않으며 주님이 임하시지 않는다면 모든 사역이 아무런 의미도 없기 때문입니다.
질서는 주님의 임재와 그의 나라의 임하심의 핵심적이고 필수적인 원리입니다. 질서는 천국의 기초입니다. 우리의 가정이 지성소가 되기 위해서는 이 질서와 사랑의 원리가 분명해야 합니다.

둘째로 가정에서의 모든 말과 행동은 주님의 목전에서 하듯이 행해져야 합니다. 높은 어른 앞에서 함부로 행동하는 것은 물론 예의가 아니겠지요. 그처럼 우리는 가정에서 항상 주님이 보고 계시다는 것을 인식히여야 합니다. 우리가 주님을 무시하면 주님은 임하시지 않지만 항상 그렇게 주님을 의식하면 주님은 임재하십니다.
그러나 그러한 삶이 눌리고 눈치를 보며 기가 죽은 그러한 삶은 결코 아닙니다. 그것은 오히려 여유와 기쁨과 자유와 평강을 주는 삶입니다.
말을 할 때는 급하고 거친 말투가 되지 않도록 해야 합니다. 항상 부드럽고 자연스러운 언어와 행동이 있어야 합니다. 질서가 중요한 이유는 자녀들이 부모에게 순종이 되어 있지 않으면 서로 싸우느라고 바빠서 평화가 깨어질 때가 많이 있기 때문입니다. 그러나 질서가 분명하면 그러한 갈등과 긴장의 요소가 없습니다.

셋째로 가정에서 항상 찬양이 흐르도록 하여 영적인 분위기를 유지해야 합니다.
영감이 있는 찬양 테이프나 씨디를 항상 틀어놓으십시오.
악한 영들은 찬양을 아주 싫어합니다. 소리는 공간에 영향을 미치기 때문에 영감이 있는 찬양이 항상 있을 때 그 공간은 은혜스러운 공간이 됩니다.
찬양 테이프 중에는 인간적이고 육적인 것들이 많이 있습니다. 찬양 중에 인간적이고 육적인 기운이 흘러나오는 것도 많이 있습니다. 그러므로 선별에 조심이 필요합니다.
단순히 노래나 가수가 마음에 든다거나 자신의 음악적인 취향으로 곡을 선정해서는 안 됩니다.
두란노 경배와 찬양과 같은 것은 무난합니다. 그처럼 음악적인 취향 자체보다 예배의 영을 일으키는 찬양이 좋습니다.

넷째로 영감을 주는 성화나 성구가 기록된 액자나 표구들은 눈에 잘 띄는 곳에 놓아두십시오. 그러한 것들은 우상이 아닙니다.
거기에 대하여 경배를 하는 것이 아니며 그러한 그림이나 말씀의 구절은 우리의 영혼에 수시로 영감을 일으키는 도구가 될 수 있습니다.
어떤 이들은 그들의 결혼사진과 같은 것을 크게 액자로 만들어 걸어놓기도 하는데 그것은 별로 좋지 않습니다. 주님의 액자가 걸어져 있는 것이 낫습니다. 그러한 것은 가정의 중심과 주인이 누구인지를 보여주는 것입니다.

또한 지나치게 집안을 예쁘게 꾸미려고 온갖 장식을 하는 것도 그리 바람직한 것은 아닙니다. 정결한 느낌은 좋은 것이지만 소박한 것들이 영적으로는 더 낫다는 것을 기억하십시오. 외적인 꾸밈은 영혼을 피곤하게 할 수 있습니다.

다섯째로 가구의 중심에 TV가 있는 것은 별로 바람직하지 않습니다.
보통 대부분의 가정을 보면 가구의 중심에 TV가 있는데 그것은 그 가정의 중심이 무엇인지를 보여주는 것입니다. 또한 성경을 찾으려면 어디에 있는지 한참을 찾아야 하는 경우도 있습니다. 그것도 가정의 중심이 무엇인지를 보여줍니다.
가장 눈에 띄는 곳에 성경을 두십시오.
TV는 별로 눈에 띄지 않는 구석에 두십시오.
그리고 TV시청을 줄이십시오.
나는 TV 자체를 마귀취급하고 싶지는 않습니다. 그리고 그리스도인들이 일체 TV를 보지 않고 세상에 대하여 마음 문을 닫고 살아야한다고 생각지는 않습니다.
그러나 분명한 사실은 TV가 사탄의 도구가 될 수 있다고 하는 사실입니다. TV는 온갖 더럽고 음란하고 폭력적인 악한 영들을 가정에 침투하게 합니다. 그러므로 선별적인 시청이 필요합니다.
영이 예민한 사람이 있습니다. 그러한 이들은 TV시청을 통하여 많은 고통을 겪고 피해를 입을 수 있습니다. 그는 각종 악한 영들, 더러운 영들에게 시달릴 수 있습니다.

어떤 사람이 TV를 많이 시청하면서 영적인 생활에 별로 지장을 받지 않는다면 그것은 괜찮습니다. 그러나 그것이 그에게 고통과 피해를 주고 영적인 지장을 많이 준다면 그것은 절제되어야 합니다.
나는 언젠가 밤에 잠을 자다가 깨어 일어났는데 거실에 어떤 흑암의 영이

서 있는 것을 보고 놀랐습니다. 나중에 생각해보니 그 전날에 TV에서 보았던 그 영이었습니다. 그래서 나는 놀라서 조심을 해야겠다고 생각하였습니다.
사람들은 잘 인식하지 못하지만 TV시청을 할 때 어둠의 영들이 TV에서 나와서 그 가정에 침입하여 그 곳을 돌아다닙니다. 그래서 그 가정에 음란한 영들과 분노의 영, 공포의 영들이 채워지게 됩니다. 그러므로 주의를 해야 합니다.
가정의 영의 상태가 좋지 않거나 만약 TV시청을 오래 해서 머리가 아프다면 창문을 열고 환기를 시켜야 합니다. 그래야 들어온 악한 기운이 빠져나갑니다. 그리고 영감이 있는 찬양 테이프를 틀어야 합니다. 그것은 일종의 영적인 청소입니다.

여섯째로 정기적으로 가정에서 예배를 드리십시오.
날마다 드리는 것은 쉬운 일이 아니겠지만 적어도 일주일에 한번 정도는 드려야 합니다. 시간을 많이 드리는 것이 중요한 것은 아니며 단순히 주님이 그 가정의 주인 되심을 고백하는 의미에서 예배는 중요합니다.
예배에는 서로 성경을 소리 내어 읽고 그 공간에 임하시기를 구하며 그 가정의 주인 되심을 서로 고백하고 소리 내어 찬양하고 통성으로 기도하며 마칠 때는 서로 사랑을 고백하고 포옹하는 것이 좋습니다.
일정한 의식과 순서가 필요한 것은 아닙니다. 또한 경직되고 엄숙하게 드려질 필요는 없습니다. 즐겁고 자연스럽고 재미있게 드리는 것이 좋습니다. 예배에는 웃음과 기쁨이 임하는 것이 좋은 것입니다.
그러한 정기적인 예배는 그 공간의 주인이 누구인지를 분명하게 하는 것입니다. 단지 5분, 10분을 드린다고 해도 그 효과는 적지 않은 것입니다.

일곱 번째로 잠을 잘 때 꼭 주님의 임재를 초청하고 부르면서 주무십시오.
그것은 아주 편하게 은혜 받는 방법이면서 실제로 주님이 그 공간에 임하시게 합니다. 나는 잠을 자다가 깨어 화장실에 가곤 할 때가 많은데 잠결에 가다보면 문득 거실에 따스한 빛이 임하고 있는 모습, 주님이 부드러운 미소를 지으시면서 서 계시는 모습을 볼 때가 더러 있었습니다.

잠을 자기 전에 항상 주님의 임재를 요청하고 그 공간에 임하시기를 기도하고 꿈속에서도 오시기를 구하다 자는 것이 습관이기 때문에 그러한 일을 더러 겪게 됩니다.

당신도 그렇게 해보십시오. 아마 선명하게 주님의 모습을 보게 되지는 못할지라도 확실하게 그 공간에 평강이 임하고 달콤함과 행복감이 넘치게 되는 것을 경험하게 될 것입니다. 무엇보다도 당신의 잠은 너무나 달콤한 것이 될 것입니다.

주님의 임재는 매우 실제적입니다. 그분은 결코 멀리 계신 분이 아닙니다. 또한 주님을 경험하는 것은 특별하게 거룩하거나 영적인 사람들만이 하는 것이 아닙니다. 그저 단순하고 소박한 사람이라면 가능합니다. 주님을 사모하고 추구하는 분이라면 누구나 그 사랑의 주님을 경험하고 누리고 맛볼 수 있습니다. 왜냐하면 주님께서 너무나 그것을 원하고 계시기 때문입니다.

부디 당신의 가정, 당신이 생활하고 있는 공간이 주님의 임재가 늘 함께하는 사랑의 공간이 되게 하십시오. 당신은 당신의 가정이 점점 천국처럼 변화되어 가는 것을 경험하게 될 것입니다.

나는 아내와 결혼하여 지금까지 16년 동안 살아왔습니다. 물론 어렵고 힘든 때도 있었지만 나와 아내와 아이들은 우리 가정이 천국과 같다고 항상 이야기합니다.

나는 그 비결을 아주 쉽게 말할 수 있습니다.

그것은 이 가정에 주님의 임재가 있기 때문입니다.

당신의 가정에 주님의 임재를 초청하십시오.

당신의 가정도 천국이 될 것입니다.

13. 대형 집회에 대하여

한 공간에서 강력한 집회를 할 때, 부르짖는 기도와 찬양, 외침, 선포로 한 공간을 채울 때, 그 곳에 강력한 하나님의 영광과 임재가 나타납니다. 그리고 그것은 그 지역과 땅의 영적인 분위기와 흐름을 바꾸어 놓습니다.
과거 한국 교회에는 여의도 등지에서 수많은 사람들이 모이는 대형집회가 많이 있었습니다. 그리고 그것은 한국 교회의 부흥의 중요한 요인이 되었습니다.
그러한 대형집회는 한 나라의 운명과 영적인 방향을 바꾸어 놓습니다. 80년대에 그러한 집회가 많이 있었고 그 후에는 조금 뜸한 것 같았으나 최근에 그러한 대형집회가 다시 시작되는 조짐을 보이는 것은 아주 반가운 현상입니다.

나라의 국운을 바꾸는 것은 그러한 대형 예배 집회이며 찬양과 기도집회입니다. 올림픽이나 월드컵과 같은 세상적인 행사는 아무리 많이 치른다고 해도 나라의 운명을 긍정적으로 바꿀 수 없습니다.
외형적으로는 한국이 세계에 알려지는 것이 좋은 일이며 복음의 전파에 도움이 되는 측면이 없는 것은 아닙니다. 그러나 근본적으로 그러한 행사에서 운행되는 영은 세상의 영이며 결코 하나님의 영이 아닙니다. 그리고 그러한 세상의 영들은 하나님의 영을 대적합니다.
우리가 성공적으로 치렀다고 자축하는 88올림픽은 헤라 여신의 신전을 한국에 모신 것입니다. 사람들은 단순히 스포츠일 뿐이라고 생각하지만 어둠의 영들은 그것을 신앙 고백으로 생각합니다.
어쩌면 사회적으로 경제적으로 유익한 면이 있는지 모릅니다. 그러나 영적으로는 분명히 치명적으로 부정적인 영향이 있습니다. 세상의 평화는 복음과 그리스도와 그 주님의 영광스러운 임재에서 오는 것이지 결코 스포츠 행사를 통해서 오는 것이 아닙니다.

실제로 한국 교회는 88년부터 마이너스 성장을 시작하였습니다. 그러한 세상적인 대형 행사는 반드시 영적인 위축을 가져오게 됩니다.

이번에 치른 월드컵도 마찬가지입니다. 수백만의 군중들이 모여서 우상을 숭배하듯이 공 하나의 움직임에 환호하고 흥분하는 것은 이스라엘 백성의 금송아지 사건과 별로 다를 것이 없습니다. 그러한 모습은 주님을 고독하게 만들며 영을 허탈하게 합니다. 그것은 이 나라의 하늘을 영적인 흑암으로 가득하게 만드는 것입니다.

자신을 붉은 악마라고 고백하는 이들은 전혀 그러한 의도를 가지고 그러한 언어를 사용하는 것은 아니겠지만 악령들은 그것을 그들에 대한 헌신의 고백으로 받아들입니다. 그리고 합법적으로 그들을 지배할 수 있는 권세를 받게 됩니다.

악한 영들이 그들을 지배하게 된다는 것은 어떤 물리적인 재앙이나 사고를 의미하는 것은 아닙니다. 다만 그들의 영혼은 좀 더 악한 영들의 영향력 속에 들어가게 되며 그리하여 그들의 영혼은 어두워지고 완악해지며 천국의 빛으로부터 멀어지게 되는 것입니다. 즉 영혼이 병들게 되는 것이지요.

악한 영들이 원하는 것은 사람의 영혼을 빼앗아 그들이 구원받지 못하도록 하는 것이며 결코 가난이나 질병을 주는 것이 그들의 궁극적인 목표는 아닙니다.

나는 이번 월드컵 기간에 너무 마음이 괴롭고 아파서 이러한 대형 행사를 통한 악한 영들의 역사를 상쇄할 수 있는 대형 영성집회가 있기를 간절히 소원하였습니다. 그러다가 최근에 더 콜 코리아의 집회가 잠실 운동장에서 있었다기에 얼마나 감사하고 행복했는지 모릅니다.

이러한 대형 집회는 나라의 운명을 바꾸어놓습니다. 우리는 이러한 집회가 더 이 땅에서 많이 행해질 수 있도록 기도해야 합니다.
그러한 대형 집회가 한 나라에 강력한 영향을 끼치는 이유는 여러 가지가 있습니다.

첫째로 그러한 집회는 연합집회이기 때문입니다.
그러한 집회는 한 단체나 교회에서 주도하기는 어렵고 여러 교회나 단체에서 힘을 합하여 하게 됩니다. 그리고 이렇게 연합을 하게 되면 악한 영들이 깨어지게 되어 있습니다.
한국 교회의 가장 무서운 문제는 사역자들, 교회들 간의 경쟁과 시기입니다. 큰 교회와 작은 교회들 간의 상처와 대립입니다.
그 배후에는 악한 영들의 장난이 있습니다. 마귀는 항상 분열을 일으키며 그래야만 그들은 승리할 수가 있습니다.

오늘날 교회는 서로 일체감이 거의 없으며 오랫동안 한 교회에서 교제했다고 하더라도 교회의 소속만 달라지면 서로 불편한 관계가 됩니다. 그리고 남의 교회가 잘 되든 말든 전혀 관심이 없습니다. 이것은 이미 원수들에게 사로잡혀 있는 모습입니다.
한 지역의 교회들이 서로 연합하게 되면 그 지역에 역사하는 악령들이 쫓겨가게 되고 그 지역에 부흥이 일어나게 됩니다.
또한 지역들끼리 연합하여 집회를 하게 되면 그 나라 전체에 역사하는 악령들이 쫓겨 가게 되고 나라 전체에서 부흥이 오게 됩니다.
물론 세계의 여러 나라들이 같이 연합집회를 하게 되면 나라끼리 분쟁을 일으키는 마귀가 쫓겨 가게 되고 전 세계에 부흥의 역사가 오게 됩니다.
분열과 싸움은 항상 마귀의 작품이며 연합은 부흥의 시작입니다. 연합 자체가 이미 사탄의 진을 무너뜨리기 때문입니다.
대형 집회는 서로 돕고 협력하는 연합 집회이기 때문에 강력한 힘을 발휘

합니다. 오늘날 각 교회들은 다른 교회를 살리는 데는 관심이 없고 자기 교회의 건물을 짓고 사람을 많이 모으는 데만 주로 관심을 기울이기 때문에 발전하는 것이 어렵습니다. 그러나 다른 곳을 돕고 살리는 데에 치중하면 자신들의 사역도 더 풍성해지며 발전하게 됩니다. 연합 집회는 그런 의미에서 참으로 아름답고 강력한 것입니다.

둘째로 대형집회가 강력한 능력을 발휘하는 이유는 대체로 그런 집회는 부르짖어 기도하는 집회이기 때문입니다.
수많은 사람들이 모여서 같이 회개하고 찬송하고 부르짖어 외치게 되면 사도행전 4장에 나오는 것처럼 모인 곳이 진동하게 됩니다. (행4:31) 그리고 그 강력한 외침과 부르짖는 기도는 하늘로 올라가서 그 나라의 상공을 지배하고 있는 흑암의 진을 파괴해버립니다.
자연히 그들은 초토화되며 따라서 이 땅에 부흥의 역사가 시작되는 것입니다.
한국 교회가 예전의 열기를 잃어버리고 부흥이 식어버리게 된 것은 부르짖는 기도를 잃어버렸기 때문입니다. 그리고 논리 중심, 지적 신앙 중심의 서구 교회를 따라갔기 때문입니다. 그렇게 해서 이미 많이 쇠약해진 서구 교회를 따라가면 같이 식고 같이 망가지는 것은 지극히 당연한 일입니다. 교회에 권능과 불과 하나님의 살아계심과 그 역사가 다 소멸되어 버렸는데 부흥이 지속되면 그것은 이상한 일이겠지요.

우리는 이 땅에 이러한 대형 집회가 앞으로 많이 생기기를 기도하고 바라야 합니다. 그리하여 수많은 성도들이 함께 모여서 중심을 토하고 부르짖고 외침으로 그 공간을 거룩하게 하고 이 나라에 그 하나님의 영광과 권능과 임재가 가득하도록 해야 합니다. 그것이 이 나라의 교회가 사는 길이며 이 나라가 사는 길입니다.
한 나라의 부흥은 결코 정치나 경제나 교육에서 오는 것이 아니며 오직 살아있는 교회를 통해서만 올 수 있는 것입니다. 그러므로 무엇보다도 교회가 하나님의 임재와 생기와 그 영광의 역사를 되찾아야 합니다.
나는 어렸을 때, 그리고 청년 시절 많이 참석했었던 여의도, 남산, 등지의 대형 집회의 추억과 감동을 가슴깊이 간직하고 있습니다.
여의도에서 수십 만 명의 성도들이 모여서 엄청나게 쏟아 붓는 소나기 앞에서도 한 사람도 움직이지 않고 바닥에 무릎을 꿇고 기도하던 모습들.. 그래서 세계의 외신이 놀라서 찬탄을 보냈던 그러한 추억들을 기억합니다.

나는 그러한 집회, 그러한 부흥의 때가 다시 오기를 기다리고 있습니다. 그리고 믿습니다.
이 나라는 주님의 나라이며 주님의 땅이며 이 민족은 주님이 선택하신 귀하고 놀라운 백성인 것을 나는 믿습니다.
잠실에서, 여의도에서 수많은 젊은이들이 모여서 울부짖고 기도하고 찬양하는 모습을 보면 나는 내가 이 땅에 태어난 것이 너무나 감사하고 자랑스럽습니다.

대형 집회는 그 공간을 거룩하게 합니다. 그리고 그 나라를 주님의 손에 양도합니다. 나는 그러한 집회가 더 많이 생기기를 기도합니다.
그리고 나는 이 나라에 더 놀랍고 아름다운 부흥의 때가 가까이 오고 있음을 믿습니다. 주님의 풍성하고 영광스러운 임재, 시내산에서, 그리고 솔로몬의 성전에서 임하셨던 하나님의 그 영광의 임재가 이 나라, 이 땅, 이 교회들 가운데 충만하게 임하실 것을 나는 굳건하게 믿고 있습니다.
그리고 그 날들이 오기를 나는 간절히 사모하고 기도할 것입니다.

결언

이제 이 이야기를 마칠 때가 되었습니다.
오래 전부터 가까이 계신 주님의 임재하심에 대한 글을 써야 한다는 느낌이 있었습니다. 아직 모든 것을 충분히 나누었다는 느낌은 들지 않지만 그래도 어느 정도 정리를 한 것 같아서 마음이 한결 가볍습니다.
최근 몇 달 동안 이 글을 쓰면서 받았던 영적인 공격과 고통은 말로 표현하기 어렵습니다. 나는 이번 여름 수련회를 하면서도 거의 죽음이 코앞에 이른 것 같은 고통스러운 상태를 많이 겪었습니다. 그것은 내가 가까운, 바로 이 자리에 임하시는 주님의 임재에 대한 내용을 다루었기 때문입니다.
이 책도 같은 주제였기 때문에 나는 악한 영들의 많은 공격을 받았습니다. 컴퓨터 앞에 앉기만 하면 각종 고통과 혼란스러움이 다가왔습니다. 밤에는 여러 고통이 심해서 잠을 이루기 어려웠습니다.
기도를 하면 그 세력은 물러갔고 다시 조금 지나면 공격이 시작되었습니다.
평소에 집회를 하거나 글을 쓸 때에 그러한 공격이 어느 정도 있기는 하지만 이번과 비교할 수 있는 것은 없었습니다. 악한 영들은 이러한 실제적인 부분에 대한 언급에 대하여 아주 싫어하는 것 같습니다.
그러나 나는 이 글이 많은 이들에게 영감과 실제적인 경험과 자유함을 줄 수 있을 것이라고 생각합니다.

영적인 원리에는 일종의 급소가 있습니다. 그래서 그 원리를 발견하고 적용하면 대체로 쉽게 해결되는 것이 보통입니다.
어떤 어려움을 겪고 있는 이들에게 간단한 조언을 하면 대부분 즉시로 해결이 되는 경우가 많았습니다. 어떤 이는 호흡 기도가 필요했고 어떤 이는 심장기도, 어떤 이는 낮은 발성의 방언 기도, 어떤 이들은 큰 소리로 성경을 읽기.. 그런 식으로 상태에 따른 처방을 해주면 대체로 짧은 시간 안에 자유함을 얻게 되는 것이 보통입니다.

조금 전까지 자살을 하겠다, 살기 싫다.. 하는 이들이 조금만 지나면 주님의 은혜와 사랑이 너무 감사하다고 눈물을 흘리는 것은 그리 드문 일이 아니었습니다. 이러한 사례들은 최근에 나온 [영성의 발전은 어떻게 이루어지는가] 를 보시면 참고가 될 것입니다.

나는 [주님의 임재를 경험하는 길]이라는 책을 통하여 구체적으로 어떻게 주님을 경험할 수 있는지에 대하여 기록을 한 바 있습니다.
이에 대하여 조금이라도 훈련을 해 본 이들은 그것이 이론이 아니고 실제적으로 역사하는 것이라는 것을 알게 될 것입니다. 그것은 내가 몇 십 년 동안 실제로 시도하는 과정에서 배우고 경험하게된 것이기 때문입니다. 어떠한 원리이든 그것들을 실제적으로 적용하고 시도해보지 않고 그저 '주님, 도와주세요...' 하고만 있어서는 별로 변화를 경험할 수 없을 것입니다.
이 책에 등장하는 원리도 아주 간단합니다. 그러나 실제로 시도해보면 그것은 놀라운 주님의 임재와 역사를 경험하는 통로가 될 것입니다. 영성이 이론뿐이라면 그것은 별로 도움이 되지 않겠지요.
주님의 임재.. 그것은 바로 복음입니다.
주님이 저 먼 곳에 계시는 분이 아니라 지금 이 곳에 계시며 임하시는 분이라는 것.. 그것은 진정 복음입니다.
또한 주님은 특별히 기도를 많이 하고 영적인 사람들에게만 임하시는 것이 아니라 모든 그를 사모하고 구하는 이들에게 임하시고 그의 사랑을 부어주신다는 것.. 그것은 진정 복음입니다. 결국 복음이란 실제적인 하나님을 경험하고 맛보고 누리는 삶인 것입니다.

성경에는 우리에게 주어진 엄청나고 놀라운 약속들이 있습니다.
그러나 오늘날의 그리스도인들을 보면 그처럼 놀랍고 풍성한 삶을 사는 이들을 보기가 어렵습니다. 그래서 그리스도인들은 열심히 전도를 하지만 그다지 열매를 맺지 못합니다. 왜냐하면 비그리스도인들이 볼 때에 그들의 삶은 그리 행복해 보이고 매력적으로 보이지 않기 때문입니다.
그러나 그리스도인들이 실제로 주님의 임재와 그 영을 경험하며 살게 된다면 어떨까요? 물론 그것은 엄청나게 놀랍고 행복하고 자유로운 삶입니다. 그것은 진리의 삶입니다. 그리고 이 세상에는 그렇게 진리에 굶주린 사람들이 넘쳐나고 있습니다.
주님은 그 풍성하고 놀라우신 그분의 임재를 우리에게 부어주시기를 원하십니다.

하나님의 의도, 그것은 그의 영, 그의 생명을 우리에게 부어주시는 것이었습니다. 태초에 천지를 창조하셨을 때 그분의 목적은 방대한 우주가 아니고 살아있는 인간이었습니다. 그분은 인간을 사랑하셨으며 인간에게 그분의 사랑을 부어주시기를 원하셨습니다.
하나님께서 사람을 흙으로 만드시고 그 안에 생기를 불어넣었을 때부터 하나님의 프로젝트는 시작된 것입니다. 생기, 영혼.. 그것은 하나님의 임재를 담을 수 있는 공간이었습니다. 하나님의 임재를 그리워하고 추구하고 사모하는 그러한 공간이었습니다. 하나님께서는 그분의 임재를 우리에게 부어주시기 위해서 사람에게 생기를 부으신 것입니다.
하나님의 프로젝트는 모세에게 성막을 만들기를 요구하시면서 또 성전을 짓도록 허락하시면서 계속 진행되었습니다. 그리고 그것은 역시 동일한 목적이었습니다. 하나님의 영광과 임재를 이 땅에 부어주시겠다는 바로 그것이었습니다.
이제 하나님의 뜻은 그분이 육체를 입고 세상에 오셨고 또 우리의 죄를 위하여 십자가에서 죽으심으로 모든 대가를 지불하심으로 완성되었습니다.

그 결과 그분은 이제 우리 곁에 직접 오실 수 있게 된 것입니다. 오순절 바로 그 순간부터 말입니다.

오순절은 이제 하나님의 모든 계획이 이루어져서 직접 가까이 지금 이 공간에서 우리를 만지시고 교제할 수 있는 하나님의 의도가 이루어진 사건이었습니다.

이제 우리는 주님을 지금 이 곳에서 경험할 수 있습니다.
모세처럼 호렙산에 가지 않아도 됩니다. 솔로몬의 성전에 가지 않아도 됩니다. 오순절의 그 마가의 다락방에 찾아가지 않아도 됩니다.
그저 당신의 침상에서 부르십시오.
오, 주님.. 이곳에 오십시오! 그렇게 말입니다.
그리고 그 주님의 임재와 영광은 시작됩니다.
당신은 당신의 몸이 주님께 사로잡히는 것을 느낄 수 있습니다.
전율, 사랑의 파도, 행복감.. 기쁨.. 깊은 안도감..
그 영이 당신의 곁에 오는 것을 당신은 알 수 있습니다.
나는 지금 바로 옆에 계신 주님의 임재를 느낍니다.
뜨겁고 강하고 부드러운 실체를 느낍니다.
주님의 사랑, 주님의 거룩하심, 따뜻하고 놀라운 평화의 물결..
그 사랑의 시선을 나는 느낄 수 있습니다.
가슴에서 솟구치는 감격이 다시금 흐릅니다.
눈물이 쏟아집니다.
그것은 너무나 행복한 눈물입니다.

이제 나는 이야기를 마치려고 합니다.
남은 것은 이제 당신과 주님의 문제입니다.
당신은 지금 주를 부를 수 있으며 주를 맛볼 수 있습니다.
당신은 그분의 임재가 무엇인지 알게 될 것입니다.

이제 주님과의 놀라운 여행을 시작해보십시오.
더 깊고 아름답고 놀라운 여행을 떠나보십시오.
주님과의 가까운 교통은 말로 표현할 수 없는 기쁨이요 은혜요 영광입니다. 당신은 이제 세상에서 아무 것도 필요한 것이 없게 됩니다.

당신의 의식이 있는 모든 순간에
할 수 있는 한 주님의 이름을 부르십시오.
그 분의 임재에 사로잡히십시오.
당신은 변화될 것입니다.
그토록 오랫동안 변화를 갈구했으나 되지 않던 것들이
이제는 너무 쉽게 자연스럽게 되는 것을 알게 될 것입니다.
이제 구체적으로 주님을 구하십시오.
주님이 당신에게 임하시기를 기대하십시오.
주님의 손길을 기다리십시오.
그 안에서 안식하십시오.
당신은 행복하게 될 것입니다.
당신이 처한 그 공간에 주님의 영광이 머무르게 하십시오.
당신의 침상이 주님과의 행복하고 거룩한 교제의 장소가 되게 하십시오.

부디 당신의 평생에
더 깊이 주의 임재를 추구하며
주님을 사랑하며
그분의 통로가 되며
그분의 뜻이 이루어지기를 사모하십시오.
사랑의 주님이 당신을 축복하실 것입니다.
주님의 이름으로 당신에게 사랑과 격려와 축복을 보냅니다.
할렐루야..

도서구입신청

도서 구입을 원하시는 분들을 위한 안내입니다.

1. 도서 목록 확인

페이지를 넘기시면 정원 목사님의 도서 전권이 안내되어있습니다.
도서 목록을 참조하셔서 필요로 하시는 책을 선택하십시오.
각 도서의 자세한 목차와 내용을 원하시면 정원목사 독자 모임 카페의 [저자 및 저서소개] 코너를 참조하십시오. (http://cafe.daum.net/garden500)

2. 책신청

구입하실 도서를 결정하신 후에, 영성의 숲 출판사로 전화를 주세요.
(02-355-7526 / 010-9176-7526. 통화시간: 월~금 오전 9시~저녁 6시)
신청 도서 목록을 알려주시면 입금하실 금액을 안내해 드립니다.
신청하실 때는 책을 받으실 주소와 전화번호를 함께 알려주세요.
책신청은 전화 외에도 영성의 숲 홈페이지의 [책신청] 코너,
출판사 이메일(spiritforest@hanmail.net)을 사용하실 수 있습니다.

3. 송금

안내 받으신 도서 대금을 아래 계좌로 입금해 주세요.
(국민은행: 051-21-0894-062, 예금주: 홍윤미)
신청자 성함과 입금자 성함이 일치하지 않는 경우에는 입금자 성함을
꼭 알려주셔야 확인이 가능합니다.

4. 배송

입금 확인 후에 바로 발송 작업을 하는데, 발송후 도착까지 보통 2-3일 정도가 소요 됩니다. 책을 급하게 필요로 하실 경우에는 일반 서점을 이용해 주세요. 해외 배송을 원하시는 분은 총판을 담당하고 있는 생명의 말씀사로 문의해주시기 바랍니다. (생명의 말씀사 080-022 1211 www.lifebook.co.kr)

<기도 시리즈>

1. 하늘의 권능이 임하는 부르짖는 기도 1
영성의 숲. 373쪽. 13,000원 / 핸디북 10,000원
부르짖는 기도는 모든 기도의 형태 중에서 가장 기본적이고 중요한 기도입니다. 이 기도를 바르게 배우고 적용한다면 하늘의 권능이 임하는 것을 경험하게 되며 모든 면에서 강건한 그리스도인이 될수 있을 것입니다.

2. 하늘의 권능이 임하는 부르짖는 기도 2
영성의 숲. 444쪽. 15,000원 / 핸디북 11,000원
부르짖는 기도 1권은 발성의 의미, 능력과 부르짖는 기도의 전체적인 원리를 다루 었으며 2권은 부르짖는 기도의 실제로서 구체적인 기도의 방법과 적용원리를 다루고 있습니다. 3부에 수록된 다양한 승리의 간증은 독자님들에게 좋은 도전이 될 것입니다.

3. 대적기도의 원리와 능력
영성의 숲. 400쪽. 14,000원 / 핸디북 11,000원
대적기도 시리즈 1편. 대적기도는 주님께 간구하는 기도가 아니며 우리에게 주어진 권세와 능력을 발견하고 사용하여 능력과 승리를 경험하는 기도입니다. 이 기도를 알게 될 때 당신의 삶은 진정 달라지게 될 것입니다.
휴대를 위한 작은 사이즈의 핸디북도 있습니다.

4. 대적기도의 적용 원리
영성의 숲. 424쪽. 14,000원 / 핸디북11,000원
대적기도 시리즈 2편. 대적기도에도 원리와 법칙이 있습니다. 그 원리와 법칙을 잘 익혀서 실제의 삶에 적용한다면 우리는 풍성한 삶을 살 수 있습니다. 이 책에서는 그 원리들을 구체적으로 제시해 주고 있습니다.
휴대를 위한 작은 사이즈의 핸디북도 있습니다.

5. 대적기도를 통한 승리의 삶
영성의 숲. 452쪽. 15,000원 / 핸디북 12,000원
대적기도 시리즈 3편. 대적기도를 인간관계, 가정에서의 삶, 복음 전도와 사역에 구체적으로 적용하는 방법을 제시하였습니다. 여기서 제시된 원리를 잘 읽고 적용한다면 삶과 사역에 있어서 많은 변화와 승리를 경험할 수 있게 될 것입니다.
휴대를 위한 작은 사이즈의 핸디북도 있습니다.

6. 대적기도의 근본적인 승리 비결
영성의 숲. 454쪽. 15,000원 / 핸디북 12,000원
대적기도 시리즈 4편. 완결편. 1부에서는 악한 영들을 근본적으로 완전하게 제압하고 승리할 수 있는 원리와 비결을 제시하고 있습니다. 2부에서는 대적기도를 적용하고 경험한 성도들의 사례가 실려 있는데 이것은 각 사람의 적용과 승리에 좋은 참고가 될 수 있을 것입니다. 휴대를 위한 작은 사이즈의 핸디북도 있습니다.

7. 아름답고 행복한 기도의 세계
영성의 숲. 279쪽. 9,000원
〈기도업데이트〉의 개정판. 자연스럽고 편안하게 기도의 아름다움과 행복에 잠길 수 있도록 돕는 책입니다. 기다리는 기도, 듣는 기도, 안식하는 기도 등 다양하고 풍성한 기도의 원리들을 일상의 예화들을 통하여 쉽게 정리하였습니다.

8. 주님의 마음에 이르는 기도
영성의 숲. 309쪽. 10,000원
기도의 원리와 방법에 대한 200개의 조언을 담았습니다. 주님의 마음을 향하여 가는 것. 그것이 기도의 방향이며 목적임을 보여주는 책입니다.

9. 주님의 임재를 경험하는 길
영성의 숲. 308쪽. 10,000원
〈주님을 경험하는 100가지 방법〉의 개정판. 주님의 살아계심과 임재를 경험하기 위한 100가지의 실제적인 방법을 제시하고 있습니다. 사모하는 마음으로 이 방법들을 시도한다면 누구나 쉽게 그분의 역사를 경험하게 될 것입니다.

10. 예수 호흡기도
영성의 숲. 460쪽. 15,000원 / 핸디북 11,000원
호흡을 통한 기도가 주님의 임재와 영적 실제에 들어가는 중요한 비밀이나 열쇠임을 보여주는 책입니다. 이 책에 제시된 원리와 방법을 충실히 시도해 본다면 누구나 놀라운 변화를 경험하게 될 것입니다.

11. 방언기도의 은혜와 능력 1
영성의 숲. 459쪽. 16,000원 / 핸디북 12,000원
방언기도 시리즈 1편. 방언에 대한 성경적이고 균형잡힌 설명 뿐 아니라, 저자의 개인적인 경험과 간증, 방언을 받는 과정과 통역을 시도하는 과정에 대한 구체적인 설명, 여러 경험자들의 실례가 풍성하게 실려있어, 방언의 은혜에 대해 이해하고 적용하는 데에 실제적인 도움을 주는 책입니다.

12. 방언기도의 은혜와 능력 2
영성의 숲 403쪽. 14,000원 / 핸디북 11,000원
방언기도 2편에서는 방언과 통역이 발전해 나가는 과정과 그 영적인 의미를 깊이있게 다루었습니다. 방언의 가치와 의미를 바르게 이해하고 적용하게 될 때, 오래 동안 방언을 사용하면서도 주님의 은총을 누리지 못하던 이들이 주님의 가까우심과 아름다우심을 풍성히 경험하게 될 것입니다.

13. 방언기도의 은혜와 능력 3
영성의 숲 489쪽. 16,000원 / 핸디북 12,000원
방언 기도 시리즈의 결론적인 부분을 다룬 책입니다. 방언에 대한 부정적인 견해와 원인들, 방언을 통해 어떻게 부흥이 시작되는지, 은사의 바른 방향과 의미, 목적 등을 정리하였고, 전체적인 요약정리와 함께 경험자들의 구체적인 사례들을 첨부하여 실제적인 적용에 도움이 되도록 하였습니다.

<영성 시리즈>

1. 영성의 실제를 경험하는 길
영성의 숲. 357쪽. 12,000원
〈그리스도인의 아름다운 영성〉의 개정판.
많은 은혜의 도구들이 있지만 그것들이 다 주님을 접촉하는 것은 아닙니다. 참다운 영성과 주님을 경험하는 원리를 제시하는 책입니다.

2. 생각의 자유를 경험하는 길
영성의 숲. 228쪽. 8,000원
〈그리스도인의 생각 다스리기〉의 개정판. 우리가 겪는 삶의 대부분의 고통들은 스스로 만들어낸 생각의 감옥에 지나지 않으며 생각을 분별하고 관리함으로써 풍성하고 행복한 삶을 살 수 있다는 메시지를 다양한 예화와 함께 설득력 있게 제시하고 있습니다. 많은 교회에서 훈련 교재로 사용되기도 했습니다.

3. 영성의 중심은 사랑입니다
영성의 숲. 243쪽. 8,000원
하나님의 은혜를 받아들이고 누림으로써 진정한 사랑과 따뜻함의 세계를 경험할 수 있도록 돕는 책. 신앙의 따뜻함과 아름다움을 회복하고, 영혼들을 이해하고 도울 수 있는 관점을 제시하고 있습니다.

4. 영성의 원리
영성의 숲. 319쪽. 11,000원
영성에도 원리가 있습니다. 이 책은 영성의 발전을 위한 다양한 원리들, 영의 흐름, 영의 인식, 영적 승리를 위한 중보 등의 원리를 실제적인 예와 함께 잘 설명해 줍니다. 영적 부흥과 충만함을 사모하는 이들에게 좋은 참고서가 될 수 있을 것입니다.

5. 문제는 주님의 음성입니다
영성의 숲. 227쪽. 9,000원
우리의 삶에 다가오는 여러가지 어려움들, 문제들은 우연이 아닙니다. 거기에는 주님의 배려와 가르치심이 있으며 반드시 우리가 배워야 할 것이 있습니다. 이 책은 그 문제들에서 주님의 뜻과 음성을 발견하는 원리를 가르쳐 주고 있습니다.

6. 영성의 발전은 어떻게 이루어지는가
영성의 숲. 254쪽. 8,000원
〈영성의 상담〉의 증보 개정판. 영성에 대한 여러 질문과 답변을 통해 다양한 영적현상의 의미와 삶 속에서 영적 성장을 이루는 구체적인 방법들을 소개하고 있습니다.

7. 지금 이 공간에 임하시는 주님
영성의 숲. 340쪽. 12,000원
주님은 믿을수 없을만큼 가까이 계시지만 사람들은 흔히 그분을 무시함으로 그의 임재를 소멸시킵니다. 이책은 그분의 가까우심과 구체적인 공간을 통한 임재, 나타나심을 경험할수 있도록 실제적인 지침을 제시하고 있습니다.

8. 심령이 약한 자의 승리하는 삶
영성의 숲. 228쪽. 9,000원
영혼의 힘이 약하고 마음이 여리고 민감하여 고통을 겪고 있는 이들을 위한 책. 영혼의 원리 및 기질과 사명을 이해함으로써 이전에 알지 못했던 자유와 해방과 놀라운 행복감을 누리게 될 것입니다.

9. 천국의 중심원리
영성의 숲. 452쪽. 14,000원
천국은 사후에만 갈 수 있는 장소가 아닙니다. 이 땅에 살면서 천국의 임재, 그 천국의 빛과 영광을 경험할 수 있습니다. 이 책에서는 내면세계의 천국을 경험하기 위한 길과 원리를 제시해 주고 있습니다.

10. 행복한 신앙을 위한 28가지 조언
영성의 숲. 348쪽. 12,000원
〈자유롭고 행복한 그리스도인 1〉의 개정판. 묶여 있고 창백한 의식의 틀을 벗어나, 자유롭고 풍성한 믿음의 삶으로 나아가도록 돕는 책입니다. 28가지 조언속에 행복한 신앙을 위한 영적 원리들을 담고 있습니다.

11. 성숙한 신앙을 위한 30가지 조언
영성의 숲. 340쪽. 12,000원
〈자유롭고 행복한 그리스도인2〉의 개정판. 의식이 바뀔 때 천국의 자유와 기쁨을 누릴 수 있음을 보여주는 책입니다. 묶여있는 사고와 습관, 잘못된 의식에서 해방되는 원리를 제시해 주고 있습니다.

12. 의식의 깨어남을 사모하라
영성의 숲. 239쪽. 9,000원
잠과 꿈과 깨어남의 실체를 보여주며 진정한 깨어있음의 세계로 인도하는 책입니다.
의식과 영혼을 깨우기 위한 방법과 원리들을 제시해 주고 있습니다.

13. 주님의 마음, 주님의 임재 속으로
영성의 숲. 348쪽. 12,000원
오늘날 주님의 마음에 대한 많은 오해가 있어서 주님의 깊으신 임재에 들어가지 못합니다. 이 책은 그 오해를 풀어주며 우리를 향한 주님의 사랑을 보여주고 그 사랑의 임재 속에 들어가는 길을 안내해주고 있습니다.

14. 영성의 발전을 갈망하라
영성의 숲. 292쪽. 10,000원
영성의 진리 시리즈 1편. 영성을 깨우고 발전시킬 수 있는 다양한 이야기, 원리, 법칙들을 묶은 36가지의 메시지가 수록되어 있습니다. 영혼의 각성에 도움이 되는 지식과 도전을 얻게될 것입니다.

15. 집회에서 흐르는 주님의 은혜
영성의 숲. 254쪽. 8,000원
이미 출간되었던 [집회 가운데 임하시는 주님]을 새롭게 개정하였습니다. 회원들의 간증을 줄이고 더 많은 분량을 추가하였습니다. 집회 가운데 나타나는 주님의 생생한 역사와 이에 관련된 여러 영적 원리를 기술하였습니다. 읽을 수록 집회 현장에 있는 듯한 감동과 은혜를 얻을 수 있을 것입니다. 은혜를 사모하는 이들, 영성 사역에 관심이 있는 사역자들에게 좋은 참고가 될 것입니다.

16. 삶을 변화시키는 생명의 원리
영성의 숲. 348쪽. 값 12,000원
삶 속에서 열매를 맺을 수 있는 비결과 원리를 시편 1편의 말씀과 요한복음 15장의 말씀을 중심으로 제시하고 있습니다. 포도나무이신 주님과 가지로서 항상 연결되는 삶이 열매를 맺는 원리이며 은총의 비결인 것을 명쾌한 논지로 설명하고 있습니다 신앙의 기초와 방향을 분명히 밝히는 책으로서 풍성한 삶과 승리하는 삶을 갈망하는 그리스도인들에게 귀한 도전이 될 것입니다.

17. 낮아짐의 은혜1
영성의 숲. 308쪽. 값 11,000원

쉽게 하나님의 임재를 경험하며 그 은혜 가운데 머무르는 사람이 있습니다. 그 은총의 비밀은 무엇일까요? 그것은 바로 낮아짐이며 이를 통하여 주의 무한한 은혜와 천국의 풍성함을 누릴 수 있음을 본서는 증명합니다. 사람을 파괴하는 높아짐의 시작과 타락, 은혜의 회복, 열매의 풍성함 등을 다루고 있으며 누구나 그 은혜의 세계에 쉽게 이르도록 길을 제시하고 있습니다.

18. 낮아짐의 은혜 2
영성의 숲. 388쪽. 값 14,000원

낮아짐은 감추어진 비밀이며 천국의 문을 여는 보화입니다. 마귀는 낮아짐을 빼앗을 때 그 영혼을 사로잡을 수 있으므로 온갖 유혹으로 이 보화를 가로챕니다. 하나님은 천국의 풍성함을 주시기 위하여 낮아짐을 훈련하시며 인도하십니다. 2권은 적용을 주로 다루며 구체적으로 풍성한 은총을 누릴 수 있도록 권면하고 있습니다.

19. 그리스도를 갈망하는 삶
영성의 숲. 268쪽. 값 10,000원

부흥과 영적 깨어남, 영성의 다양한 원리에 대한 이야기. 삶 속의 이야기와 함께 자연스럽게 풀어서 정리하였습니다. 일상의 사소한 삶에서 영적 원리를 발견하고 적용하도록 도우며 그리스도에 대한 갈망이 증가되도록 도전하고 있습니다.

20. 영이 깨어날수록 천국을 누린다
영성의 숲. 236쪽. 값 8,000원

독자들과 일대일로 마주 앉아서 대화를 하듯이 영적 성장과 풍성한 삶을 누리는 원리에 대해서 메시지를 전달하고 있습니다. 사랑하는 삶, 영성의 깨어남에 대한 새로운 통찰력을 제공해주며 기쁨으로 주님을 따르는 길을 제시해 줍니다.

<생활 영성 시리즈>

1. 주님과 차 한잔을
영성의 숲. 220쪽. 6,000원
신앙의 귀한 진리들, 주님을 사모하고 가까이 나아가는 데 도움이 되는 원리들을 유머를 통해 밝고 즐겁게 전달해주는 책입니다.
주님과 같이 차를 한잔 마시는 기분으로 부담없이 읽다 보면 자연스럽게 영적 통찰을 얻을 수 있을 것입니다.

2. 일상의 삶에서 주님을 의식하기
영성의 숲. 280쪽. 8,000원
일상의 사소한 삶 속에서 주님을 의식하며 살아가는 이야기. 신앙과 영성은 기도할 때만이 아니라 일상의 모든 삶 속에서 나타나야 한다. 작고 사소한 모든 일에서 주님을 의식하는 것이 진정한 행복의 원리인 것을 이 책은 보여주고 있습니다.

3. 일상에서 경험하는 주님의 사랑
영성의 숲. 277쪽. 9,000원
일상의 묵상 시리즈 2편. 사소한 일상의 삶에서 주님의 임재와 사랑을 느끼고 주님의 메시지를 경험하는 이야기. 항상 모든 것에서 주님의 마음과 시선으로 삶과 사람을 보고 느껴야 하며 이를 통해서 날마다 천국을 경험할 수 있음을 사소한 삶의 이야기를 통하여 부드럽게 전달해주고 있습니다.

4. 삶이 가르치는 지혜
영성의 숲. 212쪽. 6,000원
〈삶이 가르치는 지혜〉의 개정판. 우리의 삶에서 경험하는 많은 즐거운 일, 힘든 일들이 결국 우리 영혼의 성장을 위하여 주어진 일임을 보여줍니다. 가슴을 따뜻하게 하는 소박한 이야기들을 통해서 사랑의 중요성을 다시 한번 깨닫게 합니다.

5. 사랑의 나라로 가는 여행
영성의 숲. 156쪽. 5,000원
〈사랑의 나라〉의 개정판. 어른들을 위한 우화로서 한 청년이 여행을 통하여 삶의 목적과 방향을 깨달아 가는 과정이 흥미진진하게 전개되고 있습니다. 즐겁게 이야기를 읽어나가다보면 영적 성장의 방향과 중심, 영적 세계의 에너지와 원리, 흐름을 이해하는데 도움이 될 것입니다.

6. 하나님의 뜻을 발견해 가는 여행
영성의 숲. 269쪽. 신국판 변형 8,000원
성경에 등장하는 입다, 다윗, 암논의 삶과 사건들을 통하여 하나님의 아버지 마음과 하나님의 의도와 훈련을 이해하고 발견하도록 안내하는 책입니다. 등장인물들의 마음과 정서가 드라마처럼 녹아있어 흥미와 감동을 전달해 줍니다.

7. 일상에서 경험하는 주님의 은혜
영성의 숲. 253쪽. 값 8,000원
일상시리즈 3편입니다.
가족 이야기, 모임 이야기, 일상에서 경험하는 여러 가지 일들을 통해서 영적 원리와 교훈을 정리하였습니다.
일기와 이야기 형식으로 기록되어 있어서 즐겁게 읽는 가운데 주님과 같이 걷는 삶의 흐름 속으로 들어갈 수 있게 될 것입니다.

<묵상 시리즈>

1. 맑고 깊은 영성의 세계를 향하여
영성의 숲. 140쪽. 5,000원.
잠언시리즈 1편. 내 영혼의 잠언1을 판형을 바꾸어 새롭게 만들었습니다. 순결하고 맑은 영혼으로 성장하기 위한 진리의 묵상들이 간결하게 정리되어 있습니다.

2. 주님은 생수의 근원 입니다
영성의 숲. 196쪽. 6,000원
〈내 영혼의 잠언2〉의 개정판. 맑고 투명한 영성의 세계로 안내하는 영성 잠언집. 새벽녘의 신선하고 향긋한 바람처럼 우리 영혼을 달콤하게 채워주는 묵상의 글들을 모아서 정리했습니다.

3. 묻지 않는 자에게 해답을 던지지 말라
영성의 숲. 156쪽. 5,000원
삶과 사랑과 영혼의 진리를 담은 잠언 시집. 인생의 의미와 진리, 영성의 발전과정을 예리하면서도 부드러운 시각으로 표현하고 있습니다. 불신자에 대한 전도용으로도 좋은 책입니다.

4. 영혼을 깨우는 지혜의 샘물
영성의 숲. 180쪽. 6,000원
〈영적 성숙으로 향하는 여행〉의 개정판
인생, 진리, 마음, 영성 등 중요한 8가지의 주제에 대한 짧은 묵상을 담았습니다. 맑은 샘물이 흐르듯이 간결한 지혜의 메시지가 영성을 일깨워주는 책입니다.

지금 이 공간에 임하시는 주님

1판 1쇄 발행   2002년 11월 25일
1판 5쇄 발행   2008년 2월 25일
2판 1쇄 발행   2009년 2월 20일
2판 7쇄 발행   2021년 7월 20일
지은이   정 원
펴낸이   홍 윤미
펴낸곳   영성의 숲
등록번호   2001. 7. 19 제 8-341 호
전화   02 - 355 - 7526 (영성의숲)
핸드폰   010 - 9176 - 7526 (영성의숲)
E - mail   spiritforest@hanmail.net (영성의숲)
홈페이지   cafe.daum.net/garden500 (정원목사 독자 모임)
              cafe.naver.com/garden500 (정원목사 독자 모임)

국민은행   051-21-0894-062
예금주   홍 윤미

총판   생명의 말씀사
전화   02 - 3159 - 8211
팩스   080 - 022 - 8585,6

값 12,000원
ISBN 978 - 89 - 90200 - 59 - 4 03230